Hildegard Kortmann

*Die Wirbelsäule trainieren,
den Rücken stärken*

Ernst Klett Verlag
Stuttgart Düsseldorf Leipzig

»Rückhalt«
Die Wirbelsäule trainieren, den Rücken stärken
Handbuch

Hildegard Kortmann

Bildnachweis:
Fotografie: Ulrike Klumpp (Freudenstadt)
Grafik: Ingrid Engel (Augsburg)

TONY STONE IMAGES, Lori Adamski Peek (Hamburg), Titel

OfficePlus (Rottweil), S. 65 links;
Picture Press Life/Corbis (Hamburg), S. 77 links;
rüdiger anatomie GmbH (Berlin), S. 15; S. 18;
S. 20; S. 21;
SuperStock Bildagentur (München), S. 123
ZEFA, Wolff (Düsseldorf), S. 76 rechts

Das vorliegende Buch ist sorgfältig erarbeitet worden. Es ersetzt aber keinesfalls die Behandlung von gesundheitlichen Störungen durch den Arzt. Alle Angaben erfolgen ohne Gewähr. Weder Autoren noch Herausgeber oder Verlag können für eventuelle Nachteile oder Schäden, die – bei unsachgemäßer Ausführung – aus den im Buch gemachten praktischen Hinweisen resultieren, eine Haftung übernehmen.

Gedruckt auf Papier, das
aus chlorfrei gebleichtem
Zellstoff hergestellt wurde.

1. Auflage   A 1 ⁵ ⁴ ³ ² ¹ | 2003 2002 2001 2000

© Ernst Klett Verlag GmbH, Stuttgart 2000
Alle Rechte vorbehalten.
Internetadresse: http://www.klett-verlag.de

Redaktion: Friedhelm Lampe, Manfred Ott
Mitarbeit: Redaktionsbüro Dr. Becker, Beckum
Layout, Umschlaggestaltung: Steffi & Katja Kassler
Druck: Messedruck Leipzig GmbH
Printed in Germany

ISBN 3-12-939856-2

Inhalt

Kann ein Kurs den Rücken stärken?	5
Zur Einführung	**7**
Der Text zum Kurs	7
Was erwarten die Teilnehmerinnen?	8
Sind Sie die »richtige« Kursleiterin?	9
Kursdaten für Programmplanende	10
Gesundheitsbildung an Volkshochschulen	**12**
Die Rückengesundheit fördern	**14**
Der Rücken, anatomisch und physiologisch, praktisch erfahrbar	14
Gesundheit und Krankheit des Rückens	25
Den Kurs »Rückhalt« leiten	**32**
Von der Information zum Handeln auf Dauer	32
Die kennzeichnenden Elemente der Kurseinheiten	36
Die Kurseinheiten im Überblick	42
Wirbel für Wirbel balancieren	**43**
Auf einen Blick	43
Beschreibung der Kurseinheit	44
Gut zu wissen: Zusatzinformationen	49
Den Rücken wahrnehmen	**50**
Auf einen Blick	50
Beschreibung der Kurseinheit	51
Gut zu wissen: Zusatzinformationen	55
Haltung bewusst machen	**59**
Auf einen Blick	59
Beschreibung der Kurseinheit	60
Gut zu wissen: Zusatzinformationen	64
Sich mühelos bewegen	**71**
Auf einen Blick	71
Beschreibung der Kurseinheit	72
Gut zu wissen: Zusatzinformationen	75
Zunehmend entspannen	**78**
Auf einen Blick	78
Beschreibung der Kurseinheit	79
Gut zu wissen: Zusatzinformationen	82
Beweglicher werden	**86**
Auf einen Blick	86
Beschreibung der Kurseinheit	87
Gut zu wissen: Zusatzinformationen	90

96	**Stabiler werden**
96	Auf einen Blick
97	Beschreibung der Kurseinheit
99	Gut zu wissen: Zusatzinformationen

105	**Den Atem zu Hilfe nehmen**
105	Auf einen Blick
106	Beschreibung der Kurseinheit
109	Gut zu wissen: Zusatzinformationen

112	**Den Rücken in Balance halten**
112	Auf einen Blick
113	Beschreibung der Kurseinheit
117	Gut zu wissen: Zusatzinformationen

120	**Aufrecht weitergehen**
120	Auf einen Blick
121	Beschreibung der Kurseinheit
124	Gut zu wissen: Zusatzinformationen

126	**Service**
126	Übungsregister
127	Sachregister / Musiktipps
128	Literaturtipps

Kann ein Kurs den Rücken stärken?

Darum geht es

Das Kurskonzept »Rückhalt – Die Wirbelsäule trainieren, den Rücken stärken« basiert auf einem Verständnis von Gesundheitsbildung, das Menschen selbstständiger machen und befähigen will, ihre Wünsche nach einem angemessenen, gesunden Lebensstil umzusetzen. Die Anleitung dazu geschieht ohne jeden moralischen Zeigefinger, mit einem reichen Maß an Lebensfreude.

Der Kurs will Menschen durch Bewegung, Entspannung, Wahrnehmung und Gespräch Möglichkeiten eröffnen, den eigenen Rücken und sich selbst neu zu erfahren. Er lädt ein zur Erforschung der äußeren und inneren Haltung, zur Beweglichkeit und zur Entdeckung körperlicher, geistiger und sozialer Bewegungsräume. Ausgehend von positiven Körpererfahrungen und Vorstellungen von Gesundheit werden die dem Menschen innewohnenden Fähigkeiten gestärkt.

Die Körperarbeit im Kurs soll dazu beitragen, dass Menschen ihren Rücken sensibler wahrnehmen, wissender und bewusster mit ihrer Rückseite umgehen. Sie eröffnet neue Chancen im Umgang mit sich selbst und der Umgebung.

Kreative, neugierige und vor allen Dingen selbst bestimmte Lernprozesse lassen die einzelnen Teilnehmerinnen ihre Möglichkeiten und Grenzen finden, anerkennen und – vielleicht – erweitern.
Der Kurs will Orientierungshilfe auf dem Weg zu einer aufrechten Haltung und Bewegung sein. Er bietet die Möglichkeit, sich gemeinsam eine Zeit lang mit dem Thema Rückengesundheit auseinanderzusetzen. Diese Auseinandersetzung kann zu mehr Gesundheit führen.

Zu Beginn steht die Wahrnehmung des eigenen Rückens. Den Abschluss des Kurses bildet die Gestaltung des lebendigen, aufrechten Ganges. So wie die Übungen, Anregungen, Informationen und Gespräche verschiedene Wege sind, um den Rücken zu stärken, so bildet das »Gehen« sinnbildlich und in der Realität die Verbindung zum Menschen und seiner Umwelt.

Die Fähigkeit, die eigene Rückengesundheit zu fördern, den eigenen Rücken zu stärken, ist erlernbar. Der Kurs ist Wegweiser, Orientierungshilfe und »Rückhalt« auf diesem Weg.

Das wird geboten

Das Handbuch »Rückhalt – Die Wirbelsäule trainieren, den Rücken stärken« ist ein komplettes Kurskonzept, das Sie darin unterstützt, einen Kurs zum Thema Rücken zu leiten.

Im ersten Teil werden wichtige Grundlagen dargelegt. Außerdem finden Sie hier neben methodischen Tipps die Beschreibung der Elemente, aus denen der Kurs besteht.
In zweiten Teil ist dieser Kurs in detaillierten Stundenplänen beschrieben. Die Sachinformation zu jeder der zehn Kurseinheiten gibt Ihnen das notwendige Hintergrundwissen zum Thema der Stunde.

Die Elemente, aus denen eine Kurseinheit besteht, können Sie auch unabhängig voneinander einsetzen. Sie können von den Kurseinheiten einzelne herausgreifen oder sie in ihrer Reihenfolge ändern.

Lassen Sie sich anregen, Vertrautes zu variieren, Neues auszuprobieren und Gewohntes zu hinterfragen. Nehmen Sie mit, was Ihnen nützlich ist und lassen Sie das andere zurück.

Alle Übungen im Konzept sind praxiserprobt, sie haben sich als wirkungsvoll und effektiv erwiesen. Zum brauchbaren Werkzeug werden sie aber erst in der Anwendung. Die Übungen müssen zu Ihnen als Leiterin passen, zu den Personen in der Gruppe und zur Situation, in der sie eingesetzt werden. Dann können sie ihre Wirkung entfalten.

Es wäre nicht richtig zu behaupten, dass dieses Konzept völlig Neues bietet. Es basiert vielmehr auf vielfältigen Angeboten der Volkshochschulen zu diesem Thema. Darüber hinaus ist es konsequent an einem modernen Gesundheitsverständnis ausgerichtet und integriert Erkenntnisse und Methoden aus unterschiedlichen körperorientierten Übungsverfahren.

Es soll in erster Linie als eigenständiges Konzept genutzt werden, kann aber auch die bisherigen Kursangebote sinnvoll ergänzen.

Das Kurskonzept besteht aus zehn Kurseinheiten à 90 Minuten. Es lässt sich auf Grund der Fülle der angebotenen Inhalte und Variationen leicht auf zwölf bis 15 Kurseinheiten erweitern. Wenn pro Kurseinheit mehr Zeit zur Verfügung steht, ist vorzugsweise eine ausführliche Entspannungsphase in jeder Stunde möglich. Auch die Durchführung vieler genannter Varianten bietet sich an.

Eine Umsetzung im Rahmen betrieblicher Gesundheitsförderung ist möglich, erfordert aber, an der einen oder anderen Stelle spezifischer auf Arbeitsbedingungen einzugehen und somit konzeptionelle Änderungen vorzunehmen. Hier gilt die Regel: Je isolierter von betrieblichen Prozessen durchgeführt, desto weniger dauerhaft ist die Wirkung. Ihre Fantasie, Ihr Wissen und Ihr Engagement sind gefragt, um noch mehr daraus zu machen.

Denkbar ist auch ein Wochenendseminar, das Anregung sein kann, bewusster mit dem Rücken umzugehen und vielleicht ein umfangreicheres Angebot zu diesem Thema zu besuchen.

Was Sie in der Umsetzung des Kurskonzeptes brauchen, ist Stabilität und Flexibilität zugleich – ganz wie Ihr Rücken.

Für diese Personen ist es gedacht

Natürlich geht es um die Prävention gesunder Rücken und nicht um therapeutische Prozesse. Aber wo genau ist die Grenze, wenn doch die meisten Erwachsenen gelegentlich oder auch häufiger über Rückenschmerzen klagen? Zu einem Kurs, der Rücken stärken will, gehört bei allem Verantwortungsbewusstsein letztlich auch, die Entscheidung über die Teilnahme denen zu überlassen, um deren Rücken es geht. Therapeutischen Erwartungen kann selbstverständlich nicht entsprochen werden. Wer Zweifel hat, tut gut daran, sich ärztlichen Rat einzuholen.

Ob das erste Mal im Kurs, oder schon reichlich in Wirbelsäulengymnastik erfahren, jeder Mensch kann von dort, wo er sich gerade befindet, in den Lernprozess einsteigen. Der Weg, der in diesem Kurs beschritten wird, ist der Weg der bewussten Rücken- bzw. Selbstwahrnehmung, die sich als roter Faden durch den Kurs zieht. Diese begleitende Wahrnehmung sorgt dafür, dass eine Übung nicht etwas ist, was irgendwann einmal beherrscht wird, sondern immer nur eine Phase ist im Prozess hin zu mehr Bewusstsein und mehr Körpererfahrung. Jede Wiederholung ist folglich neues Tun und Erfahren auf der Basis des bisher Gelernten. Auch aus trainingswissenschaftlicher Sicht ist Wiederholung sinnvoll und nützlich.

Die Ziele, Inhalte und das methodische Vorgehen lassen es durchaus zu, dass ein und derselbe Kurs mehrfach besucht wird, dass Anfängerinnen und Fortgeschrittene gemeinsam üben. Vielleicht hören Sie in einem Kurs, in dem einige zum wiederholten Male teilnehmen, in der Vorstellungsrunde auch mehrfach: »Ich mache mit, weil es mir gut tut.« Sicher können Sie sich vorstellen, dass diese Aussage nicht nur Ihren Weg bestätigt, sondern auch sehr motivierend für die »Neuen« ist.

Deshalb auch ein Kursbuch

Rückenstärkung erfordert Autonomie, das heißt auch Unabhängigkeit von der Kursleitung. Ein Kursbuch für die Teilnehmerinnen ermöglicht es diesen, selbst nachzulesen, selbst Schwerpunkte im Übungsprogramm zu setzen und macht die Lernenden von Zeit und Ort unabhängiger. Damit verlieren Sie als Kursleitung nicht Ihre Autorität. Sie zeigen sich vielmehr selbstbewusst und überzeugender. Sie bieten mehr. Ihr Kurs gewinnt an Attraktivität.

Ein Kursbuch kann und soll einen Kurs natürlich nicht ersetzen, aber es ergänzt ihn. Leselogik ist anders als Kurslogik. Inhalte und Aufbau von Kurs und Kursbuch sind deshalb so ähnlich wie möglich, aber auch so unterschiedlich wie nötig. Weisen Sie die Teilnehmerinnen darauf hin.

Vielleicht ist es neu und ungewohnt für Sie, mit Lehr- und Lernmaterial zu arbeiten. Sie brauchen nicht zu befürchten, dass Ihre Arbeit damit langweiliger und weniger kreativ wird, sondern können sich besser auf das Wesentliche konzentrieren: die Besonderheiten von Gruppe und Situation. Machen Sie Ihre eigenen Erfahrungen mit dem neuen Arbeitsstil.

Die Kombination von Kurs und Kursbuch ermöglicht es Ihnen, unterschiedlichen Interessen der Teilnehmerinnen zu entsprechen. Sie werden einem Informationsbedürfnis auch dann gerecht, wenn Sie auf die Stelle zum Nachlesen verweisen und können sich im Kurs getrost dem Erlebenlassen der Inhalte widmen.

Probieren Sie es aus!

Zur Einführung

Der Text zum Kurs

Ob am Arbeitsplatz oder am Wochenende, ob für Jüngere oder gezielt für Ältere: Sie entscheiden, wie Ihr Kurskonzept aussehen soll. Eine definierte Zielgruppe engt die Zahl möglicher Teilnehmerinnen ein, ermöglicht Ihnen aber, genauer auf Bedürfnisse einzugehen. Passend zu Ihren Schwerpunkten wird sich auch der Text verändern. Ihre Ausbildung mit zu erwähnen, wird der einen oder der anderen die Entscheidung zur Teilnahme erleichtern. Einige Vorschläge für den passenden Text finden Sie hier.

Rückhalt – Die Wirbelsäule trainieren, den Rücken stärken

Möchten Sie lernen, auf angenehme und effektive Weise Ihren Rücken zu stärken? Dann sind Sie hier richtig. Mit funktioneller Rückengymnastik, Wahrnehmungsübungen und wohltuender Entspannung schaffen Sie den notwendigen Ausgleich für einen Rücken strapazierenden Alltag und tun sich etwas Gutes. Sie erhalten praxisnahe Tipps und mehr Verständnis für die Zusammenhänge. Rückenschmerzen wird vorgebeugt, die Bewegungen im Alltag werden insgesamt ökonomischer und leichter. Ziel dieses Kurses ist die Förderung von Gesundheit und die Vorbeugung von Rückenbeschwerden, nicht deren Therapie. Falls Sie akut unter Rückenschmerzen leiden, ist eine Rücksprache mit Ihrem Arzt sinnvoll.

Zehn Kurseinheiten à 90 Minuten
10–18 Teilnehmerinnen und Teilnehmer

Begleitend zum Kurs können Sie das Kursbuch »Rückhalt – Die Wirbelsäule trainieren, den Rücken stärken«, Ernst Klett Verlag, ISBN 3-12-939855-4, mit vielen Anregungen, Tipps und zusätzlichen, genau erklärten Übungen erwerben.

Der Kurs für alle

Rückhalt – Ein Wochenende für einen gesunden Rücken

Eine Wohltat für den Rücken ist dieses Wochenende ganz unter Frauen. Mit funktioneller Rückengymnastik, angenehmen Körperübungen und Phasen der Entspannung können Sie Ihren Rücken mit Wohlgefühl erleben. Sie schaffen den notwendigen Ausgleich zum hektischen Alltag und stärken Ihren Rückhalt. Wenn Sie offen für Neues sind, wird dieses Wochenende seine wohltuende Langzeitwirkung entfalten können.

Der Kurs umfasst sieben Stunden: Sa, 9.00–12.00 und 14.00–16.00, So, 9.00–11.00 Uhr. Ein gemeinsames Mittagessen am Samstag ist nach Absprache möglich.
10–16 Teilnehmerinnen

Begleitend zum Kurs können Sie das Kursbuch »Rückhalt – Die Wirbelsäule trainieren, den Rücken stärken«, Ernst Klett Verlag, ISBN 3-12-939855-4, mit vielen Anregungen, Tipps und zusätzlichen, genau erklärten Übungen erwerben.

Der Kurs für Frauen am Wochenende

Rückhalt – Aufrecht bis ins hohe Alter

Mit den Jahren wachsen manchmal auch die Plagen. Um so mehr Grund, etwas für sich zu tun. Schwerpunkte dieses Kurses sind eine maßvolle Rückengymnastik, Körperwahrnehmungsübungen und wohltuende Entspannungsübungen mit Gleichaltrigen. Sie können lernen, auf sanfte und ausgeglichene Art und Weise Rückenschmerzen vorzubeugen. Sie erhalten Tipps und Anleitungen für den Alltag und erfahren Wichtiges über die körperlichen und seelischen Zusammenhänge. Die Übungen sind so kombiniert, dass sie auch von denjenigen gut ausgeführt werden können, die nicht mehr so beweglich sind wie früher.

Zehn Kurseinheiten am Vormittag à 90 Minuten
10–18 Teilnehmerinnen und Teilnehmer

Begleitend zum Kurs können Sie das Kursbuch »Rückhalt – Die Wirbelsäule trainieren, den Rücken stärken«, Ernst Klett Verlag, ISBN 3-12-939855-4, mit vielen Anregungen, Tipps und zusätzlichen, genau erklärten Übungen erwerben.

Der Kurs für Ältere

Rückhalt – Bewegung am Arbeitsplatz Büro und mehr

Schwerpunkt dieses Kurses sind Übungen, die einen Ausgleich zum täglichen langen Sitzen schaffen. Mit funktioneller Gymnastik, Wahrnehmungsübungen und Entspannung können Sie Ihren Rücken trainieren. Dazu gibt es reichlich Information und praxisnahe Tipps, wie Sie den Büroalltag rückengerechter gestalten können. Sie können lernen, wie Sie Rückenschmerzen und Verspannungen rechtzeitig vorbeugen.

Zehn Kurseinheiten à 90 Minuten
10–18 Teilnehmerinnen und Teilnehmer

Begleitend zum Kurs können Sie das Kursbuch »Rückhalt – Die Wirbelsäule trainieren, den Rücken stärken«, Ernst Klett Verlag, ISBN 3-12-939855-4, mit vielen Anregungen, Tipps und zusätzlichen, genau erklärten Übungen erwerben.

Der Kurs für Berufstätige

Was erwarten die Teilnehmerinnen?

So unterschiedlich wie die Ursachen von Rückenschmerzen sind auch die Erwartungen der Teilnehmerinnen eines Kurses zum Thema Rücken.

Eines haben die Teilnehmerinnen gemeinsam: Sie haben sich entschlossen, aktiv etwas für ihren Rücken zu tun. Rückenbeschwerden vorbeugen zu wollen, ist ein häufig genannter Grund zur Teilnahme an Bewegungskursen in der Gesundheitsbildung. Die einen denken hierbei an ihr »Kreuz« mit der Lendenwirbelsäule, andere – und das sind nicht wenige – an die Nacken- und Schulterschmerzen, wieder andere an ihren Rundrücken und die Probleme, die von der Brustwirbelsäule herrühren können, einige schließlich nehmen ihren Rücken als Ganzes wahr.

Da gibt es Teilnehmerinnen, die sich zu viele Lasten auf ihren Rücken laden lassen, die sich müde, angespannt und verspannt fühlen. Sie suchen vor allem nach Möglichkeiten, sich Ruhepausen zu verschaffen und Gelegenheiten, bei denen ihnen der Rücken frei gehalten wird. Sie hoffen ihre Spannung einmal loslassen zu können und sich etwas Gutes zu tun. Anderen Teilnehmerinnen wäre der Wohlfühlaspekt alleine viel zu wenig. Sie wünschen sich handfeste Informationen und ganz gezieltes Training für ihren Rücken. Sie möchten körperlich und mental ins Schwitzen geraten, denn »entspannen kann ich mich zu Hause noch genug«.

Es gibt die, die »fest und hart« durchs Leben gehen. Sie könnten ein wenig mehr Flexibilität und Beweglichkeit in ihrer Wirbelsäule brauchen. Es gibt aber auch die, denen ein wenig mehr Rückgrat gut tun würde, die Stabilität in den Rückenmuskeln erst aufbauen müssen. Manche sind von einseitigen Belastungen durch unökonomische Haltungen und Bewegungen oder Vorschädigungen und alte Verletzungen ihres Rückens gekrümmt. Ob physiologisch oder psychologisch: Sie können ihnen allerdings nichts Therapeutisches anbieten, allenfalls ein paar Anregungen zur Prävention.

Es gibt viele, die einen Ausgleich zu ihren den Rücken belastenden Tätigkeiten suchen. Für die einen ist die Belastung das lange Sitzen am Computer, für andere die Vibration, der die Wirbelsäule beim Bus- oder LKW-Fahren ausgesetzt ist. Für wieder andere ist es das Heben und Tragen von schweren Lasten oder auch das Umbetten von kranken Menschen. Für noch mal andere sind es belastende Zwangshaltungen, denen sie ausgesetzt sind. Einigen schließlich fehlt es einfach nur an Bewegung, während andere auch unter der asymmetrischen Kommunikation am Arbeitsplatz zu leiden haben.

Dann gibt es noch die, die immer der Meinung waren, mit Fußball und Jogging genug für den Rücken zu tun. Mit den ersten Schmerzen entsteht die Unsicherheit, wie denn künftig Vorbeugung richtig aussehen kann.

Die traditionellen Kurse »Wirbelsäulengymnastik«, »Rückenschule« oder »Rückengymnastik« an der Volkshochschule werden vorwiegend von Frauen im Alter von 30 bis 55 Jahren besucht. Daneben kommt Wirbelsäulengymnastik auch bei älteren Frauen gut an, wenn sie die Chance haben, mit Gleichaltrigen zu lernen und sich nicht von der Jugendlichkeit und Beweglichkeit anderer überfordern lassen müssen.

Anders sieht die Zielgruppe dann aus, wenn Sie sich auf ein Angebot betrieblicher Gesundheitsförderung eingelassen haben. Je nach Branche überwiegen hier Männer unterschiedlichen Alters. Da gibt es das Angebot in Kooperation mit der Berufsschule für Maurer, in denen Lehrlinge lernen sollen, ihren künftigen Arbeitsplatz ohne Rückenschaden zu bestehen. Es gibt den Kurs zum Schichtwechsel in der Montage, der von den Kollegen besucht wird, die schon wissen, was ihnen weh tut. Der Kurs für die Pflege dagegen wird eher von Frauen besucht werden, ähnlich dem für die Verwaltung. Neben den Erwartungen der Teilnehmenden nach konkreter Entlastung stehen in der betrieblichen Gesundheitsförderung die Erwartungen des Arbeitgebers nach Reduzierung des Krankenstandes. Diese arbeitsplatznahen Angebote fordern von Ihnen spezifische Kenntnisse der jeweiligen Arbeitsbedingungen und konzeptionelle Sicherheit, das Angebot dieses Handbuches spezifischer zurechtschneiden zu können. Der Aufwand Ihrer Vorbereitung wird deutlich über das Lesen des Konzeptes hinausgehen müssen.

An erster Stelle der Motive für einen erstmaligen Kursbesuch steht für viele Teilnehmerinnen die Gesundheit. Auch »Ausgleich« und »Verbesserung der Fitness« werden häufig angegeben. Fragt man jedoch, warum die Kursteilnehmerinnen dabeibleiben bzw. erneut diesen Kurs besuchen, so fällt die Antwort etwas anders aus: »Weil es Spaß macht« und »weil es mir gut tut«. Freude und Wohlbefinden sind folglich zwei wichtige Ziele, die im Kurs angestrebt werden.

Dieser Unterschiedlichkeit von Erwartungen der Teilnehmerinnen gerecht zu werden, die sich noch dazu im Laufe des Kurses verändern, ist eine Aufgabe für Ihre Kreativität und Fantasie. Homogene Gruppen erleichtern Ihnen gezielte Vorbereitung, heterogene Gruppen bieten die Chance, auch voneinander zu lernen, wenn Sie diesen Prozess moderieren können.

Grundsätzlich ist es für Sie wichtig, sich mit dem auseinander zu setzen, was die Teilnehmerinnen außer ihren Sportsachen noch alles in den Kurs mitbringen: ihre Erwartungen und Einstellungen, ihre Erfahrungen mit dem eigenen Körper und mit Bewegung, ihre Wünsche und Befürchtungen. Bei vielen Menschen ist Lernen nicht nur positiv besetzt und das Betreten einer Sporthalle ist oft mit gemischten Gefühlen verbunden. Die Vorstellungen von Gesundheit und das eigene Körperbild mögen sehr unterschiedlich sein, dennoch gilt es, hier anzusetzen und all dies zum Ausgangspunkt der gemeinsamen Arbeit zu machen.

Ein erster Anknüpfungspunkt in Ihrer Vorbereitung kann die Frage sein »Wie geht es mir selbst, wenn ich Teilnehmerin bin? Was ist mir dann wichtig, was angenehm?« Ihre Antwort ist nicht die gleiche wie die aller anderen, aber ein guter Anfang.

Sind Sie die »richtige« Kursleiterin?

Überzeugen kann nur, wer das, was er meint, selber bezeugt.
K. Graf Dürkheim

Es gibt unterschiedliche Berufswege, die Sie zu der geeigneten Kursleiterin machen können. Unterschiedliche Ausbildungen haben dabei jeweils ihre besonderen Stärken, aber auch Bereiche, auf die weniger Wert gelegt wurde. Es ist Ihre Entscheidung, auf welchem Weg Sie sich die Kenntnisse und Erfahrungen aneignen, die Sie zusätzlich benötigen.

- Als Physiotherapeutin muss Ihnen niemand mehr etwas über die Funktion oder die Probleme des Rückens erzählen. Achten Sie darauf, den Unterschied zwischen präventivem Arbeiten in der Gruppe und therapeutischem Arbeiten mit Einzelpersonen nicht zu übersehen. Wenn Sie Gelegenheit hatten, Erfahrungen in der Erwachsenenbildung zu machen, ist dies noch besser. Sie erhalten im Buch pädagogische Hilfestellungen und Anregungen, die Ihre eigenen Erfahrungen im Umgang mit Gruppen ergänzen können.
- Wenn Sie eine Ausbildung als Rückenschulkursleiterin oder Gymnastiklehrerin für Wirbelsäulengymnastik gemacht haben, so kennen Sie einen Weg zu einem gesunden Rücken. Was Sie brauchen, ist die Flexibilität, Vorteile und Schwächen unterschiedlicher Konzepte nebeneinander stehen lassen zu können und Ihre individuelle Mischung daraus zu machen, die Ihren Teilnehmerinnen gerecht wird. Vernachlässigen Sie die Anleitung von Entspannungsmethoden nicht. Basis Ihrer Arbeit ist ein erweitertes Gesundheitsverständnis, das die körperliche, seelische, soziale und ökologische Dimension von Gesundheit berücksichtigt.
- Als Sportpädagogin wissen Sie, wie man einen interessanten Kurs bewegungsgerecht gestaltet. Eine Auseinandersetzung mit einem ganzheitlichen Modell der Erklärung von Rückenschmerzen, das physiologischen Erkenntnissen genügend Raum gibt und hilft, individuelle Unterschiede von krank machenden Vorgängen zu unterscheiden, kann Ihnen nicht schaden. Wenn Sie zudem auch noch Erfahrungen in der betrieblichen Gesundheitsförderung mitbringen, dann ist das wunderbar.
- Als Kursleiterin anderer körpergerechter Methoden wie Feldenkrais, Eutonie, Zilgrei, Atemarbeit oder rückengerechtem Yoga bringen Sie andere Schwerpunkte mit, die Ihnen für die Durchführung des Konzeptes hilfreich sein können. Sicher gibt es darüber hinaus für Sie noch einiges zu lernen. Eine spezifische Ausbildung für rückengerechtes Training wird die Akzeptanz bei Kooperationspartnern und manchen Teilnehmerinnen verbessern.

Manche fehlenden Kenntnisse kann Ihnen dieses Handbuch ersetzen, für andere wird es sinnvoll sein, an spezieller Fortbildung teilzunehmen. Spaß an der Arbeit mit Erwachsenen wird immer eine Hilfe sein.

Wenn Sie Kurse Ihrer Kolleginnen besuchen, haben Sie Gelegenheit, nicht nur Fachliches dazuzulernen, sondern auch Anregungen über das »Wie« zu erhalten. Sie werden dabei möglicherweise auch feststellen, dass es weder einen Königsweg der »richtigen« Methode noch der »guten« Kursleitung gibt. Vielfältige Erfahrungen in den eigenen Kursen, bei anderen Kursleiterinnen und in Fortbildungen werden Ihnen helfen, Ihre Fach- und Methodenkompetenz zu verbessern und einen Stil, der zu Ihnen passt, zu finden.

Daneben gibt es menschliche Qualitäten, die für Ihre Arbeit nützlich sein können, die Ihnen aber keine Ausbildung vermitteln kann. Eine davon heißt Akzeptanz. Es geht um die Bereitschaft, die einzelnen Teilnehmerinnen emotional so zu akzeptieren, wie sie sind und ihre derzeitigen individuellen Voraussetzungen und Fähigkeiten zum Ausgangspunkt der gemeinsamen Arbeit zu machen. Respekt und Anerkennung sind Basis der Förderung der Selbstverantwortung. Zu den Spielregeln für einen offenen und fairen Umgang miteinander gehört gegenseitige Achtung.

Auch Sie als Kursleiterin sind auf dem Weg und wissen das. Sie haben Vertrauen in die eigenen Fähigkeiten und Möglichkeiten und kennen die eigenen Grenzen. Das ist Fähigkeit zum Perspektivenwechsel, Offenheit für neue Erfahrungen und Lernimpulse.

»Gut für sich sorgen.« Diese Aufforderung gilt nicht nur für die Teilnehmerinnen, sondern ist auch wichtig für Sie selbst. Gemeint ist die Fähigkeit, im Umgang mit anderen und sich selbst sensibel zu sein. Dazu gehören Geduld, Achtsamkeit, Verständnis und Rücksichtnahme, aber auch die notwendige Abgrenzung und die richtige Portion Eigennutz.

Beachten Sie, dass Sie nicht zum idealen Modell werden, an dem sich alle messen müssen, sondern eher das »unaufdringliche« Vorbild sind (Janalik, 1994). Aus dieser Haltung heraus ist es leichter, andere zu begeistern statt zu belehren.

Zur Zusammenarbeit gehören außerdem Partnerschaftlichkeit, Offenheit und die Bereitschaft, Wissen mit anderen zu teilen. Die Kursleitung muss unterstützen, ohne Abhängigkeiten zu fördern, kompetent sein, ohne autoritär aufzutreten.

Einen Kurs mit sozialer, pädagogischer, gesundheitsbezogener und fachlicher Kompetenz zu leiten, heißt, mit Kopf, Herz und Hand (Pestalozzi) zu unterrichten. Hand und Verstand finden in diesem Buch reichhaltiges Werkzeug und Bausteine. Eine Anleitung für das Herz will und kann das Buch nicht sein.

Ein zweiter Anknüpfungspunkt in Ihrer Vorbereitung können die Fragen sein: »Was ist mein Motiv, genau diesen Kurs zu unterrichten? Welche Fähigkeiten, Stärken und Erfahrungen bringe ich dafür mit? Was könnte ich noch hinzulernen?« Egal, welche Antworten Sie auf diese Fragen finden: Entscheidend ist, dass Sie sich über die Antwort im Klaren sind.

Kursdaten für Programmplanende

Der Rahmen

Der Kurs »Rückhalt – Die Wirbelsäule trainieren, den Rücken stärken« ist ein Teil des Kooperationsprojektes der Volkshochschulverbände mit dem Ernst Klett Verlag. Idee ist, Kursleiterinnen durch Kurskonzepte und Teilnehmerinnen durch Begleitbücher zum Kurs mehr Service anzubieten. Beide Bücher – für Teilnehmerinnen und Kursleiterinnen – sind als Beitrag zum Qualitätsmanagement und zur Steigerung der Attraktivität gedacht.
Kursleiterinnen erhalten neben dem »Handbuch« die Möglichkeit, an Informationsseminaren zum Konzept teilzunehmen. Für Teilnehmerinnen ist das »Kursbuch«, Ernst Klett Verlag, ISBN 3-12-939855-4, gedacht.

Kursprofil

Die Kursinhalte knüpfen an den Konzepten der Wirbelsäulengymnastik und der Rückenschule an, beziehen aber auch funktionelle Überlegungen zur körper- und rückengerechten Bewegung ein, wie sie z.B. von Feldenkrais gelehrt wurden. Die Kursidee umfasst ein Verständnis von Rückengesundheit, das Entlastung von körperlichem, seelischem und sozialem Stress mit konkretem Muskeltraining und Tipps zur Ergonomie des Alltags verbindet. Die Körperwahrnehmung steht im Zentrum. Von der Eigenwahrnehmung im Blick nach innen entwickelt sich die Kursdynamik zum »aufrechten Gang« in die soziale und ökologische Wirklichkeit des Alltags.

Die Teilnehmerinnen können lernen, wie sie ihre Rückengesundheit fördern können. Dies geschieht mit viel Bewegung und einem reichen Maß an Wohlbefinden. Es geht um die innere wie die äußere Haltung, um Stabilität und Flexibilität. »Den Rücken zu stärken« ist durchaus im doppelten Wortsinn gemeint. Information und Training kommen aber nicht zu kurz. Sieben Elemente sind mit unterschiedlichen Schwerpunkten in jeder der Kurseinheiten zu finden:

- Gesprächsrunden
- Körperkenntnis
- Spiel und Spaß
- Körperwahrnehmung
- Alltagsbewegung erforschen und gestalten
- Wahrnehmungsorientierte Funktionsgymnastik
- Entspannung

Eine genauere Übersicht über die Inhalte der einzelnen Treffen, wie die Elemente dort gefüllt sind und worin jeweils der Schwerpunkt besteht, finden Sie auf Seite 42.

Eine Anpassung an betriebliche Gesundheitsförderung ist möglich, erfordert aber Kursleiterinnen, die damit etwas Erfahrung haben und idealerweise eine gute Kenntnis der Arbeitsbedingungen der jeweiligen Sparte mitbringen. Sie müssen eine konzeptionelle Anpassung pädagogisch bewältigen können.

Die Kursleitung

Als Kursleiterin geeignet sind Physiotherapeutinnen, Trainerinnen in Rückenschule oder Wirbelsäulengymnastik, Sportpädagoginnen oder Gymnastiklehrerinnen sowie Kursleiterinnen mit Ausbildungen im Bereich Sport, Bewegungstherapie oder körperorientierten Übungsverfahren. Eine mögliche Kooperation mit Krankenkassen setzt voraus, dass die Kursleiterinnen einen sportwissenschaftlichen Hochschulabschluss besitzen oder Physiotherapeutinnen jeweils mit Lizenz als Rückenschullehrerinnen sind.

Genauere Hinweise für die Qualifikation finden Sie auf Seite 9.

Die Inhalte der Treffen fügen sich gut ineinander

Die Teilnehmerinnen

Frauen und Männer jeden Alters sind im Kurs gleichermaßen willkommen. Da sich häufig Menschen angesprochen fühlen, die bereits unter Rückenbeschwerden leiden, muss deutlich sein, dass der Kurs gesundheitsfördernd ausgerichtet ist und keine Therapie ersetzt. Der Kurs arbeitet präventiv, berücksichtigt aber, dass nur wenige Erwachsene ganz frei von Rückenschmerzen sind.
Krankenkassen beschreiben als Zielgruppen Menschen mit besonderer Belastung des Alltags- und Bewegungsapparates, Menschen mit schwach ausgeprägter Muskulatur und Haltungsfehlern sowie Menschen mit Beschwerden des Bewegungsapparates.
Erfahrenen Kursleitungen sollte es ohne großen Aufwand möglich sein, durch Verlagerung der Schwerpunkte und Beispiele spezifische Kurse für erholungsbedürftige Frauen, für ältere Menschen, für Berufstätige aus sitzenden oder den Rücken durch Heben und Tragen belastenden Arbeitsbedingungen zu konzipieren.
Genauere Hinweise zu der Unterschiedlichkeit der Erwartungen von Teilnehmerinnen finden Sie auf Seite 8.

Kursumfang

Der Kurs ist für zehn Kurseinheiten mit je 90 Minuten konzipiert. Möglich ist auch eine Erweiterung auf zwölf bis 15 Kurseinheiten bei 75 bzw. 60 Minuten Dauer. Als Alternative kann ein Wochenendseminar mit verkürzten Inhalten angeboten werden. Andere Zeitstrukturen sind möglich, erfordern aber von den Kursleiterinnen größere pädagogische Erfahrungen und Überlegungen, wie die Inhalte logisch und systematisch aufgebaut werden können.

Raum und Ausstattung

Unbedingt notwendig ist ein Raum von mindestens 90 m². Der Raum soll gut zu lüften sein, eine Raumhöhe von mindestens vier Metern und eine angenehme Atmosphäre haben. Ruhe und Wärme sind zwei weitere, sehr wichtige Voraussetzungen.

Zur Ausstattung sollten in jedem Fall eine gut funktionierende Musikanlage, Sitzmöglichkeiten (Hocker, Turnbänke, einfache Stühle) und große, leichte Matten gehören. Idealerweise haben sie eine Größe von mindestens 220 x 120 x 2,5 cm und sind nicht schwerer als 8 kg.

Darüber hinaus ist es gut, wenn der Raum mit einem Wirbelsäulenmodell, verschiedenen Kleingeräten (Tennisbälle, Stäbe, Fitbänder etc.) und einem Flipchart ausgestattet ist. Notfalls können die Kleingeräte und weitere Materialien von der Kursleiterin und die Matten von den Teilnehmerinnen mitgebracht werden. Sprechen Sie dann mit der Kursleiterin Improvisationsmöglichkeiten ab und denken Sie bei der Ausschreibung an einen entsprechenden Hinweis.

Werbung und Kooperation

Den Ausschreibungstext finden Sie auf Seite 7.
Unter den Bewegungsangeboten haben Kurse für den Rücken wie »Wirbelsäulengymnastik«, »Rückenschule« und »Rückengymnastik« guten Zulauf. Eigentlich bräuchte dieser Kurs deshalb keine speziellen Werbemaßnahmen, wäre da nicht das Problem, dass Rückenschulen mehr versprochen als gehalten haben. Auf die besondere Konzeption des Kurses aufmerksam zu machen, ist deshalb in jedem Fall notwendig.

Werbung empfiehlt sich aber nicht nur für das, was sonst eher schwer zustande kommt. Ein gut nachgefragtes Produkt zu bewerben, wenn man mit dem Zulauf auch fertig werden kann, ist immer ein Imagegewinn für die gesamte Institution.

Kurse zum Thema Rücken sind auch in der betrieblichen Gesundheitsförderung in so hohem Maß akzeptiert, das es schade wäre, dieses Potenzial nicht zu nutzen. Mit den zahlreichen anderen Anbietern können Sie hier mithalten, weil Sie nicht nur ein integratives Konzept vorweisen können, sondern auch professionell gemachte Lehr- und Lernmaterialien. Mit einer entsprechend qualifizierten Kursleitung haben Sie einen weiteren Trumpf im Ärmel.

Rückenkurse sind auch ein geeignetes Feld für die Zusammenarbeit mit anderen Einrichtungen, die Ihren Stand in der Region optimieren können. Wie wäre es mit der Zusammenarbeit mit der orthopädischen Klinik oder mit der krankengymnastischen Praxis? Was halten Sie von einem Rückenkurs im Wellnesscenter oder der Kurklinik? Haben Sie immer mal wieder Probleme mit den Sportvereinen vor Ort? Wie wäre es dann mit einem Kooperationsangebot? Solche erfolgreichen Formen der Zusammenarbeit sind dann ein geeignetes Thema für die örtliche Presse. Laden Sie sie ein.

Was ist nach dem Kurs?

Zwei- oder dreimal den gleichen Kurs zum Thema Rücken mitzumachen ist kein Problem, da die Körpererfahrungen, die dort gemacht werden, immer auch vom Moment abhängig sind und die Wiederholung das Lernergebnis auffrischt, erneuert und vertieft. Dennoch gibt es auch andere Kursangebote aus dieser Buchreihe, die das Thema Rücken von anderen Seiten aufgreifen können und so ganz andere Möglichkeiten der Fortsetzung bieten. Besonders eignen sich die Themen »Wie geht's? Wie steht's? – Körpererfahrung im Alltag« und »Hautnah – Massage und Körperpflege«. Das erste vertieft die Auseinandersetzung mit den Haltungen und Bewegungen des Alltags im Stehen, Sitzen, Gehen und Liegen. Das zweite vertieft die wohltuende und den Rücken entlastende Massage. Wer in der Bewegung den meisten Gewinn für den Rücken gefunden hat, ist mit einem Angebot aus der »Fitmacher«-Reihe gut bedient. So können Sie Ihre Teilnehmerinnen dauerhaft an die Institution binden und doch immer wieder auch etwas Neues lernen lassen.

Zur Einführung

Gesundheitsbildung an Volkshochschulen

Warum interessieren sich Menschen für Gesundheit?

Gesundheit besitzt für viele Menschen einen hohen Stellenwert. Die Motive für die Beschäftigung mit Gesundheitsfragen sind verschiedenartig. Ausschlaggebend sind unter anderem Wünsche nach

- Leistungsfähigkeit,
- körperlicher Fitness,
- Schönheit und
- Wohlbefinden.

Je nach individueller Lebenslage und eigenem Gesundheitsverständnis kann der Zugang von Menschen zur Gesundheit recht unterschiedlich sein. Erst im Laufe der Beschäftigung damit werden Zusammenhänge zwischen Bewegung und Entspannung, Ernährung und Körpererfahrung deutlich.

Was lässt sich an Gesundheit lernen?

Bildung kann niemanden gesund machen, obwohl statistisch gesehen die Chance, lange gesund zu bleiben, mit höherem Bildungsstand steigt. Gesundheitsbildung selbst kann Gesundheitsbewusstsein vermitteln und Möglichkeiten aufzeigen, sich selbst etwas Gutes zu tun. Eine Möglichkeit, Gesundheitsbewusstsein etwas genauer zu definieren, beschreibt Peter Paulus:

- Vernetztes Wissen über körperliche, seelische, soziale und ökologische Zusammenhänge von Gesundheit: Gesundheitsratschläge bleiben nicht isoliert bestehen, sondern verbinden sich zu einem sinnmachenden Lebensmotto.
- Die Überzeugung, selbst etwas zur Gesundheit beitragen zu können, Möglichkeiten haben, so zu handeln, dass sich mehr Wohlbefinden einstellt: Gesundheit wird nicht schicksalhaft von aussen bestimmt, ist aber auch nicht erzwingbar.
- Respekt und Achtung im Umgang mit sich selbst und seiner Körperlichkeit, im Umgang mit anderen und mit der Natur: Gesundheit ist nicht etwas, was gegen andere, sondern gemeinsam mit anderen entwickelt werden kann.

Was verstehen Volkshochschulen unter Gesundheit?

Je nach kultureller Herkunft, Alter, Geschlecht, ihrer sozialen Lage und ihren Vorerfahrungen mit Krankheit verstehen Menschen Unterschiedliches unter Gesundheit. Professionelle Definitionen von Gesundheit sind so verschieden wie die von Laien. Übereinstimmend wird heute aber gesehen, dass Gesundheit nicht nur körperliche, sondern auch seelische, soziale und ökologische Aspekte umfasst. Gesundheit entspricht einer Balance zwischen Anforderungen an eine Person und Ressourcen, die sie zur Bewältigung hat. Reichen die Ressourcen aus, bleibt der Mensch gesund, reichen sie nicht, wird er krank. Arbeitslosigkeit oder schwierige Arbeitsbedingungen, Wohnsituationen und umgebende Umwelt, die genetische Disposition und das eigene Verhalten, alles kann zu Gesundheit oder Krankheit beitragen. Gesundheitlichen Schutz können ganz unterschiedliche Dinge bieten, wie z. B.

- ein starkes Immunsystem zu haben,
- ausreichend zu schlafen,
- einen Sinn im Leben zu finden,
- Vertrauen in sich selbst und in die Zukunft zu haben,
- sich unterstützender sozialer Bindungen gewiss zu sein.

So wird Gesundheit zu einer täglich neu zu meisternden Aufgabe.

Welches Konzept steht hinter der Gesundheitsbildung?

Grundlage der Planung und Durchführung von Angeboten ist der »Rahmenplan Gesundheitsbildung an Volkshochschulen« von 1984, ergänzt durch weitere qualitätssichernde Veröffentlichungen. Absicht der Gesundheitsbildung an Volkshochschulen ist es, ein lebendiges Forum für gesundheitsbezogene Interessen der Menschen zu bieten.

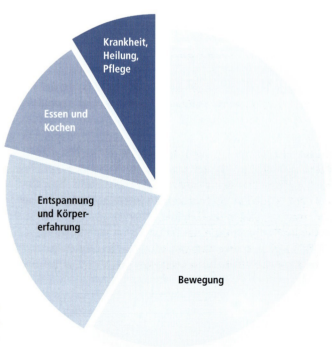

Was Teilnehmende in der Gesundheitsbildung interessiert

Was Gesundheitsbildung ist

- Sie versteht Gesundheit und Krankheit in fließenden Übergängen als Prozess, der zum Leben gehört.
- Sie bietet Menschen die Möglichkeit, den für sie persönlich passenden Weg zu finden.
- Sie hilft, unterschiedliche Ursachen für mögliche Erkrankungen erkennen zu können.
- In der Gesundheitsbildung an Volkshochschulen wird freiwillig, gemeinsam und selbstständig gelernt.
- Sie will mehr Selbstbestimmung über Gesundheit ermöglichen und dazu befähigen, auf Lebensbedingungen Einfluss nehmen zu können.
- Sie hat zum Ziel, die Handlungschancen von Menschen in gesundheitlichen Belangen zu erweitern und zu verbessern.
- Gelernt wird mit allen Sinnen. Es geht um Lernmöglichkeiten im Denken, im Handeln und im Fühlen.
- Sie verbindet Lernen mit dem Alltag und der eigenen Lebenswelt. Sie ist konkret und praxisnah.
- Sie setzt bei den subjektiven Erfahrungen und Lerninteressen der Gruppe an und fördert ein Bewusstsein für die Mitwelt.

Was Gesundheitsbildung nicht ist

- Gesundheitsbildung grenzt Krankheit oder Kranke nicht aus.
- Sie gibt niemandem die Schuld an Krankheit.
- Sie wendet sich gegen fremdgesetzte Normen für Gesundheit und Krankheit.
- Sie gibt keine Heilsversprechen.
- Gesundheitsbildung geht über Information und Aufklärung hinaus. Sie ist nicht Erziehung, weil Gesundheit anderen nicht beigebracht werden kann.
- Sie will nicht belehren, sondern Erfahrungsräume schaffen.
- Sie setzt keine unerfüllbaren Ansprüche und schafft keine zusätzlichen Belastungen.
- Sie zielt nicht nur auf die eigene Person, sondern auch auf die sozialen und natürlichen Lebensbedingungen.

Mit über 100 000 Kursen und mehr als eineinhalb Millionen Teilnehmerinnen und Teilnehmern leisten Volkshochschulen einen wichtigen Beitrag zur Gesundheitsförderung.
Das Angebot der Volkshochschulen besteht flächendeckend und wohnortnah. Es wird besonders intensiv von Frauen genutzt. Vielfältigste Themen sind in der Gesundheitsbildung sinnvoll. Die Erfahrung zeigt aber, dass sich die Unterschiedlichkeit der Motive auf wenige Bereiche konzentriert. Im Vordergrund stehen der Wunsch nach Bewegung und nach Entspannung, die Neugierde auf Botschaften aus anderen Kulturen und aus dem eigenen Körper, das Bedürfnis nach Rezepten und Handlungsalternativen. Praxis und Wohlbefinden sind die tragenden Säulen.

Wie wird in der Gesundheitsbildung gelernt?

Jedes Thema erfordert ein spezifisch passendes Vorgehen. Dennoch hat sich gezeigt, dass manche Methoden für die Anliegen der Gesundheitsbildung besser geeignet sind als andere. Will man, dass die Inhalte auch im Alltag umgesetzt werden können, so ist ein handlungsorientiertes Vorgehen sinnvoller als reine Informationsvermittlung. Für die Gesundheitsbildung an Volkshochschulen typische Methoden sind deshalb:

- Wahrnehmungsorientiertes Lernen ermöglicht Erfahrungen mit den sechs Sinnen, dem Sehen, Hören, Schmecken, Riechen, Tasten, dem Gleichgewichtssinn und dem Bewegungssinn – soweit das Thema dies zulässt.
- Soziales Lernen meint das Miteinander der Gruppe für Lernprozesse zu nutzen, die Unterschiedlichkeit von Sichtweisen und Lösungswegen für Lernprozesse nutzbar zu machen. Auch Sichtweisen anderer Kulturen sind hierfür interessant.
- Biographisches Lernen meint die eigene Lebensgeschichte, die Lebenserfahrungen und den individuellen Alltag mit einzubeziehen, ohne dass Teilnehmende mehr über sich selbst erzählen müssen als sie möchten.
- Salutogenes Lernen fragt nicht so sehr nach den Defiziten und gesundheitlichen Risiken, sondern mehr nach den Fähigkeiten und Stärken gesund zu bleiben. Dies erfordert manchmal einen Perspektivwechsel der Sichtweisen, ein Umdenken.
- Handlungsorientiertes Lernen stellt das Ausprobieren einer neuen Möglichkeit sich zu bewegen, zu entspannen, zu ernähren, zu kommunizieren in den Vordergrund. Nur so ist die Voraussetzung geschaffen, dass das eine oder andere davon im Alltag umgesetzt wird.

Wie arbeitet die Institution?

Volkshochschulen arbeiten im öffentlichen Auftrag. Sie sind weder ideologischen noch kommerziellen Interessen unterworfen. Als kommunale Einrichtungen berücksichtigen sie örtliche Wünsche und Bedingungen.

Volkshochschulen und ihre Verbände bemühen sich gemeinsam um Qualität. Regional und bundesweit findet ein ständiger professioneller Austausch pädagogisch Planender und Unterrichtender statt, der durch Fortbildung, Beratung und Materialien für Planung und Durchführung unterstützt wird. Kurskonzepte und Lernmaterialien sind ein Teil davon.

Die Rückengesundheit fördern

Der Rücken, anatomisch und physiologisch, praktisch erfahrbar

Die Rückseite

Rückenschmerzen können ihre Ursache in vielfältigen Organproblemen haben: Erkrankungen der Nieren, Blähungen im Darm, die Kontraktion des Uterus während der Menstruation oder bei einer Geburt, Erkrankungen von Lunge oder Rippenfell, Angina pectoris oder Herzinfarkt können sich manchmal fast ausschließlich in Rückenschmerzen äußern. Diese Vielfalt zeigt, dass die Rückseite kein geschlossenes Organsystem in sich ist, sondern eine große, den Augen abgewandte Fläche des Körpers. Umgekehrt haben Lähmungserscheinungen oder Taubheitsgefühle von Fuß oder Arm, oder plötzlich die Beine durchzuckende Schmerzen ihre Ursache oft in Problemen des Rückens.

Rückengesundheit und Körpergesundheit lassen sich nicht wirklich voneinander trennen. Fehlstellungen der Hüfte, ungleich lange Beine, instabile Fußgewölbe, Probleme beim Gang oder auch Schiefstand der Zähne können einen Einfluss auf die Haltung des Rückens haben. Entzündliche Erkrankungen der Wirbelsäule wie z.B. der Morbus Bechterew sind umgekehrt keine Erkrankungen, die durch Fehlhaltungen des Rückens bedingt sind, sondern – so wird vermutet – Krankheiten des Immunsystems.

Die Beweglichkeit des Rückens wird von außen über die willentliche Aufrichtung der Wirbel mit dem Anspannen und Entspannen der Muskulatur gesteuert. Von innen bestimmt der Atemrhythmus die Bewegung von Rippen und Wirbeln gegeneinander.

Ein Blick in die Funktionszusammenhänge zeigt: Die Rückseite teilt sich wichtige Funktionen körperlicher Steuerung mit dem Gehirn und bündelt zentrale Nervenstränge. Sie konzentriert die Statik und Flexibilität des Körperbaus, ist aber gleichzeitig zentraler Ort der Blutbildung. Sie ist gleichermaßen die größte Muskelfläche und die größte Hautfläche, d.h., ein Ort der Steuerung der Körperkerntemperatur, des Stoffwechsels, der Blut- und Energiereserve, des Immunsystems und vieles mehr.

Es wäre schon körperlich sehr einengend, Rückengesundheit auf die Mechanik und Statik der Wirbel zu reduzieren. Noch mehr, weil die Rückseite auch eine psychische und eine soziale Komponente hat. Dennoch gilt: Zusammenhänge zwischen der Rückseite und ihrer Vorder- und Innenseite verstehen sich nicht von selbst. Sie wollen vermittelt werden. Kursbesucherinnen, die wegen ihres Rückens da sind, haben ein Anrecht darauf, immer zu verstehen, warum eine Atemübung, ein Spiel, eine Entspannung ganz eng mit dem Thema Rücken zu tun haben.

Rückenmark und Nervenbündel

Längs durch die Mitte des Rückens schlängelt sich die Wirbelsäule. In ihrem Kern, dem Kanal der Wirbelkörper, liegt das Rückenmark (»Medulla spinalis«), umgeben von der Gehirn-Rückenmarks-Flüssigkeit (»Liquor cerebrospinalis«). In der Halswirbelsäule und dem untersten Stück der Brustwirbelsäule ist das Rückenmark besonders dick. Beim erwachsenen Menschen endet das Rückenmark etwa auf der Höhe des zwölften Brustwirbels oder des ersten Lendenwirbels und bildet ab hier einen dicken Strang von Nervenbündeln, die Becken und Beine mit Nerven versorgen.

Es wäre ein Irrtum, das Rückenmark mit einem passiven, die Nervenstränge lediglich zusammenfassenden Leitungsnetz der körperinternen Stromversorgung zu verwechseln. Vielmehr lässt es sich als eine Verlängerung des Gehirns verstehen. Zwar denken Menschen nicht mit dem Rückenmark, aber wichtige körperliche Funktionen werden dort direkt gesteuert. Es gibt keine hierarchische Anordnung zwischen Gehirn und Rückenmark, sondern eher eine Aufgabenteilung. Umgekehrt gibt es einen Teil des Gehirns, das verlängerte Mark im Hirnstamm (»Medulla oblongata«), der eher bezüglich der Lage, weniger bezüglich der Funktion vom Rückenmark getrennt ist. Die Ähnlichkeit der lateinischen Begriffe weist darauf hin. In diesem Mark werden das eigene Leben und die Art erhaltende körperliche Funktionen ermöglicht. Atemzentrum, Kreislaufzentrum, Sexualzentrum sind dort zu finden. Muskelreflexe und Hautreflexe werden im Rückenmark kurzerhand unwillkürlich von selbst gesteuert, um Zeitverzögerungen unmöglich zu machen. Das Mark gilt als das »animalische Gehirn«, wobei natürlich auch Tiere andere als diese Funktionen mit ihrem Gehirn bewältigen.

Selbstverständlich hat der denkende Teil des Gehirns in einem gewissen Maß Einfluss auf ähnliche Funktionen: Der Atem lässt sich eine Zeit lang anhalten, die Geschwindigkeit des Herzschlages ist auch von der Stimmung abhängig und sexuelle Erregung braucht auch emotionale Zustimmung, aber jeweils nur bis zu einem bestimmten Punkt. Dann übernimmt das Mark die Steuerung. Dazwischen liegen Bereiche erlernter Bewegungsmuster, wie Gehen oder Sitzen, die kein Nachdenken erfordern und doch bewusst gemacht werden können. Die Zusammenhänge zu anderen Hirnfunktionen sind möglich, weil das Gehirn wie ein Nervennetz arbeitet und lose Verbindungen knüpfen kann. Eine regionale Zuordnung der Netze stimmt immer nur in groben Zügen. Die freien Assoziationen im Nervennetz sind die physikalische Voraussetzung dafür, dass Rückenschmerzen psychosomatisch bedingt sein können, oder anders formuliert, der Rücken sein eigenes Gedächtnis körperlicher, seelischer und sozialer Zumutungen oder Freuden besitzt.

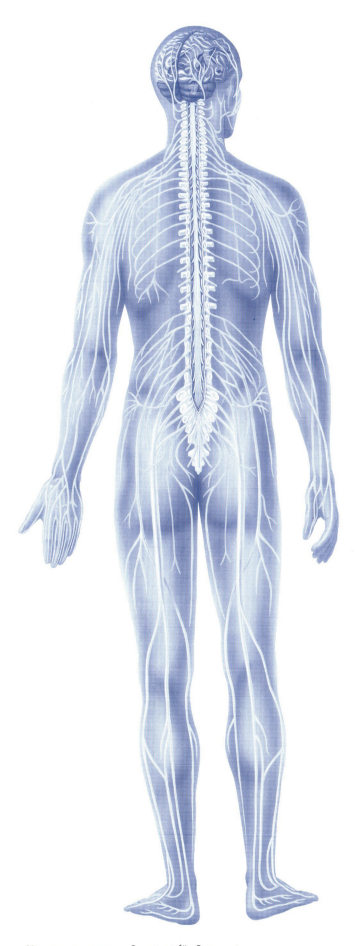

Die gemeinsame Hirn-Rückenmarks-Flüssigkeit ist ebenfalls ein Hinweis auf die gemeinsamen Funktionen beider Nervenzentren. Dieser kostbare Versorgungssaft wird nämlich von anderen Körperflüssigkeiten streng getrennt. Deshalb ergibt eine Lumbalpunktion, bei der von dieser Flüssigkeit kleine Proben genommen werden, Auskunft über mögliche Erkrankungen des Gehirns.

Die Nervenzellen, die die lebenswichtigen Funktionen im Rückenmark übernehmen, befinden sich in der sogenannten grauen Substanz. Die umgebende weiße Substanz enthält die Nervenfasern. In einem Querschnitt durch das Rückenmark erscheint die graue Substanz wie die Form eines Schmetterlings. Das so genannte Vorderhorn jedes Flügels ist, so nimmt man an, eher für den motorischen Teil der Nerven verantwortlich, während das Hinterhorn eher für die sensiblen Nerven zuständig scheint. Von Bedeutung ist dies nur deshalb, weil die dort austretenden Nerven bei einem Vorfall einer Bandscheibe unterschiedliche Störungen der Sensibilität oder der Motorik auslösen, selten beides. Bei einseitigen Schädigungen des Rückenmarkes nach Unfällen können allerdings rechtsseitige Motorikstörungen mit linksseitigen Sensibilitätsstörungen verbunden sein.

Bei einem Beugen der Wirbelsäule nach vorne oder hinten wird das Rückenmark übrigens gestaucht oder in die Länge gezogen, eine physikalische Veränderung, die ohne Auswirkungen zu sein scheint.

Das Rückenmark selbst ist in seinen Funktionen nicht örtlich geteilt. Anders ist dies bei den Nervenenden, die Wirbel für Wirbel austreten und quer verlaufende Körpersegmente versorgen. Stellt man sich den Menschen auf allen Vieren vor, so versorgt jedes Wirbelsegment ungefähr den seitlich und unterhalb liegenden Ausschnitt durch alle Gewebsschichten.

Die Arme und Beine werden allerdings jeweils nicht nur von einem Nerv versorgt. Zudem hat z. B. der Radialisnerv mehrere Äste, die in den Segmenten zwischen dem fünften Halswirbel und dem ersten Brustwirbel austreten. Dennoch lässt sich aufgrund der genauen Symptome recht eindeutig feststellen, welcher der Armnerven unter der Schädigung der Halswirbelsäule genau zu leiden hat.

Hinzu kommt, dass sich Symptome bei vielen Menschen ähneln. Probleme der Bandscheibe von Männern sind meist Probleme zwischen dem vierten und fünften Lendenwirbel. Sie betreffen entweder den Ischias oder den Tibialisnerv und sind zu Beginn gelegentlich entweder damit verbunden, dass der Fuß nicht mehr gestreckt oder nicht mehr gebeugt werden kann. Frauen haben diese Probleme manchmal auch, aber öfter kommen Schwierigkeiten mit der Hals- oder der Brustwirbelsäule vor.
So erklärt sich schnell der große Anteil von Menschen mit Problemen an Nacken und Schultern in der Wirbelsäulengymnastik.

Nervenversorgung – Segment für Segment

Die Rückengesundheit fördern

Wirbelsäule und knöcherne Strukturen

Das Zusammenspiel der tragenden Strukturen des menschlichen Skelettsystems ist eine Voraussetzung für die Fähigkeit, aufrecht zu stehen. Zentrum dieses knöchernen Systems ist die Wirbelsäule. Die komplexe Leistung des Achsenorgans – gleichzeitig stabil und flexibel zu sein in einem lebendigen Zusammenspiel mit Muskeln und Nerven – eröffnet die Fähigkeit zur aufrechten Haltung und zur ökonomischen Bewegung.

Über die aufrechte Haltung hinaus dient die Wirbelsäule dem Individuum als Mittel zum Ausdruck und zur Selbstdarstellung, zur Äußerung der »inneren Haltung«. Die Wirbelsäule ist ausgestattet mit zahlreichen sensiblen Nerven, deren Rückmeldung – z. B. in Form von Schmerzen – als wichtige Signale genutzt werden können. Die Wirbelsäule wird durch die Vernetzung verschiedener Rückmeldungen zum komplexen Wahrnehmungsorgan.
Der vordere Teil der Wirbelsäule, die Wirbelkörper, fügen sich zu einem stabilen System, das die Druck- und Tragebelastungen »auf den Rücken nehmen kann«. Die tragenden Anteile der Lendenwirbel, die Wirbelkörper, liegen nahezu zentral im Bauchraum, nahe dem Körperschwerpunkt, und können so ihre stützende Funktion optimal erfüllen. Die Wirbelsäule hat aber nicht einfach nur die Funktion, den Kopf hoch zu tragen, obwohl die Abfederung von Stößen bei Veränderungen der Lage für das Gehirn recht wichtig sein kann. Diese Aufgabe der Federung übernimmt die Wirbelsäule im aufrechten Gang gemeinschaftlich mit dem Gewölbe der Füße und der Statik von Beinen und Becken. Asymmetrien von Beinen und Hüften oder Schädigungen der Gewölbestruktur der Füße stellen schon deshalb für die Wirbelsäule eine zusätzliche Belastung dar.

Zuallererst schützt die Wirbelsäule das wichtige Rückenmark wie die Schädelknochen das Gehirn durch eine knöcherne Hülle. Ebenfalls ähnlich wie beim Gehirn umschließen harte und weiche Hirnhaut das Rückenmark und die Hirn-Rückenmarks-Flüssigkeit. Noch mit vom Wirbelknochen geschützt sind Blutgefäße, die das Rückenmark versorgen.

Gemeinsam mit den Rippenbögen und dem Brustbein ist die Brustwirbelsäule außerdem an der Bildung des Brustkorbes beteiligt, der wiederum Herz und Lunge ein wenig vor Druck von außen schützen kann.

Die Wirbelsäule selbst liegt relativ tief in der Mitte des Körpers. Zwar sind bauchwärts die Organe vorgelagert, aber rückwärts sollte die Muskeldecke dick genug sein, dies ein wenig zu relativieren. Was von der Wirbelsäule zu spüren ist, ist nicht der innen liegende Teil, zwischen dem sich die Bandscheiben befinden, sondern der äußere Dornfortsatz.

Würde man die ertasteten Dornfortsätze auf der Haut des Rückens malen, so müsste sich eigentlich eine kerzengerade Punktkette ergeben, die genau im Lot liegt. »Eigentlich« deshalb, weil die Logik des Lebens den Rücken an der einen oder anderen Stelle in seitlich abweichende Positionen zieht. Solche seitlichen Abweichungen, zur Skoliose verstärkt, sind für die Rückenanatomie das weit größere Problem als die unterschiedliche Intensität der Krümmungen nach innen oder außen. Wer an einer ausgeprägten Skoliose leidet, sollte sich beim Arzt oder seiner Krankengymnastin genauestens erkundigen, welche Übungen für ihn möglicherweise nicht geeignet sind. Für ausgeprägte Krümmungen wie Rundrücken oder Hohlkreuz ist Bewegung gut. Übungen, die diese Symptomatik verstärken könnten, kommen im Kurskonzept nicht vor.

Wäre es für den Körper funktional, immer nur statisch mit unbeweglich geradem Rücken zu gehen, so wäre die Wirbelsäule wahrscheinlich ein Rohr mit Löchern für die Nerven, das an den Verbindungen zum Schädel und zum Becken mit pufferndem Gewebe umgeben wäre. Neben der Statik ermöglicht die Wirbelsäule durch ihren Aufbau aber gerade auch die Flexibilität, das Beugen und Drehen in einer Vielzahl von Möglichkeiten, die durch die Kombination der Gelenkvielfalt noch multipliziert wird. Im hinteren Teil sind die Wirbel untereinander gelenkig verbunden. Kleine Wirbelgelenke und die Zwischenwirbelscheibe ermöglichen eine sicher geführte Beweglichkeit der Wirbelsäule. Gelenke finden sich auch zwischen den Brustwirbeln und den Rippen.

Ein großer Teil der axialen Kräfte, der Scher- und Rotationskräfte wird durch die kleinen Wirbelgelenke aufgenommen und abgefangen. Die Beweglichkeit jedes einzelnen Wirbelgelenkes ist durch seine Lage und Stellung relativ begrenzt. Erst im Zusammenspiel aller beweglicher Strukturen der Wirbelsäule ergibt

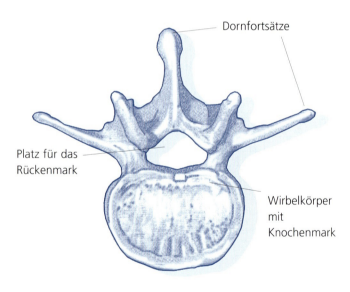

Schutz ist die wichtigste Funktion der knöchernen Struktur

Die Wirbelsäule spüren

Aus der Eutonie stammt eine Übung, die die Wahrnehmung des Rückgrates zum Ziel hat.

Sie brauchen zwei Bambusstöcke, die etwas länger als Ihr Rücken sind. Legen Sie die Stöcke griffbereit. Machen Sie es sich mit Hilfe einer Matte in der Rückenlage bequem und nehmen Sie sich eine Weile Zeit, wahrzunehmen, wie Sie liegen. Drehen Sie sich jetzt auf die Seite, greifen Sie sich einen Bambusstab und halten sie ihn links neben die Wirbelsäule, unmittelbar neben die Dornfortsätze. Rollen Sie sich zurück auf den Rücken, der Stock liegt unter dem Rücken unmittelbar neben der Wirbelsäule. Schieben Sie jetzt den zweiten Stock auf die andere Seite neben der Wirbelsäule. Die Stäbe sollen etwas über die Schultern hinausragen, die Beckenknochen liegen auf den Stäben.

Stellen Sie die Füße auf, um den Druck auf den Rücken gleichmäßiger werden zu lassen. Spüren Sie den Druck der Stangen. Versuchen Sie jetzt, zwischen den Stöcken einzelne Wirbel zu spüren. Gehen Sie mit Ihrer Aufmerksamkeit systematisch von unten nach oben, Wirbel für Wirbel. Auch wenn Sie einzelne Wirbel nicht wahrnehmen können, versuchen Sie mit Ihrer Aufmerksamkeit Stück für Stück weiterzugehen.

Richten Sie sich jetzt etwas auf und nehmen Sie die Stäbe weg. Zurück in die Rückenlage gerollt, nehmen Sie wahr, wie sich die Muskulatur neben Ihrer Wirbelsäule jetzt anfühlt.
Quelle: Brand 1992, S. 25 ff.

sich die hohe Flexibilität des Rückens. Funktionell bedingte Rückenschmerzen können durch Blockierung von Wirbelgelenken und damit einhergehende Muskelverspannungen auftreten. Chiropraktische oder manualtherapeutische Behandlungen bewirken eine Deblockierung der betroffenen Wirbelgelenke. Fälschlicherweise wird in diesem Zusammenhang oft von »Aus- und Einrenken« gesprochen. Die Erfahrung zeigt allerdings auch, dass diese Deblockierung dann nur vorübergehend von Nutzen ist, wenn nicht gleichzeitig ein entspannender Einfluss auf die Muskulatur erfolgt und das Gelenk muskulär stabilisiert werden kann.

Zugleich ist die Wirbelsäule – genauso wie die Rippen und der Beckenkamm – bei Erwachsenen einer der wichtigsten Orte des Blut bildenden Knochenmarks. Knochengewebe hat wenig mit der festen und trockenen Struktur eines Skelettes zu tun. Was an toten Menschen noch zu erkennen ist, sind im Wesentlichen die eingelagerten Mineralien, die den Knochen die Festigkeit geben. Bei lebenden Menschen ist Knochen aber stetig gut durchblutet und mit Auf- und Abbau in Erneuerungsprozessen beschäftigt. Das rote Knochenmark beherbergt hauptsächlich die jungen Zellen der Bildung von roten Blutkörperchen, den Erythrozyten, und der Granulozyten, das sind weiße Blutkörperchen der unspezifischen Abwehr, daneben Riesenzellen für die Bildung von Blutplättchen. Auch Lymphozyten, die weißen Blutzellen der spezifischen Abwehr, kommen im Knochenmark vor, obwohl sie vorwiegend in den lymphatischen Organen gebildet werden.

Die knöcherne Struktur der Wirbelsäule besteht aus 33 bis 34 Wirbeln, wobei die Wirbel von Kreuz- und Steißbein jeweils miteinander verwachsen sind. Von der Seite gesehen weist sie eine doppelt S-förmige Schwingung auf. Diese Schwingung ermöglicht eine größere Stabilität und bessere Abfederung von Stößen.

Die aus sieben Halswirbeln bestehende Halswirbelsäule schwingt in der »Halslordose« nach vorne. Sie zeichnet sich – insbesondere durch den besonderen Aufbau der ersten beiden Halswirbel (Atlas und Axis) – durch eine hohe Beweglichkeit in allen Ebenen aus und ermöglicht so eine umfassende Kopffreiheit.

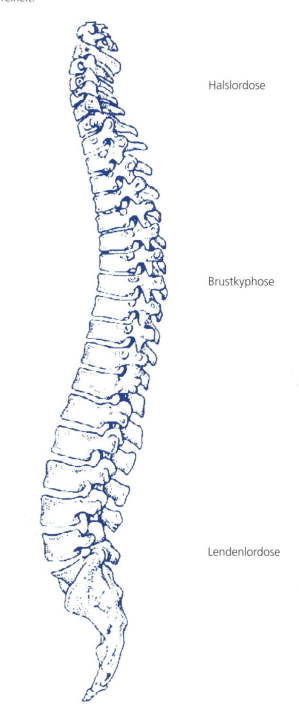

Halslordose

Brustkyphose

Lendenlordose

Doppelt S-förmige Schwingung

Die Rückengesundheit fördern

In der Brustkyphose schwingt die Wirbelsäule nach hinten. Die Brustwirbelsäule hat zwölf Wirbel, jeder ist gelenkig mit einem Rippenpaar verbunden. Zusammen bilden Sie einen stabilen, aber dennoch flexiblen Brustkorb. Die oberen zehn Rippenpaare sind beweglich mit dem Brustbein verbunden, die Rippen, die an den untersten beiden Brustwirbeln ansetzen, enden frei im Brustkorb. Im Bereich der Brustwirbelsäule sind besonders die Wirbelsäulenflexion und die -rotation ausgeprägt.

Die fünf Lendenwirbel sind die kräftigsten der ganzen Wirbelsäule. In einer deutlichen Lendenlordose schwingt die Wirbelsäule bauchwärts. Die Lendenwirbelsäule ist insbesondere in Flexion und Extension gut beweglich.

Fünf Kreuzwirbel sind zum Kreuzbein verwachsen. Es ist mit dem Becken beidseitig über die Kreuz-Darmbein-Gelenke verbunden und überträgt – zusammen mit starken Bändern – das Körpergewicht auf die Hüften. Das Steißbein besteht aus vier bis fünf verwachsenen Wirbelresten.

In dieser knöchernen Struktur sind die Gesetze der Statik und Mechanik durchaus wirksam. Es ist nicht sinnlos, sich die Anwendung dieser Regeln der Biomechanik in Bezug auf die Beschwerdefreiheit von Rücken anzuschauen. *Die Seite 64 f. wird hinsichtlich der Ergonomie dazu einige Aussagen machen.* Dies fällt vor allem dann ins Gewicht, wenn Menschen durch Arbeitsbedingungen oder kulturelle Gewohnheiten gezwungen sind, länger in einer Position zu verharren, als dies ihrem natürlichen körperlichen Bedürfnis entsprechen würde – und dies gilt für nahezu den gesamten Alltag unserer Kultur.

Rückengesundheit auf die Regeln der Biomechanik zu beschränken, wäre allerdings extrem kurz gegriffen. So gibt es im Zusammenspiel von Knochen, Gelenken und Muskeln gute Gründe dafür, nicht die lineare Bewegung anhand einer Achse für die optimale zu halten, sondern der Dreidimensionalität des Organismus Rechnung zu tragen und spiralige Bewegungen vorzuziehen. Die Kinästhetik und die Spiraldynamik sind dieser Auffassung (vgl. Grove 1999). Im Kontext von betrieblicher Gesundheitsförderung in der Pflege wird dieser Ansatz erfolgreich umgesetzt (*siehe Seite 33*).

Da Knochen eben mehr sind als das steinige Gerüst von Mineralien, werden sie durch Bewegung, nicht durch statische Zwangshaltungen, sogar zu Stabilität angeregt. Ein Organismus ist ein lebendes System, das die Gesetze der Physik organisch uminterpretiert und den kürzesten Weg zu einem weniger erfolgreichen machen kann. Diese Auffassung hat praktische Folgen: Während man früher bei altersbedingtem Knochenabbau eher zur Schonung der Knochen geraten hat, weiß man heute, dass nur Bewegung, z. B. isotonische Übungen, den weiteren Knochenabbau verhindern kann und manchmal sogar neue Knochenbildung anregen kann. Dies muss auch für die Auffassung von Rückengesundheit Folgen haben.

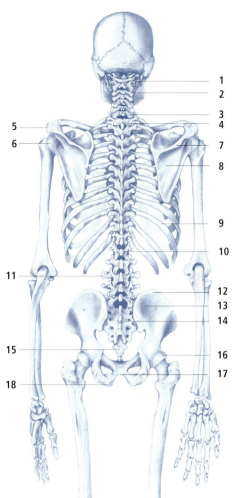

1	Kopfträger
2	Dreher
3	7. Halswirbel
4	1. Brustwirbel
5	Schulterhöhe
6	Oberarmkopf
7	Schulterblattgräte
8	Schulterblatt
9	Rippen
10	1. Lendwirbel
11	Querfortsatz
12	Darmbeinkamm
13	Darmbeinschaufel
14	Kreuzbein
15	Steißbein
16	Oberschenkelkopf
17	Schambein
18	Sitzbein

Knöcherne Struktur des Rückens

Bandscheiben

Die Aussage »Meine Bandscheibe macht Probleme« ist mindestens sehr ungenau, weil in jedem Abstand zwischen zwei Wirbeln eine Zwischenwirbelscheibe liegt, die vor allem Pufferfunktionen hat und einen Verschleiß der Wirbelkörper durch die Drehungen übereinander verhindern soll. Neben den gelenkigen Verbindungen sind die Wirbel untereinander durch die Zwischenwirbelscheibe, die Bandscheibe, miteinander verbunden und werden von zahlreichen Bändern und Muskeln gehalten und bewegt. Die Zwischenwirbelscheibe ermöglicht ein bewegliches Zusammenspiel der Wirbel. Durch ihren Aufbau werden Belastungen auf eine möglichst große Fläche verteilt.

Der Faserring besteht aus wenig dehnelastischen, ringförmigen Faserblättern, mit sich überkreuzenden Fasern. Er weist eine hohe Druckfestigkeit und eine gute abfedernde Wirkung auf. Der natürliche Alterungsprozess lässt den Faserring zunehmend spröder werden, die Fähigkeit, Flüssigkeit einzulagern, lässt nach. Das liegt an den großen Eiweißmolekülen im gesamten Körper, deren Fähigkeit, Wasser einzulagern, etwa ab dem 30. Lebensjahr ihr Optimum überschritten hat – an der Faltenbildung leicht zu erkennen. Dies ist keine Krankheit, sondern ein völlig normaler, physiologischer Prozess.

Der Gallertkern liegt eingebettet im Faserring und besitzt eine hohe Elastizität. Durch seine hohe Flexibilität schafft er einen optimalen Druck- und Bewegungsausgleich bei allen Bewegungen. Der Kern der Bandscheibe ist für das Gleichgewicht im aufrechten Gang des Menschen von besonderer Bedeutung.

Anhand der Ernährung der Bandscheibe kann die lebensnotwendige Bedeutung von Bewegung und dem Wechsel von Belastung und Erholung gezeigt werden. Die Bandscheibe wird etwa ab dem vierten Lebensjahr, ähnlich dem Knorpelgewebe der Gelenke, nicht mehr durch Blutgefäße versorgt. Sie würden den auftretenden Belastungen nicht standhalten. Die Ernährung der Bandscheibe mit Energielieferanten, Wasser und Salzen erfolgt durch Diffusion. Aus dem Knorpelgewebe zwischen Wirbelkörper und Bandscheibe kann die Bandscheibe Flüssigkeiten und darin enthaltene Nährstoffe bei bestimmten Druckverhältnissen, vor allem beim Liegen, aufnehmen und sich ausdehnen. Wird der äußere Druck höher als der Binnendruck der Bandscheibe, wird Flüssigkeit abgegeben. Durch einen ständigen Wechsel von Be- und Entlastung wird für die notwendige Ernährung der Zwischenwirbelscheibe gesorgt. Mindestens sieben Stunden rückengerechtes Liegen am Tag, gerne auch mehr, scheinen eine angemessene Entlastung für den täglichen Druck zu sein. Erst wenn die Entlastung nicht oder nicht ausreichend gegeben ist, die Ernährung der Bandscheibe dauerhaft nicht ausreichend funktioniert, wird jeder zusätzliche Druck zu einem Fiasko für den Rücken.

Die optimale Entlastung für den Rücken zur Ernährung der Bandscheiben ist die Stufenlagerung. Sie liegen am Rücken auf einer stabilen Unterlage. Die Oberschenkel sind im 90 Grad-Winkel angehoben, die Unterschenkel liegen 90 Grad vom Oberschenkel gebeugt auf einer stabilen Stufe, einem Polster zum Beispiel, auch einem herangezogenen Sessel.

Modellberechnungen, In-vivo- und In-vitro-Druckmessungen belegen die erstaunliche Belastbarkeit der Bandscheibe. So wurde bei In-vitro-Messungen die Bandscheibe erst bei einer Belastung von 65 kp/cm^2 zerstört. Beim Heben einer 20 kg schweren Last mit rundem Rücken und gestreckten Beinen wurden in einer In-vivo-Messung 23 bar gemessen – ein mehr als 20-fach erhöhter Druck gegenüber dem Druck im Liegen (Wilke 1998). In der gleichen Untersuchung konnte Wilke allerdings das Dogma nicht bestätigen, dass Sitzen für die Bandscheibe belastender sei als Stehen. Der bis dahin vertretenen Auffassung, gerades Sitzen sei in jedem Fall entlastender als andere Sitzhaltungen, erteilt er eigentlich eine Absage, da er herausgefunden hat, dass der Druck immer dann am geringsten war, wenn sich der Proband subjektiv wohl gefühlt hat.

Jedoch lassen sich aus diesen Messungen keine Aussagen zur individuellen Belastungs- bzw. Beanspruchungsgrenze ableiten (Hoster 1993). Ebenso können Bewegungen oder Übungen aufgrund biomechanischer Erkenntnisse zwar in »weniger oder stärker belastend« differenziert werden, aber keineswegs in »richtig oder falsch«.

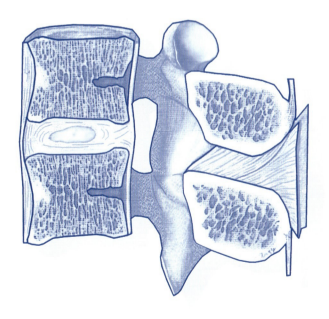

Ein Wirbelsegment mit Bandscheibe

Dem Rücken eine Pause gönnen

Eine ähnliche Dehnung des Rückens wie in der Stufenlagerung lässt sich auch ohne zusätzliche Polster im präventiven Rückenkurs gut durchführen. Die Teilnehmerinnen liegen am Rücken auf einer stabilen Unterlage und stellen die Beine auf. Um die Dehnung zu intensivieren und den Effekt der inneren Gymnastik durch die Atmung zu verstärken, werden die Knie mit den Händen umfasst und an den Körper herangezogen. Im Atemrhythmus ist so sogar eine kleine Bewegung möglich. Im Einatmen die Arme lockern, im Ausatmen die Beine enger an den Körper ziehen – eine Wohltat für den unteren Rücken.

Zudem ist zu berücksichtigen, dass die Bandscheibe zwar eine zentrale Position einnimmt, Rückenerkrankungen und Rückenschmerzen jedoch nur in wenigen Fällen mit diagnostizierten Bandscheibenschäden zusammenhängen.

Im Fall von Bandscheibenschäden, damit sind meist Vorwölbungen der Bandscheiben gemeint, ist es entweder so, dass Teile des Faserrings auf die Nervenstränge drücken, die durch die Wirbelabstände die Körperregion versorgen, oder direkt auf das Rückenmark bzw. die Nervenstränge, die in ihrem Verlauf von der Wirbelsäule geschützt werden sollen. Die Verschiebung der Bandscheibe wird erst dann zum wirklichen Problem, wenn sie durch einfache Bewegungen nicht mehr in ihre Ausgangsposition zurückrutscht.

Das Beispiel der Ernährung der Bandscheibe macht noch einmal deutlich, dass nicht die Vermeidung von Druck und damit die Anwendung physikalischer Gesetze die Rückengesundheit erhält, sondern die Einhaltung der organischen Gesetze von lebendigen Rhythmen, dem angemessenen Wechsel von Be- und Entlastung.

Muskelfläche

In der von dem medizinischen Laienwissen geprägten Alltagswahrnehmung erscheint es so, als ob eine schiefe oder geschädigte Wirbelsäule die Muskulatur verspannt. In den meisten Fällen ist es eher umgekehrt so, dass durch mangelndes Trai-ning verkürzte und durch Zwangshaltungen verspannte Rückenmuskeln die Wirbelsäule immer wieder in eine physiologisch eigentlich ungünstige Position zwingen.

Auf solchen Überlegungen beruht zum Beispiel die Akupunkturmassage nach Penzel, die unter Ausnutzung der Meridianlehre versucht, die Muskeln dazu zu bewegen, ihre ungünstige und schmerzhafte Tätigkeit zu verändern.
Auf diesem Prinzip beruht mit anderen Mitteln auch die Überzeugung, dass eine Gymnastik für die Wirbelsäule Probleme des Rückens lösen können sollte.

Harmonisch aufeinander abgestimmte Muskelschlingen ermöglichen die aufrechte Haltung und die vielfältigen Bewegungen der Wirbelsäule. Neben den großen, von außen sicht- und tastbaren Muskelgruppen des Rumpfes sind die kurzen und tiefen, wirbelsäulennahen Muskeln von besonderer Bedeutung für die Stabilisierung der Wirbelsäule.

Mehrere Muskeln, die Dorn- und Querfortsätze verschiedener Wirbel miteinander verbinden, bilden das transversospinale System. Im Bereich der Lendenwirbelsäule sind diese Muskeln sehr kräftig ausgeprägt. Die Zwischendornmuskeln, der Dornmuskel und die Zwischenquerfortsatzmuskulatur sind Teile des interspinalen Systems. Diese beiden Muskelsysteme bilden gemeinsam mit dem im Bereich der Lendenwirbelsäule gut tastbaren Rückenstrecker die tiefe, wirbelsäulennahe Rückenmuskulatur.

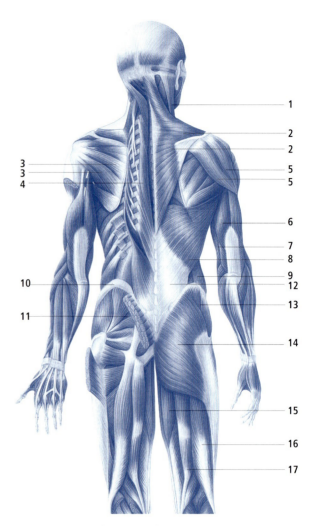

Wirklich große Muskelfläche

1	Kopfnicker	9	äußerer schräger Bauchmuskel
2	Kapuzenmuskel	10	Darmbeinkamm
3	Untergrätenmuskel	11	kleiner Gesäßmuskel
4	Langmuskel des Rückens	12	breite Rückenmuskelbinde
		13	mittlerer Gesäßmuskel
5	Armheber	14	großer Gesäßmuskel
6	Armstrecker	15	großer Oberschenkelanzieher
7	Armbeuger	16	zweiköpfiger Schenkelmuskel
8	breiter Rückenmuskel	17	Halbsehnenmuskel

Am aufrechten Gang wird ein typisches Prinzip menschlicher Bewegung deutlich: Die Bewegung findet diagonal statt und löst rotatorisch wirkende Kräfte auf das Achsenorgan aus. Entsprechend viele, ausgewogen koordinierte Muskelgruppen, die quer über den gesamten Rumpf verlaufen, ermöglichen rotatorische Bewegungen und die Stabilisierung der Wirbelsäule.
Es wird gelegentlich übersehen, dass es nicht die Rückenmuskeln alleine sind, die die Stabilität des Rückens garantieren, sondern auch die Bauchmuskeln, die Brustmuskeln und die Oberschenkelmuskeln.

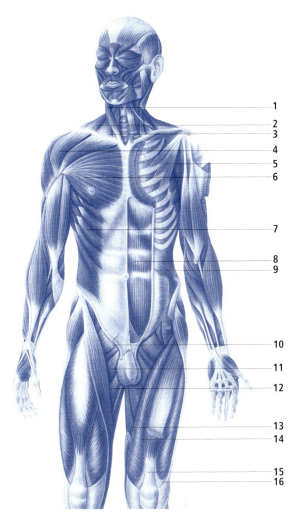

Den Rücken stabilisieren

1 Kopfnicker
2 Kapuzenmuskel
3 Brustzungenbeinmuskel
4 Armheber
5 kleiner Brustmuskel
6 großer Brustmuskel
7 äußerer schräger Bauchmuskel
8 gerader Bauchmuskel
9 innerer schräger Bauchmuskel
10 innerer Schenkelbeuger
11 Kammmuskel
12 langer Oberschenkelanzieher
13 Schlankmuskel
14 innerer Schenkelmuskel
15 gerader Schenkelmuskel
16 seitlicher Schenkelmuskel

- Bauchmuskeln sorgen für eine aufrechte Körperhaltung, stabilisieren und rotieren den Oberkörper und neigen ihn zur Seite. Beim Heben schwerer Lasten unterstützen sie die Leistung der Wirbelsäule insofern, als die Kontraktion der Bauchmuskeln den Bauchinnendruck erhöht und so den Rumpf stabilisiert.
- Der Brustmuskel stabilisiert das Schultergelenk. Seine Verkürzung begünstigt den Rundrücken.
- Die Schultermuskulatur hebt den Schultergürtel, zieht die Schulterblätter nach innen und stabilisiert die Halswirbelsäule.
- Ein gutes Training der Oberschenkel- und aller Beinmuskeln ist die beste Entlastung der Lendenwirbelsäule.
- Die Gesäßmuskeln strecken die Hüfte, richten das Becken auf und stabilisieren es beim Gehen.
- Der Lendendarmbeinmuskel stabilisiert die Lendenwirbelsäule und bewirkt das Aufrichten des Oberkörpers aus der Rückenlage.

Während die Rückenschule eher von den Gesetzen der Statik und Mechanik ausgeht, berücksichtigt die Wirbelsäulengymnastik eher die aktive Rolle der Muskulatur. Beide Sichtweisen haben ihre Berechtigung. Das Problem ist nur, dass Menschen dazu neigen, das zu tun und zu glauben, was ihrem bisherigen Handeln am ehesten entspricht. Dies meint hier, dass eher statisch und steif lebende Menschen die Rückenschule wahrscheinlich bevorzugen, während sportlich aktive Menschen eher etwas mit Wirbelsäulengymnastik anfangen können.

Die Belastungen des Rückens werden zuallererst auf der Muskulatur abgeladen, die darauf mit Verkürzung oder Verspannung reagiert. Wichtig zu wissen ist, dass Belastungen sowohl von Überforderung als auch von Unterforderung herrühren. Eine nicht beanspruchte Muskulatur verkürzt und verhärtet, eine einseitig mit schweren Lasten beladene Muskulatur kann ganz ähnlich reagieren. Psychische Überforderung jeder Art kann ebenfalls zu ähnlichen Ergebnissen führen.

Bauchmuskeltraining

Oft sind es nur kleine Unterschiede in der Körperhaltung, die darüber bestimmen, ob die Bewegung eher mit der Kraft der Rückenmuskeln oder mit der Kraft der Bauchmuskeln ausgeführt wird. Sie können dies mit einer Übung nachvollziehen, die sich für von ihrem Rücken geplagte Teilnehmerinnen allerdings nur sehr eingeschränkt empfiehlt:
Sie liegen auf dem Rücken, die Beine sind gestreckt. Richten Sie Ihren Oberkörper jetzt aus der Kraft des Rückens heraus auf. Wenn es Ihnen gelingt, genau hinzuspüren: Es ist der Lendendarmbeinmuskel, der jetzt die meiste Arbeit leistet. Legen Sie sich erneut auf den Rücken, die Beine sind dieses Mal aufgestellt. Wenn Sie Ihren Oberkörper jetzt aufrichten, werden Sie feststellen, dass Sie dies jetzt mehr aus der Bauchmuskulatur heraus machen – für viele die schwierigere Übung.

Sport, Bewegung und Gymnastik, die auch noch Spaß machen und Ausgleich zum Alltag bringen, scheinen unter diesen Bedingungen ideal zur Vorbeugung von Rückenproblemen zu sein. Dies trifft auch fast zu. Allerdings ist aus der Perspektive des Rückens Sportart nicht gleich Sportart.

- Ausdauersportarten wie Walking oder Jogging, auch Wandern oder ausgedehntes Spazierengehen sind für den Rücken ein gutes Training, weil sie die Wirbelsäulen- und Bauchmuskulatur kräftigen. Die gleichzeitige Bewegung der Arme stärkt die Brustmuskulatur. Mit wenig geeigneten Schuhen auf hartem Untergrund zu laufen, kann aber Wirbelsäule wie Muskulatur belasten.
- Weniger geeignet sind Ballsportarten, in denen kurze heftige Bewegungen mit relativem Stillstand abwechseln. Sie trainieren Muskulatur und sind für uneingeschränkt Rückengesunde durchaus unproblematisch. Dem belasteten Rücken schaden sie unter Umständen aber mehr als sie nützen, durch die plötzlichen Beschleunigungen, das abrupte Abbremsen, das Hochspringen und die unvorbereiteten Drehungen.
- So gut Fahrradfahren eigentlich für den Organismus ist, aus der Perspektive des Rückens handelt es sich um eine sitzende Tätigkeit, die mit einem wenig geeigneten Sattel auf holprigem Untergrund noch dazu zur Belastung werden kann. Bei angemessener Körperhaltung wird die Rückenstreckmuskulatur gekräftigt, wer aber an Problemen der Halswirbelsäule leidet, schadet sich durch die Schulterhaltung.
- Mit der angemessenen Körperhaltung kann auch Reiten eine geeignete Sportart für den Rücken sein. Entscheidend sind dafür eine aufrechte Haltung des Beckens und eine gute Stabilität von Bauch-, Rücken- und Gesäßmuskulatur. Wer die nicht hat, belastet den Rücken zu stark.
- Schwimmen ist unterschiedlich geeignet, je nachdem, wo die Schwachstelle im Rücken sitzt. Brustschwimmen kann die Lendenwirbelsäule, bei hochgestrecktem Kopf auch die Halswirbelsäule belasten, Probleme mit der Brustwirbelsäule aber unter Umständen mildern. Sehr rückenschonend ist folgende Technik: Beim Rückenschwimmen erfolgt ein Doppelarmzug neben dem Körper, so dass die Arme nicht über Schulterhöhe kommen, kombiniert mit Wechselbeinschlag oder Beinschlag wie beim Brustschwimmen.
- Krafttraining im Fitnesscenter baut die Muskulatur auf und mildert so präventiv Rückenbeschwerden. Die Voraussetzung ist hier aber die angemessene, rückengerechte Anleitung, da einige Übungen, wie z.B. »Situps«, eher ungünstig sind.

Insgesamt kommt es beim Aufbau einer rückengerechten Muskulatur eben stark auf das »Wie« an.

Den Rücken atmen

Vielleicht haben Sie Lust, eine Übung auszuprobieren, die Ihnen deutlich machen kann, was die Atmung mit dem Rücken zu tun hat. Auf einer stabilen Matte gehen Sie in den Vierfüßerstand. Von dort aus schieben Sie das Gesäß nach hinten, bis es auf den Fersen ruhen kann. Gelingt Ihnen dies nicht bequem? Dann brauchen Sie möglicherweise Unterstützung durch ein Kissen oder eine zusammengerollte Decke, die Sie unter die Füße legen können.

Strecken Sie jetzt Ihre Arme gerade vor sich aus und ziehen Sie den Oberkörper so weit mit, bis die Stirn am Boden liegt, ohne das Gesäß von den Beinen zu lösen. Geht dies nicht gut? Dann unterstützen Sie die Stirn mit einem weiteren zusammengerollten Kissen, das Ihnen genügend Raum zum Atmen lässt. Bei dieser Übung kommt es nicht darauf an, Ihre Sportlichkeit unter Beweis zu stellen, sondern Ihre Atmung wahrzunehmen.

Wenn Sie eine für sich bequeme Position gefunden haben, dann achten Sie auf Ihren Atemrhythmus. Nehmen Sie wahr, wie Ihr Atem mit jedem Einatmen den Brustkorb hebt und mit dem Ausatmen wieder senkt. Das ist Rückengymnastik für die Brustwirbelsäule von innen.

Im zweiten Schritt nehmen Sie wahr, wie die Einatmung die Seiten Ihrer Lenden dehnt und die Ausatmung sie wieder zusammensinken lässt.

Noch besser geht dies mit der Hilfe einer Partnerin, die Ihnen die Hände auf die Lenden legt. Die Wärme von außen unterstützt auch ganz ohne Druck die Wahrnehmung und Atmung, eine innere Gymnastik für die Lendenwirbelsäule und den unteren Rücken.

Eine Möglichkeit, die Wirkung der Atmung zu erfahren

Die Bedeutung der Atmung

Zahlreiche Muskeln, die an der Hals-, Brust- und Lendenwirbelsäule ansetzen, unterstützen die Atmung als Atem- bzw. Atemhilfsmuskulatur. Beim Einatmen sind dies die äußeren Zwischenrippenmuskeln und als Hilfsmuskulatur u.a. der kleine Brustmuskel, Schulterblattheber und Sägemuskel, beim Ausatmen die inneren Zwischenrippenmuskeln, beim vertieften Ausatmen auch der breite Rückenmuskel.

Der bedeutendste Muskel für die Atmung ist das Zwerchfell. Quer zwischen Brust- und Bauchraum gelegen, zieht es sich beim Einatmen zusammen, beim Ausatmen nimmt es seine Kuppelform wieder an. Das Zwerchfell sitzt an den unteren Rippen und an den Körpern des ersten bis dritten Lendenwirbels. In Höhe dieser Wirbel ist das Zwerchfell auch indirekt mit dem Lendendarmbeinmuskel verbunden.

Der Atemvorgang lässt sich so erklären: Die Zwischenrippenmuskeln und das sich in die Kuppelform biegende Zwerchfell drücken die sauerstoffarme Luft nach außen. Die Bauchorgane werden durch die Bewegung des Zwerchfells nach oben gezogen. In der Lunge entsteht ein Unterdruck, der die Einatmung anzieht. Mit dem Einatmen werden die Rippenmuskeln nach außen gedrückt und die kleinen Gelenke an den Wirbelkörpern bewegt. Das Zwerchfell zieht sich zusammen und drückt die Bauchorgane nach unten. Eine durchlässige Atmung ist so noch in der Beckenmuskulatur gut zu spüren.

Eine aufrechte Haltung, die Wirbelsäule in ihrer natürlichen Schwingung und eine gut tonisierte Muskulatur schaffen optimale Bedingungen für die Tätigkeit der Atemmuskulatur und die Atembewegung. Umgekehrt lässt sich folgern, dass eine ungehinderte Atembewegung eine aufrechte Haltung mit sich bringt.

Der Zusammenhang von Atmung und Rückengesundheit wird von der Zilgrei-Methode explizit aufgegriffen (Greissing / Zillo 1991). Sie versteht sich als eine Selbstbehandlungsmethode gegen Rückenschmerzen. Ausgangspunkt sind Körperhaltungen, die weitgehend dem Yoga entlehnt sind. Mit ihnen wird ein Beweglichkeitstest zur rechten und zur linken Seite durchgeführt. Die Bewegung wird dann zunächst zur beweglicheren, nicht schmerzhaften Seite vollzogen. In dieser Position wird die »Zilgrei-Atmung« ausgeführt. Ein solcher Atemzyklus besteht aus Einatmung als Bauchatmung, fünf Sekunden Pause mit angehaltener Luft, Ausatmung, fünf Sekunden Pause mit entleerter Lunge.
Der Begriff »Zilgrei« ist geschützt. Zilgrei darf entsprechend nur von denen unterrichtet werden, die darin ausgebildet sind. Um Ihnen aber verständlich zu machen, um was es geht, eine Übung zum Mitmachen:

»Adler …«

Auf einer harten Unterlage, dem Teppichboden oder einer Matte zum Beispiel, legen Sie sich in der Rückenlage auf den Boden und stellen die Füße etwa hüftbreit auf. Die Arme sind in einem Winkel von etwa 45 Grad vom Körper entfernt. Von der Bewegung her wird jetzt eine der Krokodilsübungen aus dem Yoga durchgeführt. Lassen Sie die Beine ganz langsam nach rechts fallen, so weit, wie ihnen dies gut möglich ist. Kehren Sie in die Ausgangsstellung zurück. Lassen Sie die Beine sehr langsam nach links fallen.
Welche Seite hat Ihnen mehr Bewegung ermöglicht? Wenn dies die Bewegung nach links war, dann führen Sie diese Bewegung nach links noch einmal langsam durch. Überschreiten Sie die Schmerzgrenze nicht. Der Kopf wird gleichzeitig nach rechts gedreht, ohne dass Schulter und Brustkorb sich mit drehen.
In der Endposition angekommen, führen Sie fünf Atemzyklen der Zilgrei-Atmung aus und gehen dann wieder in die Ausgangsposition zurück. War die Bewegung nach rechts nicht durch akutes Geschehen und Schmerz beeinträchtigt, führen Sie anschließend die Bewegung der Beine nach rechts durch, der Kopf wird gleichzeitig nach links gedreht. Auch hier wieder die Zilgrei-Atmung durchführen.
Quelle: Greissing / Zillo 1991, S. 86 ff.

… oder »Krokodil«

Im Yoga würde die gleiche Bewegung, »das breite Krokodil«, in einem anderen Atemrhythmus durchgeführt. Die Bewegung erfolgt sehr langsam im Einatmen, im Ausatmen wird in der Position verblieben. Im nächsten Einatmen geht es ebenso langsam wieder in die Ausgangsposition zurück. Auch im Yoga ist es möglich, einige Atemzüge lang in der Ausgangsposition zu bleiben. Den Abschluss der Drehungen im Yoga bildet jeweils die oben beschriebene Dehnung des Rückens (*Dem Rücken eine Pause gönnen, Seite 19*) durch das Anwinkeln der Beine, die an den Körper herangezogen werden.

Wahrnehmungsorgan Rücken

Was im Rücken einer Person passiert, wird von ihr nicht wahrgenommen – oder doch? Augen, Nase und Ohren sind überwiegend nach vorne orientiert. Es gibt aber zwei Sinne, für die der breite Rücken genügend Fläche bietet: der Tastsinn und der kinästhetische Sinn. *Weitere Informationen zu den Sinnen siehe Seite 55 ff.*

Die Haut des Rückens ist natürlich nicht so reichlich mit Sinneszellen ausgestattet wie die Handflächen. Die Größe der Fläche bedingt dennoch mehr Tastsinn im Rücken als dies im Alltag bewusst ist. In einem Quadratzentimeter Haut befinden sich durchschnittlich vier Meter Nervenfäden und drei Millionen Tastzellen, die Druck, Schmerz, Wärme und Kälte wahrnehmen.

Mit dem Rücken ertasten

Stellen Sie sich mit dem Rücken an eine Wand, eine Tür, einen dicken Baumstamm oder eine andere Fläche, die Ihnen angenehm ist. Nehmen Sie wahr, an welchen Stellen genau Ihr Rücken die Fläche berührt. Spüren Sie Wärme oder Kälte? Fühlt sich die Fläche eher glatt oder rauh an? Ertasten Sie die Fläche mit jeder Faser Ihrer Rückenhaut. Was können Sie wahrnehmen?

Versuchen Sie jetzt durch kleine Veränderungen Ihrer Körperhaltung mit möglichst vielen Stellen des Rückens die Fläche zu ertasten. Verstärken Sie die Bewegungen zu einem wohligen Reiben Ihres Rückens an der Fläche.

Es gibt viele Möglichkeiten, diese Wahrnehmungsübung zu verändern und zu erweitern:

- Sie können sie im Stehen, Sitzen oder Liegen ausprobieren. Sie können unterschiedliche Flächen miteinander vergleichen.
- Sie können sich an dem Rücken einer Freundin reiben.

Probieren Sie aus, was Ihnen gefällt.

Bisher haben Sie vor allem den Tastsinn des Rückens trainiert. Sie können auf die gleiche Art aber auch den kinästhetischen Sinn mehr ansprechen, in dem Sie mit Druck von außen einen Tennisball zwischen der Wand und Ihrem Rücken rollen und die Unterschiede mit und ohne Ball wahrnehmen. Die erste Wahrnehmungsebene ist wahrscheinlich Druck – ein Teil des Tastsinns. Wenn Sie sich auf diese Wahrnehmung länger einlassen und dann den Ball wegnehmen, erspüren Sie aber auch, wie die Muskelspindeln auf die Lageveränderung reagieren. In der Eutonie wird gerne die Vorstellung genutzt, sich den Ball einzuverleiben, zu einem Teil des Rückens werden zu lassen. Dazu ist es notwendig, nicht schnell zu rollen, sondern immer wieder neue Stellen des Rückens mit Ruhe und Genuss so zu erforschen.

Vertiefen Sie die Erfahrung des Muskelsinns, indem Sie versuchen, Muskeln Ihres Rückens ein wenig in ihrer Position zu verändern – so weit es geht, nur die Rückenmuskeln. Fällt Ihnen dies eher schwer? Es ist die Zusammenarbeit der Muskeln und Gelenke des gesamten Organismus, die Bewegung ermöglicht.

Nach Auffassung der Eutonie können Sie die Wahrnehmung mit dem Rücken noch über den Körper hinauswachsen lassen. Gehen Sie dazu ein kleines Stück von der Fläche weg und stellen Sie sich vor, den Raum zwischen Rücken und Fläche zu ertasten. Gelingt es Ihnen, noch etwas von der Fläche wahrzunehmen?

Die Wahrnehmung des Rückens beruht nicht auf dem Tastsinn allein, sondern vor allem auf den Muskel- und Sehnenspindeln, die den kinästhetischen Sinn ausmachen. Der Widerstand, der der Muskulatur entgegengesetzt wird, wird damit empfunden. Gewichtsverlagerungen, Gleichgewichtsverschiebungen, die Lage des Körpers im Raum, die Stellung der Muskeln zueinander, die Muskelhaltung und Bewegung werden damit wahrgenommen. Das Bild Ihres Rückens von innen, Ihrer aufrechten Haltung, das Sie sich mit geschlossenen Augen machen können, ist das Ergebnis des kinästhetischen Sinns. Muskelfasern regulieren durch Zusammenziehen oder Entspannen den Tonus der Muskulatur.

Der kinästhetische Sinn ist somit von zentraler Bedeuung für die Spannung im Rücken und deshalb für die Wahrnehmung und Vermeidung von Rückenschmerzen. Neben dem Muskelaufbau ist die Rückenwahrnehmung eine entscheidende Voraussetzung für Rückengesundheit.

Das Kurskonzept »Rückhalt – Die Wirbelsäule trainieren, den Rücken stärken« basiert darauf, die dem Rücken gerechte Haltung nicht so sehr von außen vorzugeben, sondern von innen zu erfühlen. Dies ist die Voraussetzung dafür, dass dauerhaft ohne langes Nachdenken bei einer solchen Körperhaltung geblieben werden kann. Es zielt auf ein Training des kinästhetischen Sinns, mit dessen Hilfe Korrekturen erlernter Bewegungsmuster vorgenommen werden können und neue erlernt werden. Natürlich ist auch Muskeltraining wichtig.

Den Rücken erfühlen

Setzen Sie sich in eine für Sie bequeme Position ohne Lehne. Wandern Sie mit Ihrer Aufmerksamkeit zum unteren Rücken. Wie fühlt sich die Muskulatur der Lenden an? Ist sie gespannt oder entspannt? Was nehmen Sie wahr? Gelingt es Ihnen, durch kleine Veränderungen Ihrer Haltung die Muskulatur besser zu entspannen?

Wandern Sie mit der Aufmerksamkeit Schritt für Schritt weiter den Rücken entlang nach oben, über die Rippen zur Schulter und zum Nacken. Was nehmen Sie wahr? Gelingt es Ihnen, Spannung und Entspannung zu fühlen? Was verändert sich durch kleine Veränderungen in der Rückenhaltung?

Auch diese Übung können Sie in anderen Positionen ausführen. Im Liegen können Sie Ihren Rücken dem Boden anvertrauen. Das Stehen hat den Nachteil, dass Sie die Anstrengung des langen Standes mittragen müssen. Schön, wenn Ihnen diese Wahrnehmung auch im Gehen gelingt.

Gesundheit und Krankheit des Rückens

Wer ist gesund und wer nicht?

Die Gesundheitsbildung der Volkshochschulen ist auf die Förderung von Gesundheit ausgerichtet. Es geht vor allem um den Erhalt oder auch die Wiederherstellung von Gesundheit, nicht um die Heilung oder Linderung von Krankheit. Auf der didaktischen Ebene unterscheiden sich Gesundheitsbildung und Gesundheitsförderung von der Prävention. Prävention zielt auf die Verhütung von Krankheiten. Gesundheitsbildung ermöglicht Lernprozesse über gesundheitsrelevante Themen. Das Kurskonzept »Rückhalt« möchte durch Bildung einen Beitrag zur Prävention von Rückenschmerzen oder Rückenerkrankungen leisten, mehr aber noch Lernprozesse für einen gesunden Rücken ermöglichen. Eine Garantie für Gesundheit kann ein solcher Kurs nicht geben.

Therapie ist die Behandlung und Heilung bzw. Linderung von Rückenbeschwerden oder Erkrankungen. Das Kurskonzept »Rückhalt – Die Wirbelsäule trainieren, den Rücken stärken« arbeitet präventiv, nicht therapeutisch. Damit ist klar gesagt, dass akut Rückenerkrankte in diesem Kurs nicht gut aufgehoben sind. Auf ihre Probleme, Schmerzen und Fragen kann allenfalls am Rande eingegangen werden. Manche der Übungen könnten im Akutfall sogar schaden. Rückenkranke sollten sich über die Teilnahme immer von ihrer Ärztin beraten lassen.

Aber ab wann ist jemand krank? Wer ist gesund, wenn doch zwei Drittel aller Erwachsenen mindestens gelegentlich Rückenschmerzen haben? Sind diejenigen krank, deren Schmerzen eine eindeutige physische Ursache haben, und die nicht, deren Beschwerden eher psychisch bedingt sind? Wie sollen Sie als Kursleitung unterscheiden, wer noch gesund und wer schon krank ist, wenn Sie weder berechtigt sind noch die Möglichkeiten dazu haben, Diagnosen zu stellen? Es wäre nicht nur merkwürdig, sondern schlechterdings nicht realisierbar, von jeder Teilnehmerin ein ärztliches Attest einzufordern. Was also tun?

Die Antwort heißt, die Art des Kursangebotes und seine Grenzen deutlich machen, die Teilnehmerinnen selbst bestimmen lassen und in allen Zweifelsfällen auf ärztlichen Rat verweisen. Ihre Meinung als Kursleitung ist eigentlich nicht gefragt, wohl aber Ihre Verantwortung dafür, ob Schäden durch die Kursteilnahme ausgeschlossen werden können. Für den ärztlichen Rat ist es sinnvoll, wenn die potenziellen Teilnehmerinnen dem Arzt möglichst genau sagen können, was im Kurs gemacht wird. Einen Merkzettel mit zentralen Angaben zu erstellen, wäre sicher hilfreich.

Der Übergang zwischen Gesundheitsförderung und Therapie ist fließend. Eine Abgrenzung ist in der Praxis jedoch notwendig. Eine ausschließliche primäre Prävention im engen Sinne zu fordern, d.h., nur Personen ansprechen zu wollen, die bisher keine Rückenschmerzen hatten, entspricht nicht der Forderung, dass die Kurse für alle offen sein sollen, und darüber hinaus auch nicht der Situation in der Praxis. Die meisten Personen, die an diesen Kursen teilnehmen, möchten vielmehr erneuten Rückenschmerzen vorbeugen oder bestehende Beschwerden lindern. Nahezu alle Teilnehmerinnen zeigen eine mehr oder weniger auffällige Schmerzsymptomatik.

Für die Teilnehmerinnen muss jedoch deutlich werden, dass der Kurs keine Therapie ist und keine physiotherapeutische Behandlung oder Ähnliches ersetzt. In jedem Fall sollten die Teilnehmerinnen auf die präventive Ausrichtung hingewiesen werden. Wer sichergehen möchte, kann dies auch in schriftlicher Form tun.

In einer Klassifizierung des Kurskonzeptes nach primär-, sekundär- und tertiärpräventiver Ausrichtung können die Inhalte des Kurses »Rückhalt« der primären Prävention zugeordnet werden. Es erscheint sinnvoll, die primäre Prävention auf das Vorbeugen von erneuten Rückenbeschwerden auszuweiten. Der Übergang zur sekundären Prävention, die während der akuten Phase von Rückenerkrankungen und danach durchgeführt wird, ist fließend. Sie soll vor allem der Chronifizierung von Rückenschmerzen vorbeugen. Tertiärpräventive Maßnahmen betreffen den Umgang mit chronischen Rückenschmerzen im Rahmen einer umfassenden Rehabilitation. Selbst hier kann nach Rücksprache mit dem Arzt der Kurs »Rückhalt« Sinn machen.

Während des Kurses selbst sollten Sie durch den Verweis auf Schmerz- und Belastungsgrenzen in jedem Fall vermeiden, dass Beschwerden erst entstehen, wo ihnen doch vorgebeugt werden soll. Das Maß der Bewegung sollte so gewählt werden, dass alle Anwesenden individuell abgestuft die Übungen noch mitmachen können. Dies gilt übrigens auch für die Körperwahrnehmung und Entspannung. Körperwahrnehmung kann Schmerzen auch erst bewusst machen, deshalb muss jede Teilnehmerin selbst entscheiden können, wie viel sie davon genießen oder sich zumuten will.

Beachten Sie außerdem, dass verschwitzte Rücken leicht kalt werden können und dann Beschwerden entstehen können. Das heißt: zwischen Bewegung und Entspannung eine Decke umlegen oder einen Pullover mehr anziehen lassen und niemals verschwitzt in einen zugigen Umkleideraum gehen lassen. Auch durch Lüftung darf kein Zug entstehen.

Zur Problematik, Gesundheitsförderung von der Therapie zu trennen, gehört die Schwierigkeit der Trennung von Gesundheit und Krankheit. Die Vorstellung, was ein gesunder Rücken ist, ist sicher genauso individuell unterschiedlich wie das Gesundheitsverständnis. In einem Kurs mit 15 Teilnehmerinnen werden Sie, Ihre eigene Person eingeschlossen, 16 verschiedene, gültige Vorstellungen von Gesundheit und Krankheit finden, ebenso wie 16 verschiedene Körpererfahrungen und Lebensgeschichten. Die einen werden mit einem gesunden Rücken Schmerzlosigkeit verbinden, die anderen Muskelkraft, die dritten Leistungsfähigkeit und andere Wohlbefinden.

Für die Bewältigung von Rückenbeschwerden ist es dabei gar nicht unerheblich, welches Gesundheits- und Krankheitsbild die Teilnehmerinnen haben. Ob Sie Krankheit für Schicksal halten oder glauben, aktiv etwas dafür tun zu können, wird schon die Bereitschaft zur Teilnahme entscheidend beeinflussen.

Ob sie ihre Vorstellungen von Männlichkeit mit Gesundheit, Kraft und Stärke verbinden oder seelische und soziale Bedingungen in ihr Gesundheitsempfinden einbeziehen, setzt andere Erwartungen an den Kurs voraus. Ob jemand Rückenschmerzen als Strafe für Fehlverhalten versteht, als Zerstörung seiner Lebenskraft, als erzwungene Ruhepause in einem arbeitsreichen Leben oder als Herausforderung zu einem körpergerechteren Umgang mit sich selbst, wird auch seinen Umgang mit dem Rücken prägen. Wer glaubt, Schmerzen können nur von ärztlicher Hand geheilt werden, wird möglicherweise seine Symptomatik verschlechtern. Ob die Vorstellung überwiegt, man könnte Gesundheit wie einen Schalter ein- und ausschalten, Gesundheit nutze sich mit dem Älterwerden ab, man könne sie wie einen Akku aufladen oder sie sei ein steigerbares Energiepotenzial – all dies verändert die Bereitschaft, präventiv zu handeln.

In vielen medizinischen Feldern wird Gesundheit an Normalwerten, d. h. Durchschnittswerten junger Erwachsener, gemessen. Dies würde hier bedeuten, dass gelegentliche bis regelmäßige Rückenschmerzen gesund sind, denn sie sind durchaus Durchschnitt. Jemand dagegen, der noch nie in seinem Leben Rückenschmerzen hatte, wäre dann nicht durchschnittlich, also auch nicht gesund? Eine andere Auffassung von Gesundheit ist natürlich die der Beschwerdefreiheit. Das heißt aber, die meisten Erwachsenen sind nicht rückengesund, weil nicht beschwerdefrei.

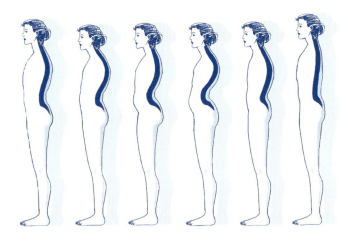

Haltung alleine macht keine Belastung

Die durchschnittliche Haltung der Wirbelsäule ist eine S-förmige Schwingung. Als besonders aufrecht gehend erscheinen Menschen mit einem Flachrücken. Sie sind aber diejenigen, die besonders häufig über Rückenschmerzen klagen, weil sie die Bandscheiben und Wirbelkörper axial belasten, ohne zusätzlichen Federmechanismus. Das Gegenstück, die hohlrunde Haltung, gilt als belastend und krank machend. Dennoch gibt es Menschen, die ihr Leben lang trotz dieser Haltung niemals Probleme hatten. In der Haltung der Wirbelsäule sind vom Flachrücken bis zum hohlrunden Rücken eine Vielzahl von Varianten denkbar, die durchaus als normal gelten können, meint jedenfalls Thomann (1998).

Selbst unter dem Röntgenbild lässt sich nicht eindeutig beantworten, wer gesund und wer krank ist. Bei den meisten Erwachsenen können degenerative Veränderungen der Wirbelsäule festgestellt werden, ohne dass dies Probleme verursachen muss.

Fraglich ist, ob es für Sie als Kursleitung wirklich relevant ist, wer als gesund und wer als krank einzuordnen ist. Wichtig ist nur deutlich zu machen, auf was Sie eingehen können und auf was nicht.

Gesundheitsbildung endet dort, wo Therapie anfängt. Konkret heißt das für die Praxis: Finger weg von allen akuten und entzündlichen Prozessen. Ebenso sind in der Regel Personen ausgeschlossen, die sich zur Zeit in Behandlung befinden, außer, die Teilnahme geschieht mit Kenntnis des Arztes oder des Therapeuten. Sie als Kursleiterin eines Gesundheitskurses müssen die eventuell vorliegenden Rückenbeschwerden der einzelnen Personen nur insofern kennen, als diese einer Teilnahme am Kurs entgegenstehen würden oder die Durchführung einzelner Übungen verbieten würde. Die Entscheidung, wann es sinnvoll ist, den Kurs zu besuchen, eventuell den Arzt zu fragen und sich dann nach seinem Ratschlag zu richten, bleibt den einzelnen Teilnehmerinnen vorbehalten. Überlassen Sie die Entscheidung – und damit auch die Verantwortung – über die Kursteilnahme der betroffenen Person.

Sie haben dabei einen zuverlässigen und ständigen Berater: den Schmerz. Wer unter akuten Schmerzen leidet, sollte alle Übungen, die diese Schmerzen grundsätzlich verstärken könnten, in keinem Fall mitmachen. Ob es in Einzelfällen angezeigt sein kann, die Schmerzgrenze zu überschreiten, ist eine Frage der therapeutischen Arbeit und nicht eines präventiven Kurses. Das damit verbundene Risiko können Sie nicht tragen. Weisen Sie alle Teilnehmerinnen darauf hin, dass die im Kurs durchgeführten Übungen keine Schmerzen auslösen dürfen, nicht während und nicht nach der Durchführung.

Wer chronisch unter leichteren Schmerzen leidet, kann und sollte nach Rücksprache mit dem behandelnden Arzt in der Regel sogar dringend etwas für den Aufbau der Muskulatur und eine von innen entwickelte, körpergerechtere Haltung unternehmen. Er ist in dem Kurs nicht falsch. Bedenken Sie aber auch, dass zu viele »Problemfälle« Ihre Aufmerksamkeit für die anderen – nicht weniger wichtigen – Teilnehmerinnen einschränken.

Die folgende Tabelle sollte Sie in diesem Sinn nicht zu dem Versuch einer Diagnose anregen und Ihnen nicht die Illusion schaffen, anders als präventiv arbeiten zu können, sondern Ihnen zeigen, wie unterschiedlich bei verschiedenen Beschwerdebildern mit Gymnastik, Entspannung und Wärme umgegangen wird. Die Tabelle kann vielleicht Ihr Gefühl dafür stärken, wer in diesem Kurs eher richtig ist und wer auf keinen Fall.

Bezeichnung	Symptome	Was empfohlen wird
Zervikal-Syndrom	Häufig wiederkehrende Schmerzen in der Schulter-Nacken-Region, teilweise auch Kopfschmerzen. Die Schmerzen gehen von der Halswirbelsäule aus, fühlbare Verspannungen der Muskulatur. Bei länger anhaltenden Beschwerden ist ein Arztbesuch sinnvoll, um eine Nervenreizung auszuschließen.	Wärme, Massage und Ausgleichsbewegung. Gymnastik ist präventiv sehr wichtig, auch um vorhandene Beschwerden dauerhaft zu bewältigen. Die Schmerzen sind ein klarer Hinweis, welche Bewegung erwünscht und welche zu vermeiden ist. In sehr akuten Fällen ärztlichen Rat einholen.
Akuter Schiefhals (Tortikollis)	»Hexenschuss der Halswirbelsäule«, akute, schmerzhafte Bewegungseinschränkung.	Keine abrupten Bewegungen. Anstrengung vermeiden. Wärme tut gut.
Schulter-Arm-Syndrom (Zervikobrachialgie)	Schmerzen oder Gefühlsstörungen bis in die Fingerspitzen.	Keine abrupten Bewegungen, keine starken Drehungen, keine Vor- und Rückbeugen, keine Anstrengungen. Wärme und Massage tun gut.
Schleudertrauma	Nach Unfällen Beweglichkeitseinschränkungen, Schmerzen, evtl. Kopfschmerzen.	Ruhigstellung, Bewegung erst nach ärztlicher Erlaubnis.
Thorakal-Syndrom	Gelegentliche bis häufige, chronische Schmerzen zwischen den Schulterblättern und im Brustkorb.	Atemgymnastik, Wärme. In der nicht akuten Phase ist Gymnastik sinnvoll.
Zwischenrippenneuralgie (Intercostalneuralgie)	Heftige akute Schmerzen ziehen gürtelartig von der Brustwirbelsäule entlang den Rippen bis zum Brustbein.	Schonung.
Osteoporose	Verkrümmung, Neigung zu Wirbelbrüchen.	Krankengymnastik. Präventiv ist Bewegung ganz entscheidend!
Hexenschuß (Lumbalgie)	Plötzliche starke Schmerzen im unteren Rücken, meist gekrümmte Körperhaltung.	Lagerung im Stufenbett, Schonung, Bewegung ist kaum möglich.
Morgendlicher Rückenschmerz	Kreuzschmerzen morgens, Schlafschwierigkeiten.	Rücken schonende Gymnastik zum Muskelaufbau wichtig, Bett und Schlafgewohnheiten überprüfen.
Morbus Bechterew	Rheumatische Erkrankung in den Wirbelgelenken, die mit einer Versteifung der Wirbelsäule einhergeht, tief sitzende morgendliche Rückenschmerzen.	Tägliche spezielle krankengymnastische Übungen sind wichtig. Einige Bewegungen der Wirbelsäulengymnastik sind nicht mehr durchführbar.
Abnutzung der Lendenwirbelsäule	Kreuzschmerzen, Schmerzen nach langem Stehen, Heben oder Tragen von Lasten, Steifheit im Rücken nach Autofahren oder langem Sitzen.	Rückengerechtes Training zum Muskelaufbau wichtig, Wärme.
Bandscheibenvorfall	Schmerzen im Verlauf des Ischiasnerv, Taubheitsgefühle.	Schmerzarme Lagerung im Stufenbett, Wärme, manuelle Krankengymnastik. Nach einer möglichen Operation nicht zu viel, aber auch nicht zu wenig bewegen.
Reizzustand im Kreuz-Darmbein-Gelenk	Schmerzen, herabgesetzte Belastbarkeit.	Akut hilft meist Kälte, chronisch Wärme.

Ruhe oder Bewegung – je nachdem (Quelle: Thomann 1998)

Woher kommen Rückenschmerzen?

Die Verbreitung von Rückenbeschwerden in der Bevölkerung hat in den vergangenen zwei Jahrzehnten massiv zugenommen. Etwa 70 - 80% aller Erwachsenen haben zumindest einmal in ihrem Leben Rückenschmerzen. Ungefähr 40% leiden akut unter Schmerzen. Die Beschwerden finden sich in allen Altersgruppen, häufen sich jedoch zwischen dem vierten und siebten Lebensjahrzehnt. Frauen sind etwas häufiger betroffen als Männer.

Alter	Männer in %	Frauen in %
24 - 29	40	48
30 - 39	45	54
40 - 49	55	63
50 - 59	61	66
60 - 69	57	62

Quelle: Lenhardt u.a. 1997

Rückenschmerzen sind in der betrieblichen Gesundheitsförderung als Thema deshalb besonders gut akzeptiert, weil sie unter den Arbeitsunfähigkeitsfällen schon an zweiter Stelle stehen, durch die Länge der Erkrankungsdauer unter den Ursachen für Arbeitsunfähigkeitstage an erster Stelle. Es besteht nachvollziehbar die Hoffnung unter Arbeitgebern und Krankenkassen, durch betriebsnahe Rückenschulen Krankheitskosten und Ausfall in der Produktivität erheblich zu senken. Welche Konzepte hier allerdings sinnvoll und nachhaltig wirksam sind, ist nicht eindeutig geklärt. In der Praxis scheinen arbeitsplatzunspezifische Maßnahmen wie Betriebssport, Rückenschule und Wirbelsäulengymnastik deutlich zu überwiegen. In der Theorie wird aber die klare Arbeitsplatzbezogenheit der Maßnahmen gefordert, um die Effektivität zu verbessern.

Die verbreitete Auffassung, das viele Sitzen im Beruf sei die Hauptursache für Rückenschmerzen, ist nicht ganz richtig. Die Abwechslung von Stehen, Bewegung und Sitzen ist unbestritten und eindeutig die beste Alternative. Bei Männern wird die Liste der Belastungen einseitiger Körperhaltungen vom Stehen angeführt, bei Frauen vom Sich-viel-bewegen-Müssen.
Unter den biomechanischen Ursachen für Rückenbeschwerden sind insgesamt zu nennen:

- Schwerstarbeit, starke körperliche Belastung, schwere manuelle Arbeit, Heben schwerer Lasten, häufiges Heben, Tragen;
- Rumpfrotation, Stoßen oder Ziehen, Verdrehungen beim Heben, Vorwärtsbeugung des Rumpfes;
- Langes Sitzen, Stehen oder Bücken, häufiges Strecken, statische Arbeitshaltung, die dauernd beibehalten wird;
- Vibrationen, Stöße und Erschütterungen, Ausrutschen und Fallen.

Arbeiten im Baugewerbe, Industriearbeitsplätze oder Lkw-Fahren werden oft als Beispiele genannt. Nach den Statistiken der gesetzlichen Krankenversicherung sind vor allem die Bereiche Feinmechanik, Glas-, Stahl- und Gummierzeugung, Müllabfuhr, Bus- und Straßenbahnfahren, Post und Bahn betroffen. Es wäre aber ein Irrtum, mit diesen Anforderungen nur typische Männerarbeitsplätze in Verbindung zu bringen. Viele typische Frauenarbeitsplätze sind mit statischen Körperhaltungen verbunden. Pflegetätigkeit ist körperliche Schwerarbeit. Tätigkeit in der Raumpflege oder im Hotel- und Gaststättengewerbe ist oft mit Rumpfrotationen verbunden. Diese beruflichen Belastungen werden durch Belastungen in der Hausarbeit und Kindererziehung ergänzt.

Neben den biomechanischen Begründungen sind inzwischen aber auch Ursachen anerkannt, die mit den Arbeitsinhalten zu tun haben: Monotonie, sich wiederholende Arbeit und Unzufriedenheit mit der Arbeit. Dies macht noch einmal deutlich, dass die höhere Betroffenheit der Frauen von Rückenschmerzen nicht einfach mit der höheren »Klagsamkeit« von Frauen oder nur mit ihrer weniger gut trainierten Muskulatur begründet werden kann. Viele typische Frauenarbeitsplätze sind monoton. Weitere geschlechtsunterschiedliche psychosoziale Faktoren außerhalb des Berufslebens sind noch nicht mit einbezogen und wenig systematisch erforscht. Interessant ist aber, dass den frauentypischeren Rückenproblemen an Hals- und Brustwirbelsäule überwiegend weniger Aufmerksamkeit gewidmet wird als den männertypischeren Symptomen der Lendenwirbelsäule.

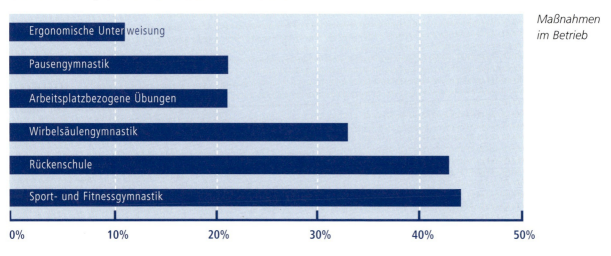

Maßnahmen im Betrieb

Über die Gründe der Zunahme der Rückenschmerzen in den letzten 20 Jahren können nur Vermutungen angestellt werden. U. Lenhardt u.a. nennen verschiedene Modelle, die versuchen, den Anstieg zu erklären.

- Psychosoziale Arbeitsbelastungen wie Leistungs- und Zeitdruck, soziale Isolation, geringer Entscheidungs- und Handlungsspielraum am Arbeitsplatz sind Faktoren, die die Gesamtbelastung erhöhen und als Ursachen für Rückenschmerzen gelten können. Die körperliche Entlastung ist demgegenüber weniger eindeutig, als dies oft vermutet wird. Ungünstige Körperhaltung und langes Stehen oder Sitzen haben andere Belastungen abgelöst. Die subjektive Überzeugung, häufig schwere Lasten tragen zu müssen, hat in dem Zeitraum 1979 bis 1992 sogar zugenommen, was allerdings nicht mit objektiven Veränderungen vereinbar sein dürfte. Menschen empfinden heute offensichtlich Lasten als schwerer.
- Eine zweite Erklärungsvariante geht von einem Rückgang der gesundheitsrelevanten Schutzfaktoren aus. Dabei geht es um physische Faktoren, im Schwerpunkt jedoch um psychosoziale Faktoren wie verminderte Kommunikationsmöglichkeiten, Rückgang der sozialen Unterstützung und fehlende Gestaltungsmöglichkeiten.
- In einem dritten Modell wird der Anstieg mit einem kulturellen Wandel erklärt. Angenommen wird eine Veränderung der Schmerzkultur, der Sichtweise von Körper in der heutigen Gesellschaft, sowie der allgemeinen Arbeits- und Gesundheitskultur. »Im Rahmen neuer Körperideale (...) entstünden neue Zwänge. So sei Fitness (...) zu einer sozialen Tugend geworden. Eine derartig hohe Sensibilität für den Körper könne durchaus (...) auch eine höhere Sensibilität für die Unzulänglichkeiten, Gebrechen und Schmerzen des Körpers hervorbringen.« (Lenhardt u. a. 1997)

Insgesamt unterstreichen diese Erklärungsansätze den multikausalen Charakter von Rückenschmerzen und betonen die Bedeutung von gesundheitsfördernden Maßnahmen, die auf eine Veränderung der persönlichen und sozialen Komponenten einwirken.

Von den Wirkungszusammenhängen körperlicher, geistig-seelischer und sozialer Natur sind die organischen – morphologischen – Ursachen zu unterscheiden. Dazu eine Aussage von Szecsenyi (in: Lenhardt u.a. 1997): »Der Kreuzschmerz ist keine Krankheit per se, sondern ein Symptomenkomplex, der nur in seltenen Fällen auf greifbare Ursachen (...) zurückzuführen ist. Mit der Bezeichnung ›Kreuzschmerz‹ wird nur die Lokalisation (...) umschrieben. Die Ursache der Beschwerden lässt sich jedoch nur in seltenen Fällen durch morphologische Veränderungen erklären.«

Der größte Teil der Rückenschmerzen wird daher als unspezifisch bezeichnet. Das bedeutet: Es existieren keine spezifische organische Veränderung und keine spezifische biologische Erklärung, die die Entstehung ursächlich begründen könnten. Bezeichnungen wie »Lumbago«, »Lumboischialgie«, »Lendenwirbelsyndrom« stehen beispielhaft für unspezifische Diagnosen eines schmerzhaften Komplexes von Symptomen im Bereich der Lendenwirbelsäule. Drei Viertel aller Rückenbeschwerden, die zu Arbeitsunfähigkeit führen, sind derartige »sonstige und nicht näher bezeichnete Affektionen des Rückens«.

Der Rückenschmerz als Symptom für eine spezifische Krankheit scheint eher die Ausnahme zu sein. Leider hängen dennoch zahlreiche Menschen, die unter Rückenbeschwerden leiden, oft hartnäckig an monokausalen – meist organischen – Erklärungen. Verständlicherweise, denn die Beschwerden werden durch eine medizinische Diagnose auf die körperliche Ebene begrenzt und auch von anderen ernst genommen. Davon abgeleitete, isolierte Behandlungsmethoden fördern jedoch eher den Weg zur Einschränkung von Lebensmöglichkeiten. Die Auffassung der Teilnehmerinnen, es gäbe nur eine klare Ursache für ihre Rückenschmerzen und diese sei biomechanisch und nicht psychosozial, ist allerdings ernst zu nehmen. Erst im Laufe des Kurses kann nach und nach individuell gelernt werden, dass andere Ursachen ebenso in Betracht kommen.

Geht es um die Prävention von Rückenschmerzen, wird gerade an der betrieblichen Gesundheitsförderung deutlich, mit welchen unterschiedlichen Erwartungen Sie als Kursleiterin konfrontiert sind:

- Teilnehmerinnen möchten konkrete Hilfen und Entlastungen. Sie wollen durchaus ermutigt werden, etwas für sich zu tun, aber nicht erzogen. Wenn Sie erfahren, dass Ihre Meinung zu Arbeitsabläufen und Arbeitsplätzen wirklich gefragt ist, macht dies Mut.
- Arbeitgeberinnen wollen, dass Ihre Arbeitnehmerinnen schnell und effektiv lernen, wie sie sich so verhalten, dass Rückenbeschwerden nicht erst entstehen und Krankheitsausfälle vermieden werden. Kommentare zur Ergonomie der Ausstattung sind als Einmischung in innerbetriebliche Abläufe meist nicht erwünscht.
- Gesundheitswissenschaftlerinnen betonen demgegenüber die Notwendigkeit, Entscheidungs- und Kommunikationsstrukturen im Betrieb in die Prävention einzubeziehen. Ohne Organisationsentwicklung hat Rückenschule ihrer Meinung nach keine langfristige Wirkung.

Keine leichte Aufgabe, diese Interessen zu verbinden.

Was hält den Rücken gesund?

Für die Gesundheitsförderung ist die Frage, was den Rücken gesund hält, mindestens gleichbedeutend mit dem Wissen um das komplizierte mehrdimensionale Netzwerk der Krankheitsentstehung.

Beginnt man auch hier wieder mit den körperlichen Aspekten, dann scheint es um eine Balance zu gehen; um das Gleichgewicht zwischen Bewegung und Ruhe – im Liegen – sowie die Bereitschaft wie Gelegenheit, zwischen verschiedenen Positionen regelmäßig zu wechseln. Es geht so gesehen um Rhythmen. Es geht um die Aufmerksamkeit auf die Bedürfnisse des Organismus, keine von außen vorgegebene über das Wissen gesteuerte, sondern eine starke kinästhetische Wahrnehmung. Gutes Training dieser Wahrnehmung, funktioneller Aufbau einer Muskulatur in Balance und koordinative Fähigkeiten sind günstig.

Neben diesen körperlichen Schutzfaktoren rücken aber psychosoziale Gesundheitskompetenzen in den Mittelpunkt, die unter anderem auch darüber entscheiden, welche entlastenden Ressourcen aktiviert werden.

Was für die Gesunderhaltung des ganzen Menschen gilt, gilt in besonderer Weise auch für die Rückengesundheit: Ein sinnvoll erfahrenes Leben und ein grundlegendes Vertrauen, dass sich das Leben bewältigen lassen wird, wirken gesundheitsfördernd. Wenn Menschen Anforderungen des täglichen Lebens eher als willkommene Herausforderung denn als Last annehmen, leiden sie weniger unter Rückenschmerzen. Auch die vorhandenen Ressourcen, die gesund erhaltenden Kräfte, die dem Menschen dafür zur Verfügung stehen, entscheiden darüber, welche Wirkungen Belastungen auslösen.

In der Frage nach der Gesundheit werden psychosoziale Aspekte noch wichtiger als in der Frage nach Krankheit. Allerdings werden sie auch allgemeiner, d. h., noch weniger ganz spezifisch auf den Rücken konzentriert. Grundlegend für die unterschiedlichen Modelle von Gesundheit ist derzeit die Auffassung, dass Stressoren nicht zwangsläufig krank machend sind, sondern gesund machende oder krank machende Wirkung haben können – je nachdem, wie sie von den betroffenen Personen eingeschätzt werden und welche Ressourcen die Person zur Verfügung hat, sie zu bewältigen. Dabei scheint zusammengefasst von Belang zu sein:
- das Vertrauen, das eine Person in sich selbst hat und die Aufmerksamkeit, die sie sich widmet,
- eine positive Einstellung zu anderen Menschen, eine emotionale Bindung zu anderen, verbunden mit der Kompetenz, stabile und verlässliche Beziehungen aufzubauen, von denen im Zweifelsfall auch Unterstützung zu erwarten ist,
- die Überzeugung, angemessen auch Einfluss auf wichtige Ereignisse im Leben nehmen zu können, eine Macht, die verbunden ist mit der Bereitschaft, seine Angelegenheiten selbst zu regeln,
- die Bereitschaft, Veränderungen im Leben und Anforderungen als Herausforderung zu verstehen, der man sich gewachsen fühlt, für die man aber auch bereit ist, einiges zu tun.

In diesem Zusammenhang wird es verständlich, warum in der betrieblichen Gesundheitsförderung die Kommunikation als eine wichtige Voraussetzung für mehr Rückengesundheit betrachtet wird. Wer Belastungen für den Rücken bewältigen will, muss sich selbst wichtig genug nehmen, um auf sich zu achten. Er muss in der Lage sein, sich mit Kollegen darüber zu verständigen und seine Interessen durchzusetzen.

Unter mehreren guten Modellen, die beschreiben, wie Gesundheit entstehen kann, ist in Bezug auf die Rückengesundheit das Konzept der Widerstandsfähigkeit von Susanne Kobasa (1979) am überzeugendsten, weil Widerstand und Rückgrat schon sprachlich gut mit Rücken assoziiert werden können. Das Konzept verbindet drei Fähigkeiten, die als psychosoziale Schutzfaktoren gegenüber externen Belastungen bezeichnet werden können.

Ein Aspekt ist der Einfluss, den man auszuüben gedenkt, um seine Angelegenheiten zu regeln. Dazu gehört die Bereitschaft, ein vielfältiges Repertoire an Stressbewältigungsmöglichkeiten aufzubauen. Sein Gegenstück ist das Erleben völliger Ohnmacht, auch in Bezug auf die eigene körperliche Befindlichkeit.

Die Verantwortung in sozialen Bindungen, die man bereit ist zu tragen, ist ein zweiter Aspekt. Solche Personen sind neugierig, investieren viel in ihr eigenes Handeln und ihre sozialen Beziehungen. Sie gehen aktiv auf andere zu. Ein Gegenstück wären Menschen, die sich in ihrem Schmerz zurückziehen und isolieren.

Die Fähigkeit, Veränderungen als Herausforderungen zu verstehen und nicht als Bedrohung, ist der dritte Aspekt. Dies schließt auch ein, Befindlichkeitsstörungen wie Rückenschmerzen als eine Aufforderung zu verstehen, etwas Neues hinzuzulernen und sich persönlich weiterzuentwickeln. Ein Gegenstück sind vielleicht Menschen, die der Beschwerdefreiheit und Beweglichkeit früherer Tage nachtrauern.

Ziele der Gesundheitsförderung sind:
- identifizierte Risikofaktoren abzubauen, also Haltungsfehler, Muskelschwächen, ergonomisch ungünstige Dauerpositionen und Stress;
- das Vertrauen in die gesund erhaltenden Kräfte des Körpers zu stärken, über Wissen und Erfahrungen, die mit Wohlbefinden verbunden sind;
- die gesundheitsfördernden Potenziale zu kennen und zu nutzen und Schutzfaktoren aufzubauen, das sind muskuläre Balance und psychosoziale Widerstandsfähigkeit, Wahrnehmungsfähigkeit und kommunikative Kompetenzen, eutonische Spannung und Lebensfreude, ausreichender und rückengerechter Schlaf und die Erfahrung von Leistungsfähigkeit.

Der Schwerpunkt dieses Kurses liegt auf den Aspekten, die das Wohlbefinden fördern. Statt die Aufmerksamkeit ganz auf eventuelle Stressoren zu richten, werden die Faktoren gefördert, die nicht nur die Gesundheit des Rückens stärken. Die Erfahrung hat gezeigt, dass eine isolierte Betrachtung eines einzelnen Aspektes langfristig ohne Erfolg bleibt.

Eine Gesundheitsförderung, die beim einzelnen Menschen und seinen eigenen gesundheitsstärkenden Möglichkeiten ansetzt, ist nur ein Schritt, Rückengesundheit zu fördern. Maßnahmen, die soziale und kulturelle Bedingungen betreffen, sind weitere notwendige Bestandteile einer umfassenden Gesundheitsförderung. In der betrieblichen Prävention gehören die ergonomische Gestaltung von Arbeitsplätzen, die Durchführung von individualpräventiven Maßnahmen und Veränderungen von Arbeits- und Kommunikationsstrukturen zu einer umfassenden Prävention. Besonders wirkungsvoll haben sich Veränderungen am Arbeitsplatz gezeigt, an deren Entwicklung und Durchsetzung die Betroffenen selbst beteiligt waren.

Vermeiden Sie es, die Teilnehmerinnen glauben zu machen, vollständige Beschwerdefreiheit sei kurzfristig machbar. Die Zielstellung Rückenerkrankungen zu heilen oder Schmerzen zu beseitigen, löst in der Regel höchstens Frustration über nicht erfüllte Erwartungen aus. Wenn es gelingt, die Ziele niedriger und erreichbarer anzusetzen, wird der Erfolg schneller spürbar sein. Ein überschaulicheres Ziel könnte es sein, mehr Tage im Jahr zu haben, an denen man besser mit den Beschwerden umgehen kann. Mit sich selbst ungeduldig zu sein und Schmerzattacken als Misslingen der eigenen Präventionsstrategien zu betrachten, führt nicht voran.

Ausgangspunkt: Der ganze Mensch

Fast versteht es sich nach dem bisher Gesagten von selbst: Das Konzept »Rückhalt« beruht auf einer ganzheitlichen Sichtweise des Menschen und somit seiner Gesundheit und Krankheit. Das Verständnis von »Ganzheitlichkeit« orientiert sich am Denk- und Weltbild der Systemlehre, insbesondere am Ansatz von Fritjof Capra.
In der Systemlehre wie in der modernen Anthropologie, der Lehre vom Wesen des Menschen, wird die starre Trennung zwischen Geist, Körper und Welt aufgehoben. Körper und Psyche werden nicht als etwas voneinander Getrenntes oder irgendwie miteinander Verbundenes erkannt, sondern als untrennbares Ganzes. Die Übergänge gelten als fließend. Es gibt nicht auf der einen Seite rein biologische Kräfte, auf der anderen Seite rein psychische. Vielmehr sind diese ineinander verschränkt und stehen in permanenter Wechselbeziehung. Die psychische Seinsweise, d.h., Geist, Seele, Gefühle, Empfindungen, Verstand, Denken, und die physische, der Körper, sind nur zwei Ebenen des lebendigen Menschen.

Der ganzheitliche Körper ist weder aus seinem Bezug zur Natur, noch aus seinem Bezug zur Gesellschaft, zu Vergangenheit, Gegenwart und Zukunft zu lösen. Ganzheit meint also nicht nur die Körper-Psyche-Einheit, sondern ebenso die wechselseitige Abhängigkeit von menschlichem Organismus und Umwelt. Der Mensch ist ein Lebewesen, das in soziale und ökologische Zusammenhänge eingebunden ist. Der menschliche Organismus steht in ständiger Wechselwirkung mit seiner materiellen, kulturellen, ökologischen und sozialen Umwelt, von der er ständig beeinflusst wird und auf die er auch verändernd einwirken kann.

Diese Sichtweise steht im Gegensatz zur traditionellen westlichen Weltauffassung, die von der mechanistisch-analytischen Sichtweise des Rationalismus geprägt ist und von einem Dualismus von Körper und Geist ausgeht.

Der Boom der Körperlichkeit, der seit einigen Jahren anhält, darf nicht darüber hinweg täuschen, welch mehr oder weniger instrumentelles und funktionelles Verhältnis die meisten Menschen zu ihrem Körper haben. Zahlreiche Wendungen im Sprachgebrauch zeigen, dass nach wie vor diese mechanistische Sichtweise vorherrscht, die den Menschen mit einer Maschine vergleicht, deren Funktionsweise erfassbar ist: Der »Bewegungsapparat« wird in Schwung gehalten, »Menschen tanken ihre Batterien neu auf« und »schalten zur Entspannung ab«.
Das Dualistische – entweder Körper oder Psyche – des rationalistischen Denkens prägt nach wie vor die Vorstellung vom Körper. Im rationalistisch beeinflussten Menschenbild werden nicht nur Körper und Psyche voneinander getrennt wahrgenommen, es erfolgt auch eine Untergliederung in immer kleinere Einheiten, Zellen, Gene, Moleküle, Atome, die für das Funktionieren oder Nichtfunktionieren verantwortlich gemacht werden.

Die Systemlehre geht im Gegensatz dazu von der Annahme aus, dass Aufbau und Funktionen des menschlichen Körpers nicht alleine durch die Beschreibung der Teile erkannt werden können. Um das Ganze zu erfassen, müssen auch die Zusammenhänge und Wechselbeziehungen zwischen den Teilen mit betrachtet werden. Grundsätzlich gilt: Das Ganze ist immer mehr als die Summe der Teile.

Zahlreiche moderne Körpertherapien basieren auf dieser Sichtweise der Einheit des menschlichen Körpers. Denn wenn eine enge Wechselbeziehung zwischen biologischen und psychischen Prozessen im Körper des Menschen besteht, dann muss die Arbeit mit dem Körper immer und gleichzeitig Auswirkungen auf Physis und Psyche haben.

Die vielfach verbreitete Rückenschmerzerfahrung kann die enge Wechselbeziehung zwischen Körper, Psyche und Welt spürbar machen. Aber auch bewusste Bewegung und Körperarbeit sind ein Weg, diese Einheit zu erfahren.
Die Betrachtung und Anerkennung der Ganzheitlichkeit des Menschen ermöglicht es, weitreichende Sinnzusammenhänge für die eigene Rückengesundheit zu erkennen und individuelle, selbst bestimmte Handlungsmöglichkeiten daraus abzuleiten.

In der Psychologie und in verschiedenen Körper- und Bewegungstherapien, die von der Ganzheitlichkeit ausgehen, ist es verbreitet, den Körper in seiner ganzheitlichen Dimension als Leib zu bezeichnen, um sich auch begrifflich vom rationalistischen Körperbild abzugrenzen. Helmut Milz schreibt im Nachwort der Taschenbuchausgabe »Der wiederentdeckte Körper«, dass der Titel eigentlich »Der wiederentdeckte Leib« heißen müsste: »Im Begriff ›Leib‹ steckt das altgermanische Wort ›lip‹, welches sich heute noch im niederländischen ›lief‹, im englischen ›life‹ oder im schwedischen ›liv‹ wiederfindet. Auch im deutschen Wort ›Leben‹ steckt die gleiche Wurzel.« Bis ins Mittelhochdeutsche wurde die Gleichsetzung von Leib und Leben beibehalten. Sie macht deutlich, dass Leben ohne Leib nicht möglich ist.

Man kann beim lebenden Menschen
deshalb nur vom Körperaspekt seines Leibes sprechen,
denn wenn ich einen Körper berühre,
fasse ich immer einen Menschen an.
H. Petzold, 1985

Den Kurs »Rückhalt« leiten

Von der Information zum Handeln auf Dauer

Anregungen aus der Gesundheitspsychologie

Es wäre schön, wenn man als Kursleiterin für Rückengesundheit eine ganz einfache Botschaft zu übermitteln hätte, was denn Rückengesundheit sein kann. Die Beschreibungen zur Rückengesundheit *auf den Seiten 14 bis 31* haben deutlich gemacht, dass die Botschaft komplex ist, wie eben auch die Entstehung von Rückengesundheit und von Rückenschmerzen. Wenn schon die Botschaft komplex ist, wäre es schön, wenn man sich als Kursleitung einfach darauf konzentrieren könnte, die Informationen über diese Botschaft möglichst genau wiederzugeben. Es reicht aber nicht aus, sich ausschließlich darin fortzubilden, was denn jeweils ganz genau der neueste Stand des Wissens ist. Die Botschaft muss auch verstanden werden und, mehr noch, im idealen Fall dauerhaft in Handeln umgesetzt werden.

Einige Kurse zum Thema Rücken wählen dafür Konzepte, die nicht optimal sind: Manche konzentrieren sich nur auf die Information selbst, z.B. über Ergonomie, die anschaulich präsentiert wird. Manche versuchen mit der Drohung späterer Schäden am Rücken ausreichend Angst einzuflößen, um die Umsetzung der Lerninhalte wahrscheinlicher zu machen. Manche beschränken sich auf die exakte Anleitung von Übungen, die die Muskulatur kräftigen und hoffen, dass diese auch später ausgeübt werden.

Die Praxis hat gezeigt, dass diese Vorgehensweisen nicht dauerhaft effektiv sind. Die Gesundheitspsychologie kann dies theoretisch begründen. Menschen handeln dann dauerhaft rückengesund,
- wenn sie sich persönlich davon Wohlbefinden erhoffen,
- wenn sie der Überzeugung sind, dass sie das gesunde Handeln auch ausüben können,
- wenn sie glauben, dies in ihrem persönlichen Umfeld verträglich durchsetzen zu können,
- wenn sie bei der Entscheidung zwischen verschiedenen Alternativen diesem Handeln zu einem bestimmten Zeitpunkt Priorität geben.

All diese persönlichen Einschätzungen und Überzeugungen sind nur bedingt davon abhängig, wie Experten dies sehen. Auch plausiblen Erklärungen glauben Menschen nicht immer. Nicht jeden erkannten Zusammenhang halten sie auch für sich selbst für relevant. Manchmal haben sie damit recht, manchmal nicht. Das generelle Bestreben von Menschen, Einstellungen und Handeln in Übereinstimmung zu bringen, kann auch dazu führen, dass sie ihre Einstellungen ihrem Handeln anpassen statt umgekehrt. Dies gilt zum Beispiel dann, wenn es ihnen schwer fällt, das Verhalten zu ändern oder dann, wenn der Zeitraum zwischen dem geforderten Handeln und dem versprochenen Wohlbefinden lang ist. Generell glauben Menschen eher das, was ihre bisherigen Auffassungen und Erfahrungen bestätigt, was ihren Wünschen entspricht, was anschaulich ist – und sie überschätzen kurzfristig Informationen, die neu sind, geben sie aber genauso kurzfristig wieder auf.

Selbst wenn die Teilnehmerinnen überzeugt sind, dass Wirbelsäulengymnastik für ihren Rücken gut ist und ihnen unmittelbar zu Wohlbefinden verhilft, können in der Auswahl zwischen verschiedenen Alternativen des Handelns andere Dinge Priorität haben. Dies ist nicht grundsätzlich zu ändern. Sie können als Kursleiterin nur ein möglichst überzeugendes Angebot machen. Die Entscheidung über die Umsetzung ist die Entscheidung der Teilnehmerinnen. Ihre Aufgabe ist es dennoch, alles dafür zu tun, um die Umsetzung wahrscheinlicher werden zu lassen, dadurch, dass Sie alltagsnahe und auch sozial umsetzbare Lösungen anbieten, die Wohlbefinden unmittelbar erleben lassen. Handlungsorientierung ist ein wichtiges Stichwort.

Wichtig ist, dass die einzelnen Informationen über die Vielfalt der Aspekte, die zur Rückengesundheit beitragen können, miteinander verbunden werden. Die verbindungslose Anhäufung von Informationen wie »Falsches Bücken ist schlecht für den Rücken«, »Das ist alles auch eine Frage der Psyche« oder »Bewegung ist wichtig« ist genau genommen »Informationsmüll«, der Handeln eher blockiert als fördert. Es geht nicht darum, möglichst viel Wissen über den Rücken anzuhäufen, sondern Wissen über die Anatomie des Rückens, erlebte Körperwahrnehmung, erfahrende Bewältigungsstrategien zu einer integrativen Sicht mit individueller Bedeutung verknüpfen zu können. Die einzelnen Informationen sind immer auch irgendwo nachzulesen, die Verbindung ist das, was im Kurs erlernt werden kann.

Die Basis dieser Vernetzung ist die Achtung vor der eigenen Körperlichkeit, der eigenen Person und der respektvolle Umgang auch mit anderen. Ohne – leibliche – Selbstachtung fehlt jede Motivation, es sich selbst besser gehen zu lassen.

Die Kompetenz, rückengerecht zu handeln, ist eine komplexe Fähigkeit. Zu ihr gehört es, eine Auswahl von Möglichkeiten rückengesunden Handelns zu haben. Zu ihr gehört auch, Kriterien für einen Einsatz der jeweiligen Strategie zu entwickeln: Wann brauche ich Bewegung, wann brauche ich Entspannung, wann einen anderen Stuhl, wann besser einen neuen Arbeitsplatz …

Anregungen aus der betrieblichen Gesundheitsförderung

Möchten Sie das Kurskonzept »Rückhalt« im Rahmen betrieblicher Gesundheitsförderung anbieten? Dann bekommen Sie hier einige Hinweise, was Sie in diesem Rahmen erwarten könnte. Vielleicht gibt Ihnen dies die nötigen Anregungen für die konzeptionellen Veränderungen, die Sie vornehmen sollten.

Möchten Sie einfach nur den Kurs, so wie er ist, als normalen Abendkurs leiten? Dann können Sie an den Beispielen aus der betrieblichen Gesundheitsförderung ein wenig darüber lernen, was die Art, wie eine Botschaft vermittelt wird, mit dem zu tun hat, wie Menschen darauf reagieren. Dies gilt nämlich ganz entsprechend für die Art, wie Menschen Informationen in Ihrem Alltag umsetzen oder dies nicht tun. Dass aber das Erlernte auch dauerhaft Auswirkungen auf den Alltag hat, ist neben dem Wohlbefinden eine der Voraussetzungen dafür, dass Menschen auch längerfristig von der Qualität des Angebotes überzeugt sind. Das wiederum ist die Voraussetzung dafür, dass sie den Kurs weiter empfehlen und natürlich Sie als Kursleitung …

Fallbeispiel: Verordnete Ergonomie

Der Abteilungsleiter in einem Versandhaus hatte einen Tag Fortbildung zum Thema Ergonomie am Arbeitsplatz besucht. Als er am nächsten Morgen in das Büro seiner Sekretärin ging, fielen ihm dort sofort all die Beispiele auf, die an diesem Arbeitsplatz nicht stimmten. »Frau Franke, so geht das nicht, Sie ruinieren sich ja Ihren Rücken und Ihre Gesundheit. Hier müssen wir Abhilfe schaffen«, sprach er und griff zur Tat. Als Erstes wurde der Schreibtisch verschoben und der PC in eine Position gebracht, die den Körpermaßen von Frau Franke besser entspricht. Ein Ablagekorb wurde kurzerhand als abgeschrägte Manuskriptstütze umfunktioniert. Auf den Stuhl legte er einen der Sitzkeile, die er von der Fortbildung gleich mitgebracht hatte. Als aufgeklärter Mensch wusste der Chef natürlich, dass man seine Handlungen auch verständlich machen muss, damit sie akzeptiert werden. Das Telefon kam auf die Fensterbank, »damit Sie auch mal stehen und sich bewegen können. Es ist nicht gut, den ganzen Tag nur zu sitzen«. Fürs Erste zufrieden schritt der Abteilungsleiter ins nächste Büro. Frau Franke brauchte auf den Schreck hin erst einmal »eine schöne Tasse Kaffee« von der Kollegin, der sie sofort von dem neuen »Tick« des Chefs erzählte. Nach gebührendem Erfahrungsaustausch machten sich die beiden daran, den alten Zustand wiederherzustellen, der schließlich »gemütlich« war.

Im Rahmen der betrieblichen Gesundheitsförderung ist ein Prinzip deutlich geworden, das immer gilt: Menschen halten nur diejenigen Maßnahmen dauerhaft durch, die sie sich selbst als Lösungsstrategien erarbeitet haben. Hinzu kommt, dass die Überzeugung, Einfluss auf Entscheidungen zu nehmen, die für die Person selbst von Belang sind, eine der Gesundheitsressourcen ist. Mindestens theoretisch, aber oft auch in der Praxis, haben sich deshalb partizipative Modelle der Gesundheitsförderung durchgesetzt. Gesundheitszirkel sind dafür ein Beispiel. Aber auch innerhalb von Kursen liegt der Schwerpunkt darauf, mit den Betroffenen, den Experten für ihren eigenen Arbeitsplatz, gemeinsam Problembereiche zu analysieren und Lösungen gemeinsam zu erarbeiten. Mit der visualisierten Moderation von Gesprächsrunden ist dies besonders gut möglich. Sie bleiben aber zu abstrakt, wenn sie nicht mit dem unmittelbaren körperlichen Erleben verbunden werden können.

Gesundheitszirkel im Betrieb sind formalisierte Gesprächsrunden, in denen sich Mitarbeiterinnen eines Betriebes oder einer Abteilung unter Moderation zusammensetzen, um gesundheitsgefährdende Arbeitsbedingungen zu analysieren und Lösungsstrategien zu erarbeiten. Zwei Modelle sind verbreitet: In dem einen Modell wird streng darauf geachtet, dass alle Gruppen des Betriebes vertreten sind. Hier geht es im Schwerpunkt um die Suche nach handhabbaren Lösungen in Richtung Ergonomie und Arbeitsschutz. Im anderen Modell bilden alle Gruppen des Betriebes zunächst ihre eigenen Zirkel, um dann die erarbeiteten Lösungen insgesamt zusammenzutragen. Hier wird stärker auf die Förderung von Kommunikationsstrukturen geachtet. Bei allen Ähnlichkeiten der Umsetzung rückengesunden Verhaltens im Betrieb und zu Hause ist nämlich eines in der betrieblichen Gesundheitsförderung anders: Man kommt nicht umhin, mit Hierarchien umzugehen.

Fallbeispiel: Rückenschule mit Folgen

In einer kleineren Firma hatte sich der Betriebsrat schon seit längerer Zeit dafür eingesetzt, den Rückenproblemen vieler Mitarbeiterinnen endlich einmal Abhilfe zu leisten. Als eine der Maßnahmen wurde beschlossen, dass alle Mitarbeiter und Mitarbeiterinnen die Gelegenheit erhalten sollten, während der Arbeitszeit einen Tag lang an einer Rückenschule teilzunehmen. Die Kurse wurden gut nachgefragt, die Kursleitung »kam gut an«. Nur manche kritisierten hinter vorgehaltener Hand, dass sie so wenig konkrete Auskünfte bekamen, was sie ändern sollten, sondern immer nur die Botschaft, es selbst herausfinden zu müssen. Die Übungen wurden als angenehm empfunden. Die Idee, Sitzbälle anzuschaffen, wurde begeistert aufgegriffen und eine Sammelbestellung aufgegeben. Eine Weile später werden die Bälle nach Größe verteilt. Nun kommt das Erstaunen, dass die großen Menschen auf den Bällen mit den Knien an die Schreibtischkante stoßen, die kleinen auf den kleinen Bällen kaum mehr darüber hinweggucken können. Im engen Rock mit Pumps sitzt es sich schlecht auf den Bällen. So rollen die Bälle nach und nach in die Ecke. Der einen oder anderen Kollegin fällt in einer bestimmten Haltung noch ein, dass diese wohl nicht so gut sei. Ab und an sagt jemand: »Wir könnten ja auch mal eine von den Übungen machen« und dabei bleibt es. Nach einer Weile ist sich der Betrieb einig: »Rückenschule bringt es nicht«. Von »ist eh alles Unsinn« bis »war doch der falsche Kursleiter« reicht das Meinungsspektrum. Das Thema Gesundheit im Büro ist damit auch gleich vom Tisch. Mit der Bemerkung »Der Rückenschulkurs hat doch deutlich gezeigt, dass die Mitarbeiterinnen kein Interesse haben, dauerhaft etwas für sich zu tun« erstickt der Arbeitgeber jeden weiteren Vorstoß im Keim.

Betriebliche Gesundheitsförderung ist nicht erfolgreich, wenn sie nur aus Kursen besteht. 1997 wurden von den Mitgliedern des Europäischen Netzwerkes für die betriebliche Gesundheitsförderung vier Leitlinien als Erfolgsvoraussetzungen definiert:

- Die gesamte Belegschaft eines Betriebes muss bei den Entscheidungen einbezogen sein.
- Bei allen wichtigen Entscheidungen in allen Unternehmensbereichen muss betriebliche Gesundheitsförderung mit berücksichtigt werden.
- Alle Maßnahmen müssen von der Bedarfsanalyse bis zur Evaluation systematisch durchgeführt werden.
- Maßnahmen, die an dem Handlungspotential der Betroffenen ansetzen, und solche, die die Arbeitsbedingungen beeinflussen, müssen miteinander verbunden werden. Die Reduzierung von Risiken und der Ausbau von Schutzfaktoren und Gesundheitspotentialen müssen gleichermaßen bedacht werden.

Ein Rückenkurs wird nur dann dauerhaft erfolgreich sein können, wenn er mit einem veränderten Alltag einhergeht – im Betrieb und zu Hause.

Lehrziele und Lernchancen

Zurück zum Kurs: Aus fachlichen und pädagogischen Überlegungen heraus lassen sich Ziele formulieren:

Wohlbefinden erzeugen
Im Kurs soll spontanes und fortdauerndes Wohlbefinden erzeugt werden. Die Teilnehmerinnen sollen erleben, dass sie selbst sich Wohlbefinden schaffen können. Dazu gehört auch, den Schmerzstatus zu verbessern. Die Teilnehmerinnen sollen vor allem Anregungen erhalten, Rückenschmerzen vorzubeugen.

Freude schaffen
Üben ohne Spaß ist beschwerlich und wird bald aufgegeben. Zudem zeigen neuere wissenschaftliche Untersuchungen, dass Sport mit mittlerer Intensität und mit Freude betrieben den größten Gesundheitsgewinn bringt. Bewegung ist schließlich mehr als lästige Notwendigkeit.
Bewegung ist Bestandteil eines genussvollen, gesunden Lebens. Die Chancen sind vielfältig: Spaß an der Bewegung, Freude am Miteinander, das Vergnügen beim Spiel, die Wiederentdeckung verloren gegangener Fähigkeiten, der Genuss an sinnlichen Erfahrungen.

Die Funktionsfähigkeit steigern
Die Steigerung der körperlichen Funktionsfähigkeit ist eines der Ziele auf der körperlichen Ebene. Diese Steigerung soll ausgewogen sein in Richtung einer Balance von Beweglichkeit und Stabilisierungsfähigkeit. Dabei geht es weniger um eine objektiv messbare Veränderung als vielmehr um eine subjektiv erlebte Verbesserung. Daraus folgt, dass alle positiven Veränderungen auch erlebbar gemacht werden müssen.

Vertrauen in die eigenen Fähigkeiten stärken
Die Verbesserung der körperlichen Funktionsfähigkeit und das Erleben der persönlichen Möglichkeiten und der innewohnenden Potenziale erhöht zugleich das Vertrauen in die eigene Leistungsfähigkeit. Die einzelnen Teilnehmerinnen können spüren, dass die Kraft und die Möglichkeit zur Änderung aus ihnen selbst heraus entsteht.

Eigenverantwortung entwickeln
Die Teilnehmerinnen sollen ermutigt werden, Sorge und Verantwortung für den eigenen Körper zu tragen. Jede ist die erste und beste Expertin für den eigenen Körper. Die Arbeit am Rücken wird zur aktiven Auseinandersetzung mit der eigenen Rückengesundheit. Die Eigenverantwortung darf jedoch nicht überbewertet werden. Krankheitsursachen, die außerhalb des Einflussbereiches der einzelnen Teilnehmerin liegen, dürfen weder ignoriert noch negiert werden, sondern sollen in ihrem Stellenwert verdeutlicht werden.

Positive Körpererfahrung initiieren
Die eigene Körperlichkeit wird oft mit negativen Vorzeichen erlebt: Der Rücken schmerzt, man spürt die Grenzen der körperlichen Leistungsfähigkeit und orientiert sich dennoch an Normen und unerreichbaren Idealen. Dieser Körpererfahrung wird die Möglichkeit einer positiven Wahrnehmung des Rückens und des eigenen Körpers entgegengesetzt. Ziele sind die Verbesserung der Sinneswahrnehmung und die Zunahme der Sensibilität sich selbst gegenüber. Je besser die Wahrnehmung ist, um so vertrauensvoller kann man sich auf die Signale des Körpers verlassen. Mit positiven Körpererfahrungen geht auch eine Verbesserung des Selbstbildes einher.

Zusammenhänge von Gesundheit und Krankheit vermitteln
Die Rückengesundheit soll in ihrem ganzheitlichen Zusammenhang dargelegt werden. Das Gefühl, die Entstehung von Rückenschmerzen entschlüsseln zu können, ist förderlich für deren Bewältigung. Es hängt von der Entscheidung der einzelnen Teilnehmerin ab, ob und wie weit diese Inhalte dazu beitragen, die Vorstellung vom eigenen Körper, von Gesundheit und Krankheit, zu beeinflussen oder zu verändern. Das Gesundheitsverständnis von zwei Personen ist so unterschiedlich wie ihre Lebensgeschichte. Ziel kann daher auch nicht die Vermittlung eines bestimmten, vorgegebenen Verständnisses von Gesundheit sein, sondern die Anregung zur Reflexion.

Aufrechte Haltung und Bewegung aufbauen
Eine aufrechte Haltung ist zum einen aus funktioneller Sicht rückengerecht und gesundheitsfördernd. Darüber hinaus hat das Ausdruckspotenzial einer aufrechten Haltung gesundheitsfördernde Wirkung: Eine aufrechte Haltung ist Ausdruck eines selbstbewussten Ich. Sie hinterlässt einen entsprechenden Eindruck bei anderen Menschen, der deren Umgang beeinflusst, zurückwirkt und das Selbstbewusstsein bestätigt und verstärkt.

Die Fähigkeit zur Entspannung verbessern
Die Teilnehmerinnen sollen ein Entspannungsverfahren kennen lernen. Sie sollen befähigt werden, körperliche Spannungszustände früher zu erkennen und Maßnahmen zur Lösung einleiten zu können. Darüber hinaus sollen die Teilnehmerinnen angeregt werden, ein Gespür für das Gleichgewicht zwischen Anspannung und Entspannung zu entwickeln.

Den Bewegungsspielraum erweitern
Die Teilnehmerinnen sollen die Chance haben, die eigene Kreativität zu entdecken, das ihnen innewohnende Bewegungspotenzial und neue, vielfältige Bewegungsmöglichkeiten durch die Überwindung der eigenen Muster und Bewegungsgewohnheiten zu finden. Sie können ihre individuellen Grenzen kennen lernen und – vielleicht – überwinden. Die Arbeit am Rücken ist durch ein offenes, kreatives Erforschen gekennzeichnet statt durch Verbote und Ermahnungen und wirkt damit einem Verhalten entgegen, das von ängstlicher Vermeidung geprägt ist. Die Angst vor Schmerzen behindert oft stärker als die körperliche Beeinträchtigung selbst und schränkt den Einzelnen immer mehr ein.

Für die Balance von Anforderungen und Ressourcen sensibilisieren
Ressourcen sind nur dann verfügbar, wenn der einzelne Mensch sie kennt und handhaben kann. Ziel ist das Kennenlernen und der bewusste Umgang mit den individuellen gesundheitsfördernden Kräften. Die Teilnehmerinnen sollen für die Balance von Belastung und Erholung, von An- und Entspannung, von Aktivität und Ruhe sensibilisiert werden.

Methodische Leitideen

Menschen lernen auf unterschiedlichen Wegen. Ein einleuchtender Leitgedanke ist deshalb die Vielfalt der Inhalte und Methoden. Ein Wechsel von Methoden hat den Vorteil, dass die unterschiedlichen Lernzugänge vielschichtiger angesprochen werden. Ein Methodenwechsel bewirkt ein sehr viel lebendigeres Arbeiten – auch für Sie selbst. Die Vielfalt findet sich auch im rhythmischen Wechsel von Belastung und Erholung, von ruhigen und bewegten Elementen, von Arbeit an einzelnen Körperteilen und Ganzkörperübungen, von Einzel- und Partnerinnenübungen, von Vertrautem und Neuem.

Methoden aneinander zu reihen ist aber noch nicht genug. Sie brauchen auch eine klare Struktur. Strukturierung beinhaltet auch das klassische Prinzip der Planmäßigkeit »vom Einfachen zum Schweren«. Die Struktur verläuft nicht geradlinig, sondern eher in Schlangenlinien. Ein Beispiel macht dies deutlich: Der Weg zur aufrechten Haltung beginnt im Liegen mit der Wahrnehmung der Position der Lendenwirbelsäule, es folgen das Sitzen, das Stehen und zum Schluss das Gehen. Dazwischen aber wird immer wieder die Verbindung zum Ganzen hergestellt: Die an einzelnen Körperteilen oder beispielsweise im Liegen gemachte Erfahrung wird direkt auf Alltagsbewegungen, auf komplexe Bewegungen übertragen. Erfahrungen, die auf der körperlichen Ebene gemacht wurden, werden unmittelbar in Bezug zur psychischen Ebene und zur Umwelt gebracht. Häufig und von Anfang an stellt das »Gehen« diese Beziehungen zur Ganzheitlichkeit des Menschen her.

Die schönste Struktur genügt nicht, wenn sie nicht verstanden wird. Den Gruppenmitgliedern sollte bekannt sein, was kommt und welches Ziel dahinter steckt. Wichtig ist Transparenz, d. h., die Darlegung der Ziele zu Beginn des Kurses bzw. der Kurseinheit und am Ende. Erfahrungen, die jede Teilnehmerin für sich selbst machen muss, dürfen dennoch nicht vorweggenommen werden.

Didaktische Grundlage ist eher die Gestaltpädagogik als die Verhaltenstherapie: Es geht nicht darum, Verhalten zu verändern, auch nicht darum, Wahrnehmung zu veranlassen, Wissen zu vermitteln, Haltung aufzubauen, sondern darum, einen Raum zu schaffen, der dies alles ermöglicht. Das Schaffen von Gestaltungsräumen fördert die Kreativität der Teilnehmerinnen und das Vertrauen in die eigene Kompetenz.
Ob und wann Lernen tatsächlich stattfindet, können Sie nicht voraussagen oder garantieren. Begleiten Sie die Teilnehmerinnen auf Ihrem Weg statt sie anzuleiten.
Indem Sie keine Problemlösung vorgeben und eine Vielzahl von Lösungsmöglichkeiten zulassen, unterstützen Sie die Übenden, Lösungen für ihre Probleme selbst zu finden. Einige Teilnehmerinnen sind allerdings vom klassischen Lehrer-Schüler-Verhältnis geprägt. Sie erwarten detaillierte Anleitungen und sind es nicht gewohnt, aktiv am Kursprozess mitzuwirken.

Begleitende Planung

Kursplanung bedeutet nicht nur, den Kurs oder die einzelne Kursstunde vorher zu planen, sondern auch begleitend zu analysieren und abschließend zu beurteilen.

In der direkten Vorbereitung der Kurseinheit können Sie sich vergewissern, ob Ihnen alle Inhalte und Methoden vertraut sind. Beim Einfügen von Variationen, Alternativen oder anderen Elementen achten Sie insbesondere auf den »Rhythmus« der Kurseinheit. Denken Sie daran, alle Medien und Materialien, die Sie benötigen, rechtzeitig vorzubereiten. Wenn der Verlauf der Stunde steht, überlegen Sie noch einmal, »was schief laufen könnte«. Kritisch sind beispielsweise der Einstieg in Gesprächsrunden oder die Partnerinnenarbeit. Versuchen Sie solche »Knackpunkte« vorauszusehen und treffen Sie entsprechend Vorsorge.

Noch ein Wort zur Zeitplanung: Die meisten Lehrenden neigen dazu, die Stunde in der Planung zu überladen. Die Dauer der einzelnen Elemente ist natürlich auch immer von der Gruppe abhängig. Dennoch darf eine zu knappe Zeiteinteilung nicht immer zu Lasten des letzten Elementes – der Entspannung – gehen.

Jetzt heißt es, die Kurseinheit zu moderieren. Den roten Faden – das Thema der Kurseinheit – können Sie als Leitseil nutzen. Bei längerer Arbeit mit einer Gruppe wird es zunehmend möglich, den Prozess weniger stark zu strukturieren, weniger vorbereitend zu planen und mehr zu improvisieren, d.h. Übungen spontan aus der Kurssituation heraus anzubieten. Je mehr Erfahrung Sie im Begleiten von Lernprozessen sammeln, desto besser gelingt es Ihnen, offen auf Wünsche der Teilnehmerinnen zu reagieren und kreativ mit Schwierigkeiten umzugehen. Versuchen Sie ab und zu einen Perspektivenwechsel vorzunehmen und beobachten Sie sich selbst.

Erfahrungsoffenheit zeigt sich nicht nur in der Bereitschaft, Neues auszuprobieren, sondern auch zu reflektieren und zu bewerten. Die folgenden Fragen sollen Anhaltspunkte sein, um die Kurseinheit zu reflektieren.

- Habe ich nach meiner eigenen Einschätzung die mir gesteckten Ziele in dieser Kurseinheit erreicht?
- War die Zeiteinteilung stimmig?
- Habe ich genug Erfahrungsraum gelassen?
- Gab es eine Situation, die ich als Störung empfunden habe? Wenn ja, warum? Lösungsvorschlag?
- Wie wurde die Kurseinheit von den Teilnehmerinnen aufgenommen?
- Wie ging es mir bei dieser Kurseinheit? Was nehme ich mit?
- Ergeben sich Veränderungen für weitere Kurseinheiten?

Vertrauen Sie Ihrem Gespür!

Den Kurs »Rückhalt« leiten

Die kennzeichnenden Elemente der Kurseinheiten

Der Kurs besteht aus sieben Elementen, die in jeder Kursstunde in unterschiedlicher Reihenfolge zum Einsatz kommen: Gesprächsrunde, Körperkenntnis, Spiel und Spaß, Körperwahrnehmung, Alltagsbewegung erforschen und gestalten, wahrnehmungsorientierte Funktionsgymnastik sowie Entspannung und Massage.

Gesprächsrunde

Durch gezielte Fragen werden die Kommunikation und der Austausch in der Gruppe angeregt. Gerade zu Beginn des Kurses werden die Teilnehmerinnen auf diese Weise aufgefordert, ihre eigenen Fragen, Wünsche und Bedürfnisse zu äußern. Die Gesprächsrunden intensivieren die Auseinandersetzung mit dem Thema auf der kognitiven und emotionalen Ebene. Die Verbindung der Inhalte zum Individuum und zum Alltag wird hergestellt.

In der Gesprächsrunde können Sie einen Kontext schaffen, der die selbstständige Suche nach Lösungsmöglichkeiten ermöglicht. Sie können durch Fragen anregen, Expertenwissen erschließen und zur Diskussion stellen, Wege aufzeigen, die bisher vielleicht noch nicht gesehen wurden, unterschiedlichen Meinungen Raum geben, Ihre eigene Meinung zum Thema jedoch eher zurückhalten. Nach wenigen Stunden müssen Sie meist keine Anregungen mehr geben, das Gespräch kommt von alleine in Gang, Fragen und Ideen werden in der jetzt vertrauteren und für Austausch offenen Atmosphäre spontaner geäußert.

Schön ist es, wenn Sie Gesprächsrunden mit Moderationsmethoden visualisieren. Sie oder eine der Teilnehmerinnen notieren die Beiträge der Gruppenmitglieder auf einem Flipchart oder noch besser auf Moderationskarten. Denkbar ist auch, dass die Teilnehmerinnen die Karten selbst schreiben und gemeinsam sortieren. Wichtig ist die genaue Formulierung Ihrer Fragen und klare Regeln zur Visualisierung. Wenn Sie mit diesen Methoden nicht recht vertraut sind, machen Sie sich am besten in einer Fortbildung kundig.

Bei einem Blitzlicht antworten die Gruppenmitglieder auf eine Frage mit kurzen Beiträgen, die nicht kommentiert werden. Um die Anspannung »Wann sage ich etwas« zu vermeiden, kann man als Kursleiterin das Wort reihum weitergeben. Die feste Reihenfolge erhöht den Aufforderungscharakter, sich zu äußern. Stellen Sie trotzdem die Möglichkeit frei, sich nicht zu äußern.

In Gesprächsrunden, die nach intensiven Körpererlebnissen häufig auch spontan entstehen, wird über das Erlebte reflektiert. Die Teilnehmerinnen sollen die Gelegenheit erhalten, Gefühle zu äußern und Fragen zu stellen. Es ist manchmal schwierig, den notwendigen Raum für diesen Austausch zu geben und gleichzeitig das Ganze im zeitlichen Rahmen zu halten.

Körperkenntnis

Die Vermittlung von medizinisch-biologischem Wissen erhöht die Körperkenntnis, die ein Bestandteil der Körpererfahrung ist. Allerdings gehört dazu nicht nur das Wissen von Fakten, sondern auch die Übertragung des Wissens auf den eigenen Körper. Erfolgreich ist die Vermittlung, wenn Inhalte als subjektiv bedeutsam aufgenommen werden. Die Aufnahme von Wissen ist eine aktive Leistung und Erwachsene entscheiden selbst, was sie annehmen und was sie lernen wollen.

Über das medizinische Wissen hinaus geht es um die Vermittlung von Wirkungszusammenhängen aus Physiologie und Biomechanik und das Ergründen psychologischer, sozialer und biographischer Bedingungsgefüge. Erst dann kann sich ein Verständnis für die komplizierten und mehrdimensionalen Bedingungen von Gesundheit und Krankheit einstellen.

Der Zugang erfolgt auch hier gesundheitsorientiert und immer mit Bezug auf den ganzen Menschen. Eine Vermittlung von Defiziten löst bei den Betroffenen eher das Empfinden aus, als aufrecht gehender Mensch eine Art »Fehlkonstruktion« zu sein, und sollte daher vermieden werden.

Alternativ zum Tageslichtprojektor können auch Plakate eingesetzt werden. Werden die Vorlagen (mindestens DIN A2) auf festes Papier oder dünnen Karton kopiert und in Rollen transportiert, so sind sie über einen längeren Zeitraum einsetzbar.

Es erfolgt keine deutliche Trennung von Theorie und Praxis. Die Wissensvermittlung über Hören und Sehen wird immer mit Bewegung und Wahrnehmungsübungen verbunden. Der kinästhetische Sinn steht im Mittelpunkt.

Spiel und Spaß

In den Spiel- und Spaßelementen wird meist viel gelacht. Sie schaffen auf diese Weise eine offene, gelöste Atmosphäre. Die Intention, die kindliche Bewegungsfreude wieder aufleben zu lassen und dem natürlichen Bewegungsdrang einen freien Raum zu geben, kann im Spiel verwirklicht werden. Sich mit Dingen zu beschäftigen, die Freude und Spaß machen, fördert das Wohlbefinden und die Gesundheit.
Bei Spielen oder Übungen mit Spielcharakter muss bei manchen Gruppenmitgliedern eine kleine Hürde genommen werden. In einzelnen Fällen kommt es zu Reaktionen wie »Was soll das?«, da Erwachsene häufig nicht mehr gewohnt sind, etwas scheinbar Anspruchsloses, Kindliches zu tun, die vernünftige Ernsthaftigkeit abzulegen und sich ganz auf das Spiel einzulassen. Etwas Mut und Selbstsicherheit Ihrerseits gehören dazu, um den Gruppenmitgliedern die ersten, manchmal zunächst peinlich empfundenen Schritte in das Spielerische und Schöpferisch-Leichte zu erleichtern. Grundsätzlich sollen die Teilnehmerinnen nicht »gezwungen« werden, mitzumachen. Hier liegt die Kunst, wie Sie motivieren. Entscheidend ist auch, wie echt dabei vorgegangen wird. Grundsätzlich gilt, dass die Spiel- und Spaßelemente zu Ihrem Lehrstil passen müssen und dass nur Spiele ausgewählt werden, die Sie selbst aktiv kennen gelernt haben und immer wieder gerne spielen.

Spiele fördern Motivation und Zusammenhalt

Ein möglicher Sinnbezug lässt sich bei den ausgewählten Spielen auch zu anderen Zielen und Elementen der Wirbelsäulengymnastik herstellen, vorzugsweise zur Körperwahrnehmung. Außerdem dienen sie der Aktivierung und Erwärmung. Sie finden sich daher häufig nach ruhigen Phasen oder als Ausgleich in Kurseinheiten mit weniger Bewegungselementen.

Die Spiele sollten nur wenig Wettkampfcharakter haben, denn aus der Motivation durch den Wettkampf kann leicht Überforderung entstehen. Eine Sammlung von Spielen ohne Wettkampf findet man in der Literatur unter dem Stichwort »New Games«.

Auch altbekannte Spiele lassen sich für die Erwachsenenpädagogik variieren. Ein Beispiel verdeutlicht dies: Beim Spiel »die Reise nach Jerusalem« werden statt Stühlen Sitzbälle verwendet. Achtung: Diese Übung ist nur für Gruppen geeignet, die den Umgang mit Sitzbällen gewohnt sind, da die Bälle beim Hinsetzen wegrollen können. Niemand scheidet aus, von Runde zu Runde sind aber weniger Bälle im Spiel, so dass die Spielenden, sobald die Musik stoppt, zu mehreren auf einem Ball Platz finden müssen. Zum Schluss sitzen alle auf einem Ball!

Was und vor allen Dingen wie viel gespielt wird, ist sehr von den Vorlieben der Gruppenmitglieder abhängig und muss entsprechend vielseitig variiert werden.

Die im Konzept vorgestellten Spiele kommen fast ausnahmslos ohne Geräte aus.

Es ist sinnvoll, sich als Kursleiterin aktiv zu beteiligen. Durch Ihr Mitspielen lassen sich die Teilnehmerinnen leichter motivieren, sich auf das Spiel einzulassen.

Körperwahrnehmung

Körperwahrnehmung ist Voraussetzung, um eine notwendige Sensibilität für das, was die persönliche (Rücken-) Gesundheit stärkt und was sie hemmt, zu entwickeln. Diese Sensibilität im Umgang mit sich selbst und der Umwelt ist auch grundlegend für eine dauerhafte Motivation und notwendige gesundheitsfördernde Veränderungen im Leben.

A. Sommer fordert »*eine Gesundheitserziehung, die (...) eine Sensibilisierung des Menschen für seine eigene Befindlichkeit einschließt, auf innere Reifung und Verbesserung der Bewusstseinslage setzt und auf dieser Basis eine selbstmotivierende, eigenverantwortliche Kraft und Lebensweise entfaltet. (...) Die Qualität von Gesundheitserziehung muss sich letzten Endes daran messen lassen, nicht dass irgend etwas in dieser Richtung geschieht, sondern daran, wie umfassend, vollständig und angemessen (...) sie ist.*«   Sommer 1994

Von zentraler Bedeutung ist es, eine Atmosphäre zu schaffen, die eigene Erfahrungen und den Austausch darüber zulässt. Es werden keine Erfahrungen vorgegeben oder gesagt, was gefühlt oder gespürt werden sollte oder könnte. Äußerungen der Teilnehmerinnen über ihre eigenen Empfindungen sollten Sie positiv bewerten, niemals kritisieren, sondern die Übenden ermutigen, zu ihren eigenen Erfahrungen zu stehen.

Die sich wiederholenden Gesprächsrunden und die Partnerinnenübungen schaffen ein Klima, in dem der Austausch gefördert und selbstverständlich wird. Dabei stellt sich oftmals heraus, wie unterschiedlich, manchmal sogar gegenteilig die Empfindungen sind. Beispielsweise erleben die einen ihr Bein als leicht, die anderen als schwer.

Übungen zur Körperwahrnehmung sind weniger eine Frage der geeigneten Übungsauswahl als vielmehr eine Frage der Vermittlung bzw. des methodischen Vorgehens. Durch Beobachtungsaufträge und wiederholte Aufforderungen zur Verbalisierung der eigenen Empfindungen und Gefühle können emotional-affektive Prozesse initiiert und intensiviert werden.

Bei Übungen zur Körperwahrnehmung sollten Sie meist bewusst darauf verzichten, diese »richtig« vorzumachen. Die Übenden sollen ihren eigenen Weg finden, ihre persönlichen Erfahrungen machen, zu individuellen Ergebnissen gelangen.

Im Element Körperwahrnehmung wird deutlich, wie wenig Lernprozesse vorhersehbar und planbar sind. Sie als Kursleiterin werden zur Moderatorin von Erfahrungsmöglichkeiten, Sie regen den Lernprozess an und begleiten ihn.

Das Element Körperwahrnehmung zieht sich als roter Faden durch den gesamten Kurs. In allen Kurseinheiten finden Sie daher spezielle methodische Hinweise zu diesem Thema.

In der Übungspraxis ist das taktile Wahrnehmen oft mit zwischenmenschlichem Körperkontakt verbunden. Der Umgang mit Berührung ist geprägt von den soziokulturellen Verhältnissen in unserer Gesellschaft. Die Bedeutung von Berührung ist individuell sehr unterschiedlich. Bei Übungen, die mit Körperkontakt verbunden sind, ist daher Ihre Sensibilität gefordert.

In der ersten Kurseinheit wird der direkte Kontakt vermieden. Übungen, in denen eine Person von mehreren angefasst wird, (z. B. Metronom im Kreis, S. 97), sollen erst durchgeführt werden, wenn die Gruppenmitglieder untereinander vertraut sind und selbst dann muss die Teilnahme an solchen Übungen immer freiwillig bleiben. Das gilt schon für das Anfassen, erst recht auch für das Angefasst-Werden – nicht für alle Menschen eine angenehme Vorstellung! Das gilt auch für Sie selbst. Achten Sie den persönlichen Raum und fragen nach, bevor Sie jemanden berühren: *Darf ich die Übung mit Ihnen gemeinsam vormachen? Ist es Ihnen recht, wenn ich Ihren Rücken ausstreiche?*

Körpererfahrung basiert auf der Körperwahrnehmung, wobei Wahrnehmen nicht allein als Ergebnis der Sinnesorgane verstanden wird, sondern immer untrennbar mit Empfindungen und Gefühlen (z.B. Freude oder Ärger) verbunden ist. Körpererfahrung beinhaltet dabei sowohl zurückliegende Erfahrungen als auch spontane, im Hier und Jetzt geprägte Anteile.

Ein wirkliches Verständnis der individuellen Körpererfahrung setzt gleichzeitige Auseinandersetzung mit den Erfahrensbereichen ›Selbst‹ und ›Umwelt‹ voraus, mit welchen die Erfahrung der eigenen Leiblichkeit in vielfältig-interdependenter Weise verflochten ist. (Bielefeld 1991, S. 32)

Körperbewusstsein wird in diesem Zusammenhang als ein Zustand beschrieben, in dem die Aufmerksamkeit auf das Wahrnehmen und Erleben des eigenen Körpers und des Selbst gerichtet ist. Feldenkrais bezeichnet diesen Zustand als »Bewusstheit«.

Körperbild – in der Literatur vergleichbar mit den Begriffen Körperschema, Ich-Bild – bezeichnet die Vorstellung vom eigenen Körper, die das Verhältnis zu diesem bestimmt. Alltagserfahrungen und wissenschaftliche Untersuchungen belegen, dass die Vorstellung, die Menschen von ihrem eigenen Körper haben, häufig nicht mit der Realität übereinstimmt. Körperwahrnehmung hilft, diese Differenz zwischen Bild und Realität auszugleichen.

Bei zahlreichen Übungen wird die Aufmerksamkeit auf den Rücken gelenkt, um Zusammenhänge spürbar zu machen. Durch eine ständige Fokussierung auf den unter Umständen schmerzhaften Rücken ist jedoch kein Wohlgefühl und keine Ablenkung vom Schmerzgeschehen möglich. Stattdessen soll die Aufmerksamkeit auf ganz andere Stellen des Körpers gelenkt und die Wahrnehmung im wahrsten Sinn des Wortes erweitert werden. »Wo genau erleben Sie Ihren Körper im Moment ganz angenehm?« Die eigene Befindlichkeit kann differenziert wahrgenommen werden.

Leider spüren manche Menschen Ihren Rücken nur, wenn er schmerzt und entwickeln so eine verängstigte und misstrauische Haltung dem eigenen Körper gegenüber. So lange sich »Spüren« auf das Empfinden von Schmerzen oder Widrigkeiten beschränkt, besteht die Gefahr, dass man sich vor lauter In-sich-Hineinhorchen zu einem übersensiblen Hypochonder entwickelt. Ein gelenktes und differenziertes Spüren, das vielfältige Sinne anspricht, wirkt dieser negativen Körpererfahrung entgegen. Eine Verstärkung der ängstlichen Selbstbeobachtung ist nicht zu befürchten.

Alltagsbewegungen erforschen und gestalten

Das zentrale Element »Alltagsbewegungen« basiert ebenfalls auf der Körperwahrnehmung. Nicht durch Rezepte, Verbote und strenge Vorgaben, sondern vielmehr durch individuelles Erforschen und Experimentieren mit Bewegungen kann die Körpererfahrung zu rückengerechten Bewegungen hin erweitert und der Zugang zur eigenen Rückengesundheit gefunden werden.

»Erforschen« heißt dabei im Sinne des »Bewegungsexperiments« von Dore Jacobs nicht »herumprobieren«, sondern »die Natur befragen« (Jacobs 1990). Selbstveränderung erwächst nicht aus Verboten und Einschränkungen. Diese mögen im Rahmen der Therapie angebracht sein, für gesundheitsbildendes Handeln sind sie ungeeignet.

Die Arbeit geht über den Aspekt der rückengerechten Bewegungen – im Sinne von funktionell wirbelsäulenschonend – hinaus. Vielmehr muss die Bewegung zu dem ganzen Menschen und zu der jeweiligen Situation passen, angemessen sein. Ilse Middendorf verwendet in diesem Zusammenhang den Begriff »leibgerecht«. (Middendorf 1995).

Die Übenden können erfahren, dass diese angemessenen Bewegungen mit positiven Gefühlen einhergehen und sich nach einiger Zeit Veränderungen einstellen, die – hoffentlich – als Verbesserung aufgefasst werden.

Werden Haltung und Bewegung über diesen Prozess des Bewusstmachens und der behutsamen Veränderung, die sich an den eigenen Wünschen und Wahrnehmungen orientiert, gelernt, so wird aus der gelernten neuen Bewegung kein neues Bewegungskorsett, kein aufgesetzter Krampf, der unnatürlich wirkt und nie wirklich in den Alltag integriert wird.

An diesem Element wird deutlich, wie weitreichend Lernen außerhalb des Kurses im Alltag stattfindet. Immerhin wird angeregt, langjährige Gewohnheiten zu verändern und Bewegungsmuster bewusst zu machen sowie die Chance zur Variation gegeben. Im Kurs soll die Arbeit an den Alltagsbewegungen angestoßen und die Teilnehmerinnen motiviert werden, sich damit über den Kurs hinaus auseinanderzusetzen.

In den ersten Kurseinheiten liegt der Schwerpunkt auf der Wahrnehmung der Gewohnheitshaltungen im Vergleich mit Haltungsvarianten. Die in der Kurseinheit »Haltung bewusst machen« ausprobierten Haltungen im Sitzen und Stehen sind Basis für weitere Veränderungen.

Sie können im weiteren Kursverlauf zahlreiche Möglichkeiten aufzeigen, ohne jedoch strikte Vorgaben zu machen. Es muss deutlich werden, dass die vorgestellten Haltungsvariationen nur Vorschläge bzw. Schritte zu einer selbst gewählten Haltung hin sind. Es wird auch nicht korrigiert, da es keine grundsätzlich »falsche« Haltung gibt, sondern es werden nur Veränderungen als weitere Variante vorgeschlagen.

Das Erproben einer großen Vielfalt möglicher Haltungen zielt darauf ab, Rückenbeschwerden nicht als Einschränkung, sondern vielmehr als Möglichkeit zu einem größeren Bewegungsspielraum zu erleben.

Als Maßstab gilt immer das persönliche momentane oder andauernde Wohlbefinden.
Mit Fragen wie:
- Wie geht es Ihrem Rücken dabei?
- Welche Gefühle verbinden Sie mit dieser Haltung?
- Was möchten Sie verändern?
- Möchten Sie öfter so sitzen?

wird die Verbindung zu diesem Wohlbefinden hergestellt. Praktische Anregungen finden sich schwerpunktmäßig in den Kurseinheiten »Haltung bewusst machen«, »Mühelos bewegen« und »Aufrecht weitergehen«.

Bedenken Sie aber bitte auch: Zuviel Wahrnehmung und Reflexion eigener Befindlichkeit, zu viel Bewusstheit kann manche Gruppen ebenso überfordern wie zuviel Training.

Wahrnehmungsorientierte Funktionsgymnastik

Körperwahrnehmung findet sich auch bei der funktionellen Gymnastik wieder. Die Auswahl und die Ausführung der Übungen richten sich nicht alleine nach einem an der körperlichen Funktion orientierten, normierten Idealbild, sondern gleichzeitig an der persönlichen Wahrnehmung.

Im Gegensatz zu Alltagsbewegungen sind die Bewegungen in der funktionellen Gymnastik deutlich weniger durch komplexe Bewegungsmuster geprägt. Die ungewohnte Bewegung ermöglicht eine Bewegungserfahrung frei von Gewohnheiten. Eine erstmalig durchgeführte Übung ist daher sicherlich unvoreingenommener wahrnehmbar als z.B. das Gehen.

Zahlreiche Variationen von Basisübungen ermöglichen es, eine Bewegung, die keinem unmittelbaren Zweck dient, auszuprobieren, und sich so – fast spielerisch – ganz auf die Bewegung selbst und das »Wie« ihrer Ausführung einzulassen.

Die Aufmerksamkeit wird auf die Bewegungsqualität, auf die Intensität, auf das Dehnungs- oder Spannungsempfinden, auf die Bewegungen der Wirbelsäule, auf die Bewegungen der Extremitäten, auf die Atmung und auf das Wahrnehmen von Differenzen gelenkt.

Dieser Wahrnehmung sind allerdings bei Ungeübten enge Grenzen gesetzt, wenn es darum geht, belastende von nicht belastenden Übungsausführungen zuverlässig zu unterscheiden. Hier ist Ihr detailliertes Wissen über funktionelle Zusammenhänge gefragt, das von den Übenden nicht unbedingt nachvollzogen werden muss. Innerhalb eines möglichst großen Rahmens ist die Bewegungsausführung dann an der eigenen Wahrnehmung zu orientieren.

Ein Beispiel macht dies deutlich: Ungeübte können in der Regel die Belastung, die die Übung »Klappmesser« für die Wirbelsäule darstellt, nicht sofort erkennen. Daher wird eine weniger belastende Bauchmuskelübung vorgegeben: In Rückenlage mit angebeugten Beinen und fixierter Lendenwirbelsäule werden die Beine im Wechsel weggestreckt. Diese Ausgangsposition bildet den Rahmen. Tempo, Spannung, Armposition und Beinbewegung sind am eigenen Empfinden orientiert wählbar.

Weitere praktische Hinweise zur Körperwahrnehmung bei der funktionellen Gymnastik finden Sie auf den Seiten 55 und 91.

Wenige gezielte Übungen sind besser als eine verwirrende Vielfalt. Die Übenden können ihre Aufmerksamkeit besser der korrekten Bewegungsausführung und ihrem eigenen Empfinden zuwenden, wenn sie nicht durch ständig neue Übungsanweisungen beansprucht werden.

Außerdem birgt das Beherrschen einer Übung das Erleben von Erfolg. Erst auf der Basis von gekonnten und bekannten Übungen können neue Elemente langsam erarbeitet werden.

Es sollte eine Reihe von Basisübungen zusammengestellt werden, die sich am durchschnittlichen Leistungsstand und Können der Gruppe orientiert. Diese Basisübungen sollten nach etwa der Hälfte der gesamten Kursdauer zum sich ständig wiederholenden Kursinhalt werden. Darüber hinaus können Variationen – immer mit Bezug auf die Basisübung – angeboten werden.
Die Basisübungen zum Dehnen, Mobilisieren und Kräftigen finden sie in der Kurseinheit »Beweglicher werden« ab Seite 86 und in der Kurseinheit »Stabiler werden« ab Seite 96.

Übungen speziell zur Verbesserung der Koordination sind nicht als Basisübungen zusammengefasst. Gleichgewichtsübungen und Übungen mit Überkreuzkoordination von Armen und Beinen, die das muskuläre Zusammenspiel trainieren, sind in der Körperwahrnehmungsschulung zu finden. Auch als »Aufwärmprogramm« eignen sich beispielsweise Übungen wie »Armschwünge in entgegengesetzte Richtung«. Wichtig ist, dass die Koordinationsübungen nicht zu schwer sind, damit das Erfolgserlebnis im Kurs möglich ist. Über bewusst ausgeführte Übungen kann man erfahren, wie man von einem ungelenken, stockenden Bewegungsablauf zu einer fließenden, harmonischen Bewegung gelangen kann.

Schon schwache Trainingsreize wirken anregend und erhalten die Leistungsfähigkeit des menschlichen Organismus. Der gesundheitsfördernde Effekt von sportlichen Übungen ist am größten, wenn mit mittlerer Intensität und mittlerem Umfang trainiert wird.

Ziel ist eine mittlere Intensität während der gesamten Kurseinheit. In den Stunden, in denen eine ausführliche Entspannung stattfindet, wird die funktionelle Gymnastik als aktivierendes Element eingesetzt. Insgesamt nimmt jedoch die Intensität durch die Übungsauswahl im Verlauf des Kurses zu.

Kurseinheiten	Dauer (circa)	Intensität
Wie der Rücken beschaffen ist	30 Minuten	sehr niedrig
Den Rücken wahrnehmen	50 Minuten	sehr niedrig
Haltung bewusst machen	25 Minuten	mittel
Sich mühelos bewegen	50 Minuten	niedrig – mittel
Zunehmend entspannen	40 Minuten	mittel
Beweglicher werden	40 Minuten	mittel
Stabiler werden	50 Minuten	mittel
Den Atem zu Hilfe nehmen	45 Minuten	mittel - hoch
Der Rücken in Balance	40 Minuten	mittel - hoch
Aufrecht weitergehen	25 Minuten	hoch

Bewegung und funktionelle Gymnastik in den Kurseinheiten

Die Steigerung der Intensität ist jedoch ein nachrangiges Ziel. Wichtiger als immer mehr und immer anstrengendere Übungen durchzuführen, ist es, immer mehr Klarheit, immer mehr Bewusstheit zu gewinnen.

Schwierig wird die Steigerung der Intensität, wenn Geübte und Ungeübte, Fortgeschrittene und Anfängerinnen gemeinsam in einem Kurs sind. Ermöglichen Sie es den Übenden, die Intensität frei zu wählen:

- »Wer möchte, kann die Variation … wählen.
- Wer mit der Übung bereits vertraut ist, kann ausprobieren, …
- Versuchen Sie die Übung fließender / gleichmäßiger zu machen / in Einklang mit Ihrer Atmung zu bringen.
- Nutzen Sie die geringere Intensität, um sich noch mehr Klarheit über das, was Sie tun, zu verschaffen.
- Was macht Ihr Kopf / Ihre Füße? / Wie ist Ihr Körpergewicht verteilt?«

Über die Ziele Muskelkräftigung, Beweglichkeits- und Koordinationsverbesserung, Wirbelsäulenstabilisierung und Intensivierung der Körperwahrnehmung hinaus, birgt die funktionelle Gymnastik noch weitere Ziele bezüglich der Körpererfahrung in sich.

Bei der Durchführung von Gymnastikübungen erfahren die Übenden ihre körperlichen Möglichkeiten und erleben ihr Können auf eine vielleicht bisher unbekannte Art. Dieses eigene Potenzial zu entdecken, auszuprobieren und zu erweitern, ist ein nicht zu vernachlässigendes Ziel von Gymnastikübungen.

Daraus ergeben sich drei Aspekte für die Auswahl von Übungen:

- Die Vielfalt von Übungen erweitert das Bewegungspotenzial.
- Ein Erfolgserlebnis im Sinne von »Ich kann das besser, häufiger, müheloser, … als vorher« stellt sich erst nach dem Üben, d.h. nach zahlreichen Wiederholungen ein.
- Damit dieses Können auch einen Sinn für das tägliche Leben erhält, ist immer wieder der unmittelbare Umweltbezug von Übungen herzustellen; z.B. erfordert der Druck auf eine Schulter durch eine schwere Umhängetasche der Neigung entgegengesetzte, seitliche Stabilisierungskräfte im Rumpf, um weiterhin aufrecht zu stehen.

Verbale Anweisungen schaffen – insbesondere wenn am Boden geübt wird – eine Atmosphäre der Ruhe und fördern die Aufmerksamkeit des Einzelnen auf sich selbst. Sie als Kursleiterin werden nicht zum Modell, dem es nachzueifern gilt und an dem man sich messen muss. Auch das gegenseitige Beobachten entfällt.

Die Teilnehmerinnen können die Augen schließen und sich dem Üben zuwenden. Aus ungünstigen Positionen müssen sie nicht den Kopf wenden, der Übungsfluss wird nicht gestört. Auch Ihre eigene Ausdrucksweise wird durch verbale Anweisungen geschult. Werden Übungen von den Teilnehmerinnen nicht in der angestrebten Weise durchgeführt, so ist dies eine Aufforderung, noch bessere Anleitungen zu geben.

Aus dem bisher Beschriebenen ergibt sich fast selbstverständlich, dass mit individueller Korrektur sehr sparsam umgegangen werden kann. Eine gute Übungsanweisung, das planmäßige Vorgehen von einfachen zu komplexen Übungen und die bewusste Ausführung sorgen dafür, dass wenig »Fehler« gemacht werden. Außerdem: Auch aus Fehlern lernt man. Sie brauchen funktionelle Übungen nur dann zu korrigieren, wenn übermäßige Beanspruchung zu befürchten ist. Überlegen Sie im Einzelfall, ob eine verbale oder taktile Korrektur sinnvoll ist und fragen Sie möglicherweise vorher, ob Sie korrigieren dürfen. Die Korrektur kann dann als Vorschlag formuliert werden: »Probieren Sie die Übung einmal mit … aus. Vielleicht können Sie spüren, dass dies …«

Es kann Musik eingesetzt werden, die keine rhythmische Anpassung verlangt. *Musikempfehlungen siehe Seite 128.*

Entspannung und Massage

Entspannung spielt bei den Elementen des Kurses eine wesentliche Rolle – zunächst einmal, um einen angenehmen Ausklang der Stunde zu schaffen. Ziel ist es, die Entspannungsfähigkeit zu verbessern, eine Sensibilisierung für psychische und physische Spannungszustände zu bewirken und Wohlbefinden zu erzeugen.

Im Konzept wird vor allem die Progressive Muskelentspannung nach Jacobson durchgeführt. Wichtig ist, dass Sie nur die Methode vermitteln, die Sie selbst erfahren haben. Kennen Sie die Progressive Muskelentspannung nicht, so können Sie sie durch eine andere Ihnen bekannte Übung ersetzen oder aber sich als Teilnehmerin in einem entsprechenden Kurs auf eine neue Erfahrung einlassen.

Drei wichtige Dinge tragen wesentlich zum Gelingen der Entspannung bei: Ruhe, Wärme und Freiwilligkeit. Gestalten Sie die äußeren Bedingungen so angenehm wie möglich. Vermeiden Sie Zugluft, helles Licht und sorgen Sie für Ruhe. Ein Schild an der Tür mit einem Hinweis an nachfolgende Gruppen hat sich hierfür als sehr wirksam erwiesen. Ein gewisser Geräuschpegel ist allerdings nicht auszuschließen. Geräusche gehören aber zum normalen Leben und die Entspannung soll ja auch unter Alltagsbedingungen durchgeführt werden können.
Insbesondere bei längeren Entspannungsphasen ist es notwendig, dass die Übenden sich mit warmen Socken und einem Pullover mehr ausstatten. Ein kühler Raum mag für den aktiveren Teil der Stunde angenehm sein, für eine längere Entspannungsphase sind – besonders in der kälteren Jahreszeit – De-cken notwendig.

Nicht immer ist die Entspannung mit Wohlbefinden verbunden. Sie kann in Ausnahmefällen durchaus Unwohlsein oder unangenehme Gefühle verursachen. Aus diesem Grund ist es notwendig, auf die freiwillige Teilnahme hinzuweisen und die Möglichkeit zu geben, während der Entspannungsphase »auszusteigen«. Die Übenden können jederzeit die Entspannung abbrechen und sich ihren eigenen Gedanken widmen oder sich ganz aus der Übung zurückziehen, indem Sie sich aufsetzen, aber so, dass die anderen ungestört weiter entspannen können.

Musik hat, wenn sie richtig eingesetzt wird, entspannungsfördernde Wirkung. Außerdem deckt sie Nebengeräusche und gibt den Teilnehmerinnen die Möglichkeit, zu wählen, ob sie Ihrer Stimme oder der Musik folgen wollen. Probieren Sie aus, mit welcher Musik die Gruppe und Sie sich am wohlsten fühlen. Ideal für einfache Entspannungszustände ist Entspannungsmusik mit einer klar erkennbaren Melodielinie.

Entspannung ohne Einsatz von Musik hat aber ebenfalls Vorteile: Die Übenden konzentrieren sich mehr auf Ihre Anweisungen, Sie können leiser sprechen und schließlich sollen die Übenden ja auch lernen, in Alltagssituationen ohne Musik zu entspannen.

Weitere Informationen und methodische Hinweise finden Sie in der Kurseinheit »Zunehmend entspannen«, Seiten 78 bis 85.

Selbst- oder Partnerinnenmassage setzt am Ende einer Kurseinheit einen angenehmen, entspannenden Abschluss. Die Teilnehmerinnen können erfahren, dass es keiner speziellen Massagegriffe bedarf, um Wohlbefinden auszulösen. Partnerinnenmassagen sollen so gestaltet werden, dass sich beide wohl fühlen. Massage ist Bewegung, Entspannung und Körpererfahrung zugleich. In der Massage können die Teilnehmerinnen sich selbst verwöhnen lassen und erleben, wie leicht sie andere verwöhnen können. *Umfangreiche und praxisnahe Informationen zur Massage finden Sie im VHS-Handbuch »Hautnah – Massage und Körperpflege«, Ernst Klett Verlag, Stuttgart 1999.*

Noch ein Wort zur Musik

Musik hat Einfluss auf die Atmosphäre, auf Stimmung und Gefühle, auf die Qualität der Übungsausführung und deren Rhythmus. Diese Wirkung können Sie sich zunutze machen.
Musik, die keine rhythmische Anpassung verlangt, wird in der wahrnehmungsorientierten, funktionellen Gymnastik vor allen Dingen dann eingesetzt, wenn die Übungsgeschwindigkeit sich an anderen Rhythmen, z.B. dem Atemrhythmus, orientiert. Rhythmische Musik können Sie gezielt beim Gehen und Tanzen einsetzen oder wenn Sie eine Folge aus ausgewählten Gymnastikübungen in einem bestimmten Rhythmus durchführen möchten.
Um den passenden Rhythmus auszuwählen, können Sie die Taktschläge pro Minute zählen oder die Bewegungen auf die Musik ausprobieren. Denken Sie aber daran, dass man in einem Zimmer deutlich langsamer geht als in einer Halle. Zügiges Gehen beispielsweise ist bei einem Rhythmus von 130 – 140 Schlägen pro Minute gut möglich.

Die Kurseinheiten im Überblick

Kurseinheit	Gesprächs-runde	Körper-kenntnis	Spiel und Spaß	Körper-wahrnehmung	Alltags-bewegungen	Funktionelle Gymnastik	Entspannung
Wirbel für Wirbel balancieren	Vorstellungs-runde, Reflexion der Wahrnehmung	Aufbau der Wirbelsäule	Datenverarbeitung	Gehen		Einführungs-übungen	Partnerinnen-massage mit Tennisball
Den Rücken wahrnehmen	Stimmungs-barometer	Sinne		Fingerpunkte spüren, Beckenkippung, Zifferblatt- und Standübungen	Becken-kippung	Auswahl aus den Einführungsübungen	Selbstmassage
Haltung bewusst machen	Äußere und innere Haltung	Haltung	Luftballontanz	Spiegelbild	Sitzen, Stehen	Basisübungen	Reise durch den Körper
Sich mühelos bewegen	Gewohnheits-haltung	Wirbelsäule und Bandscheibe		Gehen, Marionette	Gehen, Bücken, Aufstehen	Basisübungen und Variationen	Massage mit dem Tennisball
Zunehmend entspannen	Alltags-bewegungen		Roboterspiel, Kreistanz	Angemessene Spannung		Basisübungen und Variationen	Progressive Muskelent-spannung
Beweglicher werden		Beweglichkeit der Wirbelsäule, muskuläre Balance		Führen lassen	Gehen	Basisübungen und Variationen, Schwerpunkt Dehnen	Passives Dehnen
Stabiler werden	Einfluss auf die Rücken-gesundheit	Stabilisation der Wirbelsäule		Gehen, Metronom	Heben	Basisübungen und Variationen, Schwerpunkt Stabilisieren	Ausschütteln, Ausstreichen
Den Atem zur Hilfe nehmen	Reflexion in der Abschlussrunde	Zusammenhang von Atmung und Muskelbewegung	Imaginäre Bälle	Wahrnehmung der Atmung, Erweiterung des Atemraumes		Basisübungen und Variationen in Verbindung mit Atmung	Atementspannung, Imagination
Der Rücken in Balance	Balance von Belastung und Erholung		Gordischer Knoten	Schattenlauf		Basisübungen und Variationen und Bewegungsform	Progressive Muskelent-spannung
Aufrecht weitergehen	Resümee		Wetterspiel	Fotoausschnitt, Mauer durchlaufen	Gehen, Alltagsbewegungen	Basisübungen und Variationen und Bewegungsform	Progressive Muskelent-spannung

Wirbel für Wirbel balancieren

Auf einen Blick

Ziele:
- Mit dem eigenen Rücken vertraut werden
- Ein erstes Gefühl für die Balance des knöchernen Gerüstes erhalten
- Die anderen Teilnehmerinnen kennen lernen

Thema	Ziel	Methode	Medien	Zeit
Begrüßung	Den Kurs vorstellen	Kurzinformation	Plakat, verschiedene Sitzgelegenheiten	10 Min.
Vorstellungsrunde	Untereinander kennen lernen, Erwartungen äußern	Blitzlicht		10 Min.
Spiel: »Datenverarbeitung«	Vertrauter werden	Spiel		5 Min.
Gehen	»In Gang kommen«	Körperwahrnehmung	Musik	10 Min.
Aufbau der Wirbelsäule, Statik des Knochengerüstes	Den eigenen Rücken kennen lernen, Statik und Balance des Knochengerüstes verstehen	Kurzinformation, Körperwahrnehmung	Wirbelsäulenmodell, Skelett, Hocker	15 Min.
Funktionelle Gymnastik	Erste Gymnastikübungen kennen lernen	Funktionelle Gymnastik	Matten	30 Min.
Reflexion	Eigene Wahrnehmung äußern	Blitzlicht		5 Min.
Tennisball-Massage	Wohlbefinden	Partnerinnenmassage	Tennisball, Hocker	5 Min.

Beschreibung der Kurseinheit

Begrüßung

Ein Hinweisschild oder Wegweiser, den Sie an der Eingangstür anbringen können, zeigt den Teilnehmerinnen gleich, dass sie hier richtig sind und heißt sie willkommen.

In der ersten Kurseinheit werden die Ziele und Inhalte des gesamten Kurses dargestellt und mit den Erwartungen der Teilnehmerinnen abgestimmt. Bereits von Beginn an soll eine angenehme, Vertrauen erweckende Atmosphäre geschaffen werden, ein soziales Klima, das einen offenen Austausch untereinander zulässt.

Die Teilnehmerinnen sitzen zu Beginn in einem bereits vor der Stunde mit allen verfügbaren Sitzgelegenheiten ausgestatteten Sitzkreis. Nachdem Sie alle begrüßt und sich selbst vorgestellt haben, geben Sie zu Beginn der ersten Kurseinheit einen Überblick über den gesamten Kurs, am besten mit einer Wandzeitung. *Einen Vorschlag, diese Wandzeitung als Mosaik zu gestalten, sehen Sie auf Seite 10.* Erwähnen Sie kurz die sieben Elemente, die jede Einheit prägen *(siehe auch Seite 42)*. Das Plakat kann bis zum Ende des Kurses aufbewahrt werden, um in der letzten Kurseinheit rückblickend die Inhalte zusammenzufassen. Erinnern Sie an die präventive Ausrichtung des Kurses.
An dieser Stelle können Sie auch das Kursbuch vorstellen und den Unterschied zwischen Kursbuch und Kurs erklären. Auftauchende organisatorische Fragen sollten spätestens jetzt geklärt werden.

Vorstellungsrunde

Die Teilnehmerinnen stellen sich vor und können ihre Wünsche nach speziellen Schwerpunkten und Erwartungen äußern, am besten der Reihe nach im Kreis. Kommentieren Sie, wann Sie vorhaben, welche Erwartungen zu erfüllen und welche sich nicht erfüllen lassen. Auch evtl. Rückenprobleme können jetzt zur Sprache kommen, um zu klären, ob eine Rücksprache mit dem Arzt erforderlich ist. Machen Sie bereits hier auf die Regel aufmerksam, dass Schmerzen weder während noch nach den Übungen entstehen dürfen. Für die Teilnehmerinnen ist wichtig, schon jetzt zu wissen, dass sie selbst die Verantwortung für sich tragen müssen und auch können.

Möchten Sie die Teilnehmerinnen mit »du« oder »Sie« ansprechen? Das im Umgang mit Fremden angebrachte »Sie« wirkt in den Übungen oft unpersönlich und steif, wahrt aber auch die individuell notwendige Distanz. Mit dem »du« ist Nähe verbunden, manchmal aber auch zu viel Vertraulichkeit, die in der Gruppe ja noch gar nicht besteht. In der betrieblichen Gesundheitsförderung ist das »du« in der Regel tabu. Wenn Sie sich für das »du« entscheiden, sollten alle aus der Gruppe damit einverstanden sein.

Spiel: »Datenverarbeitung«

Die erste Spielphase braucht einen Kommentar in der Gruppe. Erklären Sie ganz kurz, wie wichtig Bewegung für den Rücken ist und welche Rolle das Element Spiel im Kurs haben soll.

Jetzt kommt Bewegung ins Spiel, die Teilnehmerinnen werden untereinander vertrauter. Die Teilnehmerinnen bilden zwei Gruppen. Jede Gruppe wird aufgefordert, sich – so schnell wie möglich – in einer bestimmten Reihenfolge aufzustellen. Die Aufstellung der Reihen legen Sie so fest, dass sich beide Gruppen am Ende in einer breiten Gasse gegenüberstehen. Das Spiel lebt von der Schnelligkeit.

- Erste Runde: »Bitte stellen Sie sich der Größe nach auf. Die Größte steht jeweils hier.« Nach der Aufstellung kann eine Gruppe die gegenüberstehende Gruppe leicht »überprüfen«, ob sich jede Person in der Größe richtig eingeschätzt hat.
- Zweite Runde: »Bitte stellen Sie sich alphabetisch auf. Es gilt der Anfangsbuchstabe Ihres Vornamens. A steht hier.«
- Dritte Runde: »Bitte stellen Sie sich wieder alphabetisch auf. Es gilt der Anfangsbuchstabe Ihrer Lieblingssportart.« Dies ist natürlich nur kommunikativ zu lösen.

Gehen

Das Gehen – am besten ohne Schuhe – soll einen Stellenwert als wichtiges und immer wiederkehrendes Element der Wirbelsäulengymnastik erhalten. Beim Gehen kann immer wieder nach Veränderungen oder bewusst gewordenen Details der gewohnten Bewegung geforscht werden.

Die Teilnehmerinnen gehen auf freien Raumwegen im Musikrhythmus durch den Raum. Sie sollen zügig, aber nicht eilig gehen. Durch verschiedene Ansagen wird das Gehen variiert. Beispiele: rückwärts, auf den Zehenspitzen, auf den Fersen, mit etwas größeren und kleineren Schritten. Die Musik gibt einen deutlichen Rhythmus für zügiges Gehen vor, 130–135 Schläge pro Minute.

Aufbau der Wirbelsäule, Statik des Knochengerüstes

Beginnen Sie wieder mit einem ganz kurzen Hinweis, wozu Wissen wichtig ist und wie Sie dieses im Kurs vermitteln wollen – auch welche Bedeutung das Kursbuch dazu ergänzend haben kann. Die Vermittlung von anatomischem Wissen ist immer an die Übertragung dieses Wissens auf den eigenen Körper gebunden. Die Informationen *(siehe auch Seiten 14 bis 24)* werden auf mehrere Kurseinheiten verteilt. Wichtige Stichworte für diese Stunde sind: knöcherner Aufbau und natürliche Schwingung der Wirbelsäule, Statik des Knochengerüstes.

Bei der Darstellung des knöchernen Aufbaus der Wirbelsäule tasten die Teilnehmerinnen ihre eigene Wirbelsäule ab. Dabei können insbesondere die Schwingung der Wirbelsäule, die Dornfortsätze, Kreuz- und Steißbein, die Beckenknochen und die Rippen ertastet werden.

Gerade wenn es um die Statik des Knochengerüstes geht, können Sie gut deutlich machen, wie die Knochen insgesamt voneinander abhängig sind und sich wechselseitig in Balance halten.

Besser als Plakate oder Folien ist der Einsatz eines lebensgroßen Wirbelsäulenmodells, so dass die Teilnehmerinnen am Modell und an ihrer eigenen Wirbelsäule tasten können.

Wirbel für Wirbel balancieren

Vermeiden Sie eine mechanistische, vorwiegend an technischen Modellen orientierte Darstellung der Wirbelsäule ebenso wie eine Schilderung von Krankheitsbildern – außer wenn die Frage danach auftaucht.

Variationen:
- Die Teilnehmerinnen tasten am Rücken der Partnerin. An der Wirbelsäule der Partnerin finden sie die Punkte, die am Modell gezeigt werden.
- Die Teilnehmerinnen malen ein Bild ihres eigenen Rückens. Die Teilnehmerinnen können dabei zeichnen, mit Symbolen arbeiten oder sich schriftliche Notizen machen. Mit farbigen Buntstiften regen Sie die Kreativität sicherlich mehr an als mit Kugelschreibern. Diese Variation beinhaltet eine andere Herangehensweise. Die Teilnehmerinnen zeichnen dieses Bild, bevor Sie über den Aufbau der Wirbelsäule informieren. Am Ende des Kurses in der letzten Kurseinheit wird dieses Bild wieder mitgebracht. Falls Sie diese Variation durchführen, planen Sie dafür zusätzlich 10 Minuten ein.
- Mit Knetgummi lassen sich Wirbel kneten, die in der Form der Wirbelsäule übereinander montiert werden. Dies braucht reichlich Zeit – für eine Kursplanung von 90 Minuten eher zu viel, für andere Formen als Ergänzung sinnvoll.

Funktionelle Gymnastik

Mit Einführungsübungen werden die Teilnehmerinnen langsam an die Funktionsgymnastik herangeführt und können ihre wohltuende Wirkung spüren. In sehr stabilen Ausgangspositionen – Rückenlage, Bauchlage und Vierfüßerstand – werden auf Matten einfache Übungen durchgeführt. Der Schwerpunkt liegt auf einer langsamen und bewussten Ausführung. Beginnen Sie wieder mit einer kurzen Begründung des Zwecks von Funktionsübungen.

Die Übenden wählen eine angenehme Rückenlage und sorgen, z.B. mit einem zusammengefalteten Handtuch unter dem Kopf, für Bequemlichkeit. Bei allen Übungen in Rückenlage wird die Aufmerksamkeit auf die Kontaktfläche zur Unterlage und damit zur Wahrnehmung des Rückens gelenkt.

Die angegebenen Variationen sind vor allem dann sinnvoll, wenn Sie zu einem späteren Zeitpunkt auf die Übungen zurückkommen oder wenn Sie in der Gruppe mehrere Personen haben, die den Kurs ein zweites Mal mitmachen. Sie können auch weniger Übungen auswählen und den Schwerpunkt dann mehr auf das Erspüren der Unterschiede der Variationen legen bzw. mehr Zeit geben, sich in einzelne Übungen hineinfühlen zu können. Wichtig ist dann, darauf zu achten, dass sich die Teilnehmerinnen nicht überfordern – nicht jede Übung ist für mehrfaches oder längeres Durchführen geeignet – und dass ausreichend unterschiedliche Muskeln angesprochen werden.

Es beginnt mit einem ausführlichen Recken und Strecken in der Rückenlage. Anschließend sollen die Teilnehmerinnen spüren, wo ihr Rücken am Boden aufliegt.

Rückenmuskulatur anspannen

In der Rückenlage liegen die Hände neben dem Gesäß, die Handflächen zeigen nach oben. Durch das Drücken der Arme in den Boden und ein Zusammenziehen der Schulterblätter in Richtung Wirbelsäule wird die Rückenmuskulatur angespannt. Die Spannung wird immer nur eine Einatmungsphase lang gehalten, dann gelöst.

Variation:
Die Arme können in andere Positionen gebracht werden: in Seithalte oder mit senkrecht stehenden Unterarmen.

Dehnung Beinrückseite

In der Rückenlage wird ein Bein mit beiden Händen in der Kniebeuge gefasst und nahe an den Körper herangezogen. Das andere Bein liegt locker ausgestreckt am Boden. Die Position wird einige Atemzüge lang gehalten.
Dann wird das Bein Richtung Himmel gestreckt, die Fußspitzen werden körperwärts gezogen, bis eine deutliche Dehnung in der Beinrückseite zu spüren ist. Wie bei allen Übungen mit einem Bein wird die Seite anschließend gewechselt.

Dehnung Beinrückseite: der erste Schritt

Wirbel für Wirbel balancieren

Bauchmuskelübung 1: Ein Bein wird ausgestreckt

Bauchmuskulatur
In der Rückenlage werden beide Beine so weit angehoben und gebeugt, dass Hüft- und Kniegelenke jeweils einen rechten Winkel bilden. Ein Bein wird nun ausgestreckt, jedoch nur so weit, wie die Lendenwirbelsäule durch die Bauchmuskelspannung »gegen den Boden gedrückt« werden kann. Anschließend wird das Bein wieder angezogen, die Bauchmuskulatur entspannt sich.

Variationen zur Bauchmuskelübung:
- Die Arme liegen in unterschiedlichen Positionen: Die Arme liegen über Kopf. Die Hände liegen im Nacken. Die Hände liegen neben dem Gesäß oder zur Kontrolle unter der Lendenwirbelsäule.
- Kopf und oberer Rücken sind vom Boden abgehoben und die Unterarme stützen am Boden. Die Hände liegen unter der Lendenwirbelsäule. Beide Beine sind in Hüft- und Kniegelenk stark gebeugt. Die rückenwärts gekrümmte Position der Lendenwirbelsäule wird beibehalten und beide Füße zum Boden gesenkt. Erst wenn sie den Boden erreichen, kann die Bauchmuskelspannung gelöst werden.

Stabilisation: Brücke
Diese Übung ist eine der zentralen Übungen dieses Treffens. Die Beine werden aufgestellt, die Arme liegen weiterhin neben dem Rücken, Handflächen nach oben. Beim langsamen Anheben des Beckens und des Rückens – Wirbel für Wirbel – wird die Aufmerksamkeit auf den Kontakt zwischen Rücken und Unterlage und auf eine möglichst runde, fließende Bewegung gelenkt. Das Becken soll nicht höher gehoben werden, als wenn Oberschenkel, Becken und Oberkörper eine Linie bilden. Andernfalls wäre die Wirbelsäule unphysiologisch belastet. Die Wirbelsäule kann während kurzer Haltephasen in der Brücke abgetastet werden. Achten Sie hier darauf, dass sich die Teilnehmerinnen nicht überfordern und sich nicht aus der Endposition heraus auf den Boden plumpsen lassen. Wichtig ist, dass die Haltung genauso langsam aufgelöst wie begonnen wird.
Teilnehmerinnen, die Probleme mit der Halswirbelsäule haben, sollten darauf achten, nicht höher als bis etwa zur Mitte der Brustwirbel den Rücken anzuheben. Wieder ist das Erleben unangenehmer Empfindung im Schmerzvorstadium ausschlaggebend.

Variation:
Im Einatmen wird der Rücken angehoben, oben angekommen ausgeatmet. Einatmend nimmt der Rücken Kontakt zum Boden auf, unten angekommen ausatmen. Anfangs umfasst die Bewegung nur ein kleines Anheben des Beckens. Bei jeder Einatmung wird dann die Bewegung ein kleines bisschen vergrößert. Von der individuellen Endposition aus geht es genauso langsam wieder zurück. Diese Variation braucht deutlich mehr Zeit, verhindert aber, dass sich die Teilnehmerinnen überfordern.

Brücke: »Wirbel für Wirbel« ist wichtiger als maximale Höhe

Dehnung Rückenlage
In der Rückenlage mit ausgestreckten Beinen liegen beide Arme ausgestreckt über bzw. vor dem Kopf. Mit dem Einatmen werden der rechte Arm und das rechte Bein gleichzeitig lang, so dass eine Körperseite gestreckt wird. Beim Ausatmen lösen. Den Seitenwechsel nicht vergessen.

Variation:
Die Dehnung erfolgt über die Diagonale, das heißt, der rechte Arm wird gleichzeitig mit dem linken Arm gestreckt und umgekehrt.

Mobilisation: Drehdehnlage
Die kleine Drehdehnlage beginnt in der Rückenlage mit aufgestellten Füßen. Die Hände liegen im Nacken, die Ellbogen am Boden. Knie und Füße sind jeweils dicht beieinander und werden geschlossen zu einer Seite hin abgesenkt. Das Absenken erfolgt nur so weit, dass die Beine wieder mühelos in die Ausgangsposition zurück bewegt werden können und der entgegengesetzte Ellbogen am Boden bleibt. Die Bewegung wird im Atemrhythmus vollzogen. Mehr dazu im Kursbuch.

Stabilisation aus der Bauchlage
In der Bauchlage liegt eine Hand unter der Stirn. Der andere Arm wird gebeugt nach vorne oben gehoben und gesenkt. Das entgegengesetzte, im Kniegelenk gebeugte Bein wird zeitgleich leicht angehoben und wieder gesenkt. Das Gesäß ist angespannt, um eine Hohlkreuzbildung zu vermeiden. Ist es den Teilnehmerinnen nicht möglich weiterzuatmen, ist eine Pause notwendig.

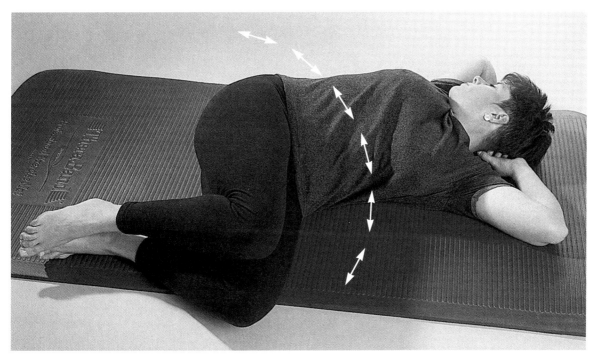

Kleine Drehdehnlage: nur so weit wie gut möglich

Stabilisation: Unterarm-Knie-Stütz

Noch eine für das Kursthema zentrale Übung: Die Teilnehmerinnen stehen auf Knien und Unterarmen. Wird ein zusätzliches Kissen, eine Decke unter den Knien benötigt, um den Druck auf die Gelenke zu verringern? Das Kinn zeigt in Richtung Brustbein, das Becken in Richtung Bauch, ist also nach vorne gekippt. Der rechte Unterarm und das linke Bein werden, evtl. auch nur wenige Zentimeter, vom Boden abgehoben. Danach wird die Übung mit dem linken Unterarm und dem rechten Bein wiederholt. Das Ausbalancieren dieser Position steht im Vordergrund. Auch hier gilt wie bei allen Übungen: Das Atmen, vor allem das Ausatmen, nicht vergessen.

Variation:

Die Übung kann im Atemrhythmus durchgeführt werden.
In der Ausatmung die Beine senken, in der Einatmung heben.

Stabilisation aus der Bauchlage: Zeit zum Atmen lassen

Wirbel für Wirbel balancieren

Die Kniewaage wäre eine Alternative zum Unterarm-Knie-Stütz: Auch so geht es um das Gleichgewicht halten (vgl. auch S. 100 f.)

Variation:
Auch hier können Sie ausprobieren lassen, was sich an der Übung ändert, wenn der gestreckte Arm und das gestreckte Bein gehoben werden.

Dehnung Nacken
Diese Übung erfolgt im Stehen. Der rechte Arm wird ein wenig nach unten gestreckt. Der Kopf wird ein wenig zur linken Seite geneigt, bis die Dehnung der Nackenmuskeln zu spüren ist. Durch feine Bewegungen des Kinns kann eine Position gefunden werden, die dann gehalten wird.

Die Übungsphase endet, wie sie begonnen hat, mit einem Recken und Strecken, dieses Mal aber im Stand.

Hinweise:
- Die Übungen zur Mobilisation und Stabilisation erfolgen in Rücken- und Bauchlage, auf allen Vieren und im Stehen. Es hat sich bewährt, den Wechsel von einer Position in die andere durchaus bewusst rückengerecht zu vollziehen. Anregungen dafür finden Sie im VHS-Handbuch »Wie geht's? Wie steht's? – Körpererfahrung im Alltag«.
- Ob Sie die Übungen schnell und wiederholt durchführen oder langsam mit bewusster Wahrnehmung, macht einen Unterschied. Beide Varianten haben Vorteile. Die langsamere Variante ermöglicht mehr Körperwahrnehmung und entspricht deshalb besser dem Ziel, den kinästhetischen Sinn zu stärken. Sich Zeit zu lassen ist andererseits eine Herausforderung und vor allem für die, die mit klaren gymnastischen Vorstellungen gekommen sind, schnell eine Überforderung. Das richtige Maß zu finden, das zur Gruppe passt, ist Ihre Aufgabe.
- Wenn Sie die Übungen vormachen, kann klarer sein, was gemeint ist. Andererseits sind Sie schlechter zu verstehen und Sie sehen nicht, was die Teilnehmerinnen tun, werden also auf Missverständnisse nicht aufmerksam und können im Zweifelsfall nicht eingreifen. Wenn es Ihnen sinnvoll scheint, eine Übung wirklich vorzumachen, dann trennen Sie am besten Zeigen und Ansagen.

Reflexion

Wieder im Stand angelangt, können sich die Teilnehmerinnen zu folgender Frage äußern: *Wie spüren Sie jetzt Ihren Rücken, nachdem Sie einiges über ihn erfahren und Ihren Rücken bewusst erlebt haben? Mit welchen Worten können Sie Ihr Gefühl beschreiben?*

Tennisball-Massage

Diese Partnerinnenmassage setzt einen wohligen Schlusspunkt in der ersten Stunde. Die Teilnehmerinnen erfahren, dass sie sich von anderen im Kurs verwöhnen lassen und selbst andere verwöhnen können. In der ersten Stunde wird der direkte Körperkontakt durch den Einsatz des Tennisballs vermieden.

Eine Partnerin sitzt in angenehmer Haltung auf einem Hocker oder rittlings auf einem Stuhl. Die massierende Person massiert mit einem Tennisball oder einem Massageball, indem sie den Ball durch kreisende Bewegungen der geöffneten Hand unter sanftem Druck vorwärts bewegt. Die Stärke des Druckes und die Partien, die massiert werden sollen, bestimmt die sitzende Partnerin. Massiert werden Nacken und Schultergürtel, wobei knöcherne Strukturen ohne Druck massiert werden.

Dann bis zum nächsten Mal ...

Gut zu wissen: Zusatzinformationen

Genauere Hinweise zum Aufbau des Rückens, die Sie als Anregung für zu vermittelnde Inhalte verstehen können, finden Sie auf Seite 14 ff.

Durch die Vermittlung des Wissens über die lebendige Statik des Körpers kann das Vertrauen in die körpereigene Standfestigkeit erhöht werden. Die Kenntnis der Gleichgewichtssituation und der dynamischen Balance vergrößert das Vertrauen in die Fähigkeit zur aufrechten Haltung. Wichtiger als die kognitive Wissensvermittlung ist jedoch, dass dies mit praktischen Übungen auch erlebbar und damit Teil der Körpererfahrung wird.

Mit praktischen Übungen wird vermittelt, dass der Körper mit einer möglichst geringen, der Bewegung oder Haltung angemessenen Muskelspannung im Gleichgewicht gehalten werden kann. *Siehe Kapitel »Haltung bewusst machen« und »Zunehmend entspannen«, Seite 59 bzw. Seite 78.*

Es ist also nicht entscheidend, am Ende der Stunde noch genau zu wissen, wie viele Wirbel der Hals im Vergleich zur Lendenwirbelsäule hat, sondern ein Gefühl für die Statik der Wirbelsäule im Kontext des gesamten Skelettsystems zu haben. Wecken Sie Begeisterung dafür, dass es gelingt, den schweren Kopf zu tragen.
Die Schwingung der Wirbelsäule ist ein »Architektur«-Prinzip, das maximale Beweglichkeit bei maximaler Stabilität gewährleistet. Dieses Architekturprinzip der Wölbung findet sich im Organismus auch im Fußgewölbe und abgeschwächt im Handgewölbe. Es findet sich in der Art, wie die Knochen einander zugeneigt sind. Dass Knochen keine geraden Stäbe sind, die wie Bauklötze gerade aufeinander gestapelt werden, ist nicht einfach nur eine Laune der Natur. Ein solches Bauprinzip ist nämlich nur stabil, wenn der Boden völlig gerade ist und keine Windbewegung erfolgt. Die Fähigkeit, sich unterschiedlichem Untergrund anzupassen und in Bewegung gerade zu bleiben, setzt ein organischeres Bauprinzip voraus, den Bogen. Die Schwingung der Wirbelsäule setzt sich zum Beispiel nach unten fort. Der Punkt, der am weitesten nach hinten geht, ist das Gesäß, das Knie geht nach vorne, die Ferse geht wieder zurück. Immer am Wendepunkt ist ein Gelenk. Auch die Doppelknochen Wadenbein und Schienbein einerseits, Elle und Speiche andererseits, sind spiralig ineinander verschraubt. So wie der Flachrücken nicht die optimale Form des Rückens ist, ist auch das durchgedrückte Knie für die Statik nicht optimal, allerdings auch kein zu weit nach vorne geschobenes Knie. Aufrecht heißt eben nicht lang gezogen. Das Bild »im Lot« zu sein, ist nur dann richtig, wenn man das Lot als die fiktive Mittellinie versteht, um die sich der Organismus herum schwingt.

Ein Baumstamm kann im Idealfall völlig gerade sein, weil der Baum fest in der Erde verwurzelt ist und steht. Der Mensch bewegt sich aber, muss sich also anpassen. Die Schwingung durch die Bögen enthält bereits die Energie, die für eine solche Anpassung notwendig ist.

Das Gesamtknochengerüst ist eine Einheit, die dem aufrechten Gang durchaus sehr gut entspricht. Sie gehört geschlossen so zusammen. Probleme mit der Wirbelsäule sind manchmal auch der Versuch des Organismus, andere Schwierigkeiten auszugleichen.
So trägt die Wölbung des Fußes entscheidend zu der Fähigkeit bei, den Organismus aufrecht zu halten. Rückenschmerzen entstehen manchmal einfach durch Schuhe, in denen Abrollen nicht gut möglich ist. Die Stellung des Beckens ist Basis für die Balance der Wirbelsäule.

Balance heißt Beweglichkeit. Den Rücken gerade und steif zu halten, ist nicht die Lösung. Die Arbeit, den Körper in Balance zu halten, ist allerdings nur durch permanente minimale Muskelarbeit zu leisten. Genau genommen geht es um eine unendliche kleine Schwingung, ein Auspendeln der Mitte.

Knochen sind ein stark durchblutetes und sehr aktives Gewebe. Knochen werden permanent auf- und abgebaut. Das gibt die Chance, sie über Muskelarbeit zu festigen. Auch wenn der Schwerpunkt der Betrachtung dieses Mal auf dem knöchernen Gerüst liegt, gehört das Gefüge Knochen, Gelenke, Muskeln, Bänder und Sehnen natürlich zusammen.

Bei der Betrachtung der Muskeln (*siehe Seite 20 ff.*) wird noch einmal deutlich, dass auch dort dieses Prinzip der Bögen gilt.

Hinweis:
Wenn Ihnen diese Art der Betrachtung des Knochengerüstes noch sehr ungewohnt ist, lohnt sich für Ihre Vorbereitung ein Blick in folgendes Video:
Spiraldynamik International:
Physiotherapie von Lukas Böni und Marianne Müller.
Bezugsquelle:
**Spiraldynamik International
Postfach 7920
CH 3001 Bern.**

Den Rücken wahrnehmen

Auf einen Blick

Ziele:
- Die Bewegungen des Rückens erfahren
- Die Wahrnehmung erweitern

Thema	Ziel	Methode	Medien	Zeit
»Wie geht es mir?«	Ankommen	Stimmungsbarometer	Plakat, Punkte	2 Min.
Gehen	Aktivieren	Körperwahrnehmung		5 Min.
Fingerpunkte spüren	Über Wahrnehmung informieren und Wahrnehmung fördern	Körperwahrnehmung		10 Min.
Becken kippen	Beckenaufrichtung erfühlen	Körperwahrnehmung	Matten	20 Min.
Wahrnehmung von Unterschieden	Körperwahrnehmung intensivieren, kinästhetischen Sinn trainieren	Körperwahrnehmung	Matten	10 Min.
Reflexion	Erfahrungen festigen	Blitzlicht		5 Min.
Bewegung	Rückenbewegungen erleben	Funktionelle Gymnastik	Matten	20 Min.
Rückenmassage	Entspannen und Erfühlen der Massage	Selbstmassage		10 Min.
Reflexion	Wirkung von Bewegung reflektieren	Gesprächsrunde / Stimmungsbarometer	Plakat, Punkte	8 Min.

Beschreibung der Kurseinheit

In dieser Kurseinheit soll der zentrale Stellenwert der Körperwahrnehmung deutlich werden. Durch vielfältige Übungen wird die Körperwahrnehmung verbessert und die Teilnehmerinnen werden für körperliche Zustände und Vorgänge sensibilisiert. Die Übenden können die Bewegungen ihrer Wirbelsäule und die Auswirkung der Beckenbewegung erfahren. Zahlreiche Übungen machen sie mit der taktilen und kinästhetischen Sensibilität ihres Rückens vertraut.

»Wie geht es mir?«

Ein Stimmungsbarometer gibt Ihnen einen Überblick über die Stimmung in der Gruppe. Alle sind aufgefordert, sich Gedanken über die eigene tatsächliche Befindlichkeit zu machen. Auf einem Plakat sind durch Symbole, Zeichnungen oder Fotos zwei entgegengesetzte Stimmungsvarianten dargestellt. Die Teilnehmerinnen bringen je einen Klebepunkt auf der dazwischen liegenden Skala in der Höhe an, die ihrer derzeitigen Stimmung entspricht.
Am Ende der Stunde wird erneut ein Stimmungsbarometer erstellt.

Stimmungsbild

Die Überleitung zur nächsten Übung ist nicht schwer, denn »Gehen« hat eine stimmungsaufhellende Wirkung.

Gehen

Alle gehen ohne Musik auf freien Raumwegen, kreuz und quer, mal schneller, mal langsamer und haben Gelegenheit, dem »Wie« des Gehens nachzuspüren. Anschließend können Sie spielerisch variieren.

Variationen:
- Die Teilnehmerinnen begrüßen sich gegenseitig beim Vorbeigehen durch Kopfnicken oder mit einer anderen Geste, ohne Worte.
- Die Teilnehmerinnen finden sich zu zweit zusammen, gehen ein Stück gemeinsam – und trennen sich wieder, finden sich zu dritt zusammen, gehen gemeinsam – und lösen sich wieder.
- »Gehen Sie wieder ein Stück zu zweit. Versuchen Sie dabei einen gemeinsamen Rhythmus, ein gemeinsames Tempo zu finden. – Kommen Sie dann langsam zum Stehen.«

Fingerpunkte spüren

Diese Übung zu zweit dient in erster Linie der Körperwahrnehmung, fördert aber auch den Kontakt untereinander. Eine Person drückt Ihrer Partnerin mehrere Fingerspitzen auf den Rücken und diese rät die Anzahl der Berührungspunkte. Nach mehreren Versuchen werden die Rollen getauscht.

Je näher die Fingerspitzen beieinander liegen, um so schwieriger ist das Erspüren der Anzahl. Zwei dicht aneinander liegende Druckpunkte werden wie einer wahrgenommen. Das räumliche Unterscheidungsvermögen von mechanischen Reizen ist in verschiedenen Hautregionen sehr unterschiedlich ausgeprägt. Während an der Zeigefingerspitze zwei Druckpunkte auch dann noch als getrennt wahrgenommen werden, wenn sie nur 1 bis 2 Millimeter Abstand haben, ist auf dem Rücken ein Abstand von etwa 70 Millimeter nötig.

Variation:
Auf den Rücken werden nacheinander große Buchstaben gemalt, die erraten werden sollen. Dann nacheinander die einzelnen Buchstaben eines Wortes und – falls die Teilnehmerinnen sich noch nicht gut mit Namen kennen – der eigene Name.

An dieser Stelle ist es jetzt sinnvoll, den Unterschied zwischen Tastsinn und kinästhetischem Sinn kurz zu erklären, auch zur Überleitung zu den Wahrnehmungsübungen, in denen der Tastsinn der Hände den kinästhetischen Sinn des Rückens lediglich unterstützen und korrigieren soll.

Becken kippen

Als Einstieg in die Bewegungsübungen am Boden ist Zeit für ausgiebiges Räkeln und Strecken.

Beckenkippung wahrnehmen
Die Teilnehmerinnen liegen in Rückenlage, die Beine auf dem Boden ausgestreckt. Die Aufmerksamkeit wird auf den unteren Rücken gelenkt, d.h. auf:
- die Atembewegung,
- die Kontaktfläche des (unteren) Rückens zum Boden,
- die Position des Beckens, evtl. mit den Händen ertastet.

Jetzt werden die Füße aufgestellt.
- Verändert sich der Kontakt zum Boden?
- Verändert sich die Position des Beckens?
- Was ändert sich noch?

Geben Sie Zeit und Raum, diese Veränderungen ganz deutlich zu spüren. Jede Teilnehmerin kann beliebig oft im eigenen Rhythmus die Position verändern, bis allen ganz klar spürbar ist, was genau den Unterschied ausmacht.
Die »Beckenkippung« wird anschließend aktiv durchgeführt, wieder mit verschiedenen Beinpositionen. Mit den Händen auf dem Bauch, unter der Lendenwirbelsäule oder am Beckenkamm wird die Beckenkippung zusätzlich erspürt.

Den Rücken wahrnehmen

Variationen:
- Wenn diese Position im Liegen ganz deutlich ist – ihr gilt der Schwerpunkt dieser Übungssequenz –, kann sie je nach Zeit auch in diesem Treffen auf die Position im Stehen übertragen werden. Mit Hilfe des Ertastens durch die Hände und der kinästhetischen Wahrnehmung wird ausprobiert, welche Stehhaltung mit einem nach vorne gekippten und einem nach hinten gekippten Becken verbunden ist. Lassen Sie die Teilnehmerinnen ausprobieren.
- Wenn auch dies klar ist, lässt sich das Ausprobieren im Gehen fortsetzen.
- Was passiert in welcher Sitzposition?
- Lassen Sie ausreichend Zeit, die Beckenpositionen in den einzelnen Körperhaltungen gut zu erspüren. Die eine oder andere Erläuterung zur Bedeutung der Beckenkippung und dem Sinn der Stufenlagerung als Rückenentlastungshaltung kann ergänzt werden, wenn der Vorgang des Spürens nicht mehr so viel Konzentration erfordert.
- Da Sie anschließend wieder in der Rückenlage weiter üben, können Sie die Stufenlagerung noch einmal praktisch ausprobieren lassen. Jetzt haben alle eine gute Entlastung für ihren Rücken kennen gelernt.

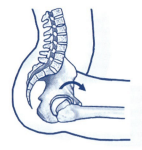
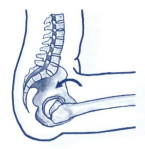

Lendenlordose vertieft, Lendenlordose abgeflacht

Wichtig:
In der Literatur wird der Begriff Beckenkippung nicht eindeutig verwendet. Daher erfolgt folgende Festlegung:
- Beckenkippung nach vorne: Bewegung der Darmbeinkämme nach ventral, verbunden mit einer Vertiefung der Lendenlordose
- Beckenkippung nach hinten: Abflachen der Lendenlordose

Feldenkrais-Übung: Zifferblatt

Die Teilnehmerinnen liegen auf dem Rücken mit angestellten Beinen. Die Aufmerksamkeit wird auf den unteren Rücken gelenkt, auf die Auflagefläche des Rückens in Höhe des Kreuzbeines. Diesen Druckpunkt zwischen Boden und Wirbelsäule sollen sich die Übenden als ein kleines rundes Zifferblatt vorstellen. Die Ziffer 6 ist am unteren Ende der Auflagefläche in Richtung des Steißbeins, die Ziffer 12 am oberen Ende in Richtung Lendenwirbelsäule.

Das Becken wird nun so gekippt, dass der Druckpunkt mal auf der Ziffer 6 auf dem Zifferblatt, mal auf der Ziffer 12 verstärkt wird.

Dann stellen sich die Übenden Ziffer 3 und 9 vor und verstärken den Druck abwechselnd auf diese Ziffern. Das Becken kippt nun – von außen wenig oder nicht sichtbar – nach rechts und links. Auch dies geschieht mit wenig Anstrengung, leicht und ohne Mühe.

Im nächsten Schritt wird das Zifferblatt mit den restlichen Ziffern vervollständigt. Das Zifferblatt soll nun so rund wie möglich im und gegen den Uhrzeigersinn »abgetastet« werden. Anschließend wird die Aufmerksamkeit auf den Auflagepunkt zwischen Hinterkopf und Matte gelenkt. Auch hier sollen sich die Übenden ein Zifferblatt vorstellen und dies in sanften, kleinen Kipp- und Kreisbewegungen des Kopfes ertasten.

Im letzten Schritt wird die Kippbewegung des Beckens, zwischen Ziffer 6 und 12, wieder aufgenommen. Gleichzeitig soll beachtet werden, was mit dem Zifferblatt auf dem Hinterkopf passiert:

- »Nehmen Sie die Kippbewegung des Beckens zwischen Ziffer 6 und Ziffer 12 wieder auf.
- Schaukeln Sie sanft hin und her, ohne Mühe. Lassen Sie sich Zeit.
- Immer wenn Sie möchten, legen Sie eine kurze Pause ein.
- Führen Sie diese Bewegung fort und beachten Sie gleichzeitig, was mit dem Zifferblatt auf Ihrem Hinterkopf passiert.

Die mittlere Position des Beckens suchen

▸ Spüren Sie, dass der Kopf mit einer Nickbewegung auf die Schaukelbewegung des Beckens antwortet?
▸ Führen Sie diese Bewegung so lange fort, wie es Ihnen angenehm ist, machen Sie dann eine Pause und spüren Sie der Bewegung noch etwas nach«.

Bei diesen gelenkten Erfahrungen ist es wichtig, Zeit und Raum für eigene Erfahrungen zu lassen.
In den nächsten Kurseinheiten wird diese Bewegungserfahrung verstärkt auf das Sitzen und Stehen übertragen. Die Zifferblattübung im Liegen mit Variationen können Sie in den folgenden Kurseinheiten gerne wiederholen.

Variationen:
▸ Das Zifferblatt in unterschiedlichen Größen vorstellen.
▸ Die Kreis- oder Kippbewegung in unterschiedlichen Geschwindigkeiten durchführen.
▸ Eine weitere Bewegungsmöglichkeit: Nacheinander wird der Druck auf jeder Ziffer im Uhrzeigersinn verstärkt. Die Teilnehmerinnen sollen sich vorstellen, dass jede Ziffer ein Stempel wäre, den sie auf ein imaginäres Stempelkissen drücken.

Wahrnehmung von Unterschieden

Durch das Wahrnehmen von Unterschieden wird die Körperwahrnehmung gefördert.

Linkes Bein, rechtes Bein
Im Stehen lenken die Teilnehmerinnen ihre Aufmerksamkeit auf ihre Füße.
▸ »Wie ist der Kontakt der Füße zum Boden?«
▸ »Wie fühlen sich die Füße im Augenblick an?«

Das linke Bein wird etwas entlastet. Die Fußzehen des linken Fußes bewegen sich in alle Richtungen. Anschließend wird der linke Fuß angehoben und bewegt, danach der Unterschenkel und zum Schluss das ganze Bein. Die Teilnehmerinnen stellen sich dann wieder auf beide Füße und spüren den Unterschied zwischen rechtem und linkem Bein.
Erst danach wird die Übung mit dem rechten Bein wiederholt. Die Teilnehmerinnen versuchen anschließend herauszufinden, auf welchem Bein sie besser im Einbeinstand stehen können.

Einbeinstand, Zweibeinstand
In unterschiedlichen Standvariationen führen die Teilnehmerinnen einfache Bewegungen mit den Armen aus:
▸ im beidbeinigen Stand,
▸ im Zehenstand,
▸ im Einbeinstand,
▸ im Zehenstand mit geschlossenen Augen,
▸ im Einbeinstand mit geschlossenen Augen.

Folgende Fragen können als Anleitung dienen: »Wenn Sie den Arm schwungvoll bewegen, bis in welche Körperregion spüren Sie diese Bewegung?« »Wie groß, wie schnell, darf die Armbewegung sein, dass Sie nicht aus dem Gleichgewicht geraten?«

Hinweis:
Es wäre nicht ungewöhnlich, wenn die Zeit nicht reicht, um all die Körperwahrnehmungsübungen in der gebotenen Ausführlichkeit durchzuführen. Entscheiden Sie, wo Sie Prioritäten setzen wollen und was Sie im Zweifelsfall auch weglassen können.

Reflexion

So viel Wahrnehmung braucht Konzentration und strengt an. Geben Sie die Möglichkeit, in einem kurzen Blitzlicht etwas zu den bisherigen Erfahrungen zu sagen. Wer nicht will, braucht nicht.

Bewegung

Die Durchführung der Übungen zur funktionellen Gymnastik hat in dieser Einheit zwei verschiedene Funktionen.

Die Teilnehmerinnen, die eher mit gymnastischen Erwartungen in diesen Kurs gegangen sind, sollen auch noch zu ihrem Recht kommen, denn der Muskelaufbau ist präventiv wichtig. Führen Sie die funktionellen Übungen deshalb eher in einem etwas zügigeren Tempo durch und verzichten Sie auf die stärker wahrnehmungsorientierte Durchführung, es sei denn, die Stimmung in der Gruppe verlangt genau dies, denn Wahrnehmung ist der Schwerpunkt dieses Treffens. Entscheiden Sie ganz nach Gruppe.

Nach den reichlichen neuen Erfahrungen in der zweiten Einheit ist es sinnvoll, etwas zu wiederholen, was vom letzen Mal noch bekannt ist. Dies kann außerdem die Sicherheit im Umgang mit der Gymnastik fördern. Beschränken Sie sich deshalb ausschließlich auf funktionelle Übungen, die Sie auch das erste Mal durchgeführt haben.

Die Beschreibung der Übungen finden Sie auf den Seiten 45 bis 47.

Ein Vorschlag für die Auswahl:
▸ Dehnung Beinrückseite
▸ Bauchmuskelübung
▸ Drehdehnlage
▸ Stabilisation aus der Bauchlage
▸ Stabilisation: Unterarm-Knie-Stütz
▸ Dehnung Nacken

Rückenmassage

Auch das Thema Massage als Form der Entspannung greift noch einmal etwas vom ersten Treffen auf, dieses Mal aber an sich selbst, wie das gesamte Treffen über die Konzentration stark auf sich selbst gerichtet war. Im Sitzen und im Stehen werden mehrere einfache Techniken zur Selbstmassage des Rückens und Schultergürtels ausprobiert.

Klopfmassage

Locker zur Faust geschlossen wandern die Hände zum unteren Rücken. Nahe der Wirbelsäule klopfen die Handknöchel die Region von Lendenwirbelsäule und Kreuzbein ab. Wenn der Schwung dafür aus dem Handgelenk kommt, strengt es noch nicht einmal an. So lange, bis der untere Rücken ganz warm ist. Achtung, es darf nicht schmerzen!

Variante:

Wenn die Stimmung in der Gruppe es zulässt, kann als Alternative zur Selbstmassage auch eine Nackenmassage zu zweit ausprobiert werden. Wer massiert wird, sitzt mit dem Rücken zur stehenden Partnerin.

- Mit sanften Kreisbewegungen nehmen beide Hände Kontakt auf und reiben den Nacken.
- Die massierende Person »beklopft« den Nacken mit den Fingerspitzen. Die Handgelenke werden dazu ganz locker gelassen, so dass die Hände hin und her pendeln.
- Mit beiden Händen werden Hals und Nacken vom Haaransatz bis zur Schulter und darüber hinaus ausgestrichen. Die Hände werden so gehalten, als wollte man mit den Fingern einen groben Kamm bilden. Die Fingerkuppen streichen über Hals und Nacken.

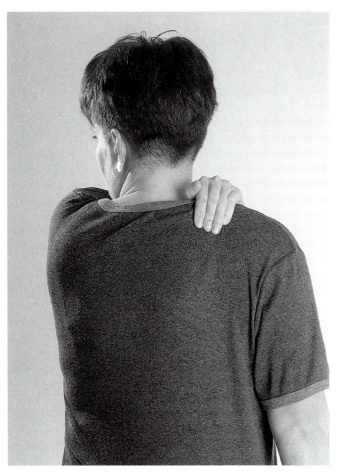

Fester Griff

Fester Griff

Mit der linken Hand wird der rechte Trapezmuskel der Schulter fest gefasst. Der feste Griff wird weiter gehalten, der Kopf wird nach links gewendet. Nach einigen Atemzügen dreht der Kopf zur Mitte, der Griff wird gelöst. Was hat sich geändert, wenn der Kopf nochmals behutsam nach links gewendet wird? Die andere Seite wird entsprechend behandelt.

Nacken ausstreichen

Die linke Hand liegt fest auf den Nackenmuskeln. Der Muskel wird nach links ausgestrichen. Mit der rechten Hand anschließend nach rechts ausstreichen.

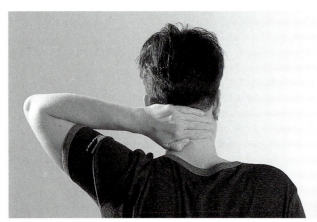

Nacken ausstreichen

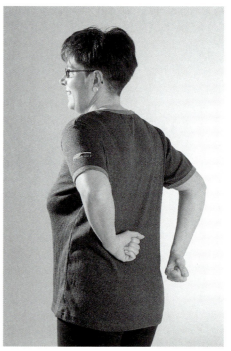

Wärmend

Reflexion

Am Ende der Stunde können Sie noch einmal fragen: »Wie geht es mir?« Die Antwort erfolgt wieder mittels eines Klebepunktes auf der Skala des zweiten Stimmungsbarometers. In der Regel wird das persönliche Befinden nach dieser Stunde besser sein als zuvor. Bewegung tut nicht nur dem Rücken gut, sondern dem ganzen Menschen. Die beiden Stimmungsbarometer zeigen dies für alle sichtbar. Gerne können sich die Teilnehmerinnen auch persönlich dazu äußern.

Gut zu wissen: Zusatzinformationen

Körperwahrnehmung

Der Körperwahrnehmung kommt in der Rückenarbeit eine besonders herausragende Stellung zu. Durch eine leiborientierte Wahrnehmungsschulung ist es möglich, eine über das funktionale Körperverständnis hinausreichende Erfahrung des eigenen Körpers zu machen. Die Teilnehmerinnen sollen erfahren, dass Haltung und Bewegung Bestandteil und Ausdruck der Gesamtpersönlichkeit jedes Einzelnen sind.

Die Sensibilität für körperliche Vorgänge wird erhöht. Durch Achtsamkeit, durch das wiederholte Bewusstmachen körperlicher Vorgänge, wird die Fähigkeit, Zustände und Veränderungen im Körper selbst zu erkennen und zuordnen zu können, verbessert. Körperbewusstsein bedeutet auch Haltungs- und Bewegungsbewusstsein. Auch die Wahrnehmungsgenauigkeit kann verbessert werden. Durch Training können die Sinnesorgane noch präziser, noch genauer wahrnehmen.

Körperwahrnehmung bildet die Grundlage für die Fähigkeit, für sich selbst zwischen rückengerechter und Rücken belastender, zwischen müheloser und mühsamer Bewegung, zwischen der jeweiligen Situation angemessenem und unangemessenem Verhalten unterscheiden zu können.

Übungen zur Körperwahrnehmung finden sich in zahlreichen Methoden, die eine ganzheitliche Sichtweise als Grundlage haben und den Weg über die Wahrnehmung des Körpers als Einheit gehen. Besonders bieten sich Elemente und Anregungen aus der Feldenkrais-Methode, aus der Eutonie (*siehe Seite 76*), aus bioenergetischen Körperübungen, aus Atemtherapien oder Entspannungsmethoden an. In diesem Konzept liegt der Schwerpunkt auf Elementen aus der Feldenkrais-Methode, aus der Atemlehre von Ilse Middendorf und der Progressiven Muskelentspannung. Letztendlich ist die Auswahl der Übungen abhängig von Ihren Kenntnissen und Neigungen und sollte entsprechend abgewandelt bzw. ergänzt werden.

Körpererfahrung ist jedoch keineswegs an bestimmte Übungen gebunden, sondern an die Art und Weise der Ausführung. Nicht was man tut, ist entscheidend, sondern wie man es tut. Bei allen Haltungen und Bewegungen kann der Körper wahrgenommen werden, wenn folgende Voraussetzungen vorliegen:
- genügend Zeit und Ruhe,
- Raum für Wahrnehmung: d.h., einen kritiklosen Umgang mit der subjektiven Wahrnehmung pflegen, keine Vorgaben bezüglich der »richtigen« Empfindung machen, keinen Leistungsdruck entstehen lassen und keine Vergleiche mit anderen anstreben,
- Lenkung der Aufmerksamkeit mit geeigneten Mitteln,
- Möglichkeit zur Reflexion der eigenen Erfahrung,
- das nötige Maß an Geduld, Achtsamkeit und Gelassenheit seitens der Teilnehmerinnen.

Die Körpererfahrung zieht sich wie ein roter Faden durch den gesamten Kurs. In allen Bausteinen wird der Bezug zum Einzelnen über die Wahrnehmung des eigenen Körpers hergestellt (*siehe Seite 37 ff.*).

Mit allen Sinnen

In der Körpererfahrung kann die Kraft, sich selbst und den eigenen Sinnen selbstbewusst zu vertrauen, vertieft werden. Dadurch, dass den Sinnen Zeit und Ruhe bleibt, sich zu entfalten, können sie klar und offen werden. Die volle Entfaltung des menschlichen Sinnesvermögens wird zur Basis einer positiven Körpererfahrung.

Die sinnliche Wahrnehmung des Menschen geht über die klassische Einteilung in die fünf Sinne – Sehsinn, Gehör, Tastsinn, Geschmacks- und Geruchssinn – hinaus. Sie ließe sich mit z. B. Schmerzsinn oder Muskelsinn auf weitere Sinneswahrnehmungen erweitern, ohne Übersinnliches bemühen zu müssen. Die Muskulatur besitzt zahlreiche Nervenfasern, die Informationen zum Gehirn weiterleiten und deren Bedeutung bisher nicht geklärt ist. Der kinästhetische Sinn ist dabei inzwischen als eigenständiger Sinn anerkannt, da er nicht in der Haut, sondern in den Muskel- und Sehnenspindeln gefühlt wird. Er ist für Körperwahrnehmung, Aufrichtung und Bewegung ganz entscheidend. Gemeinsam mit dem Gleichgewichtssinn im Innenohr ergänzt der kinästhetische Sinn die Sinnespalette auf sieben Sinne.

Die Sinne ermöglichen den offenen Kontakt mit der Außenwelt und die Wahrnehmung des Selbst. Dabei ist Sinneswahrnehmung immer mehr als das reine Reiz-Reaktionsmuster. Was und wie man mit den Sinnen wahrnimmt, ist letzlich abhängig von der individuellen Prägung und Erfahrung und dem damit verbundenen Gefühl, das diese Wahrnehmung begleitet. Wahrnehmung ist immer auch Auswahl und Auslegung der Realität.

Die Sinne spiegeln nicht einfach die Wirklichkeit wider. Sie reagieren für sich genommen auf einzelne Veränderungen in der Umwelt wie Helligkeit und Schatten, Farbfrequenzen, Schallwellen etc. Diese »Beobachtungen« werden dann als elektrochemische Impulse an ein Netzwerk von Nervenzellen weitergeleitet, die frei dazu assoziieren. Egal, welche Art »Reiz« ursprünglich beachtet wurde, ist die Art der Impulse dann immer die gleiche, egal, welche Art Sinneszellen auslösend waren. Nervenzellen kennen nur die Unterscheidung »feuern« oder »nicht feuern«, nicht »blau« oder »rot«. Während man früher angenommen hat, dass im Gehirn einzelne Nerven speziell nur für die Farbe »Blau« zuständig seien, ihre Informationen an andere übergeordnete Zellen weiterleiten und letztlich eine einzelne Nervenzelle das eigene Gesicht im Spiegel wiedererkennt, geht man heute davon aus, dass die Nervennetze nicht hierarchisch arbeiten und nur im gemeinsamen Zusammenspiel zur Schlussfolgerung »Ich habe mein eigenes Gesicht gesehen« kommen. Es gibt aber bestimmte Bereiche im Gehirn, bei denen im Rahmen einzelner Fähigkeiten, wie z. B. Sprache, eine besonders hohe Aktivität messbar ist. Schädigungen in diesen Hirnbereichen gehen meist auch mit dem Verlust der entsprechenden Fähigkeit einher. Dies ist aber eine vergleichsweise grobe Zuordnung, in welchen Hirnbereichen die Nervennetze besonders stark aktiviert sind. Die Auswahl der Vernetzung scheint in erster Linie danach ausgewählt zu werden, welche Netze bisher schon häufiger gewählt wurden.

Sehr enge Verbindungen lassen sich nur schwer wieder auflösen. Das erklärt einerseits, wie Lernen möglich ist, und wie Sinne trainiert werden können, andererseits auch, wie schwer es ist, einmal Erlerntes wieder zu verlernen. Das gilt besonders dann, wenn es sich um Bewegungs- und Haltungsmuster handelt, die dem Bewusstsein nur mit Mühe wieder zugänglich sind und fast automatisiert ablaufen. Da die Vernetzungsvorgänge in den Nervennetzen individuell lebensgeschichtlich gestaltet werden sind Bewegungs- und Haltungsmuster immer auch individuell unterschiedlich, mit Gefühlen, Stimmungen und Erinnerungen verbunden, auf eine persönliche Art. Es gibt also nicht den verspannten Muskelstrang, der generell auf Autoritätsprobleme mit dem eigenen Vater hindeutet, wohl aber die Erfahrung, dass schmerzhafte Verspannungen auch mit Kindheitserlebnissen verbunden sein können.

Umgekehrt werden auch sprachliche Fähigkeiten und Denkfähigkeiten mit Bewegungen verbunden. Während man jahrzehntelang der festen Überzeugung war, dass Stillsitzen die Voraussetzung ist, um lernen zu können, ahnt man heute, dass Bewegung Lernprozessen eher förderlich ist. Vokabellernen beim Gehen kann effektiver sein als im Sitzen. Sicher ist, dass motorische Fähigkeiten – und hierbei geht es wahrscheinlich nicht um die Bewegung selbst, sondern um die mit ihr verbundenen kinästhetischen Wahrnehmungen – die Voraussetzung sind, um räumlich visuelle Reize, wie sie beim Lesen und Schreiben wichtig sind, angemessen erkennen zu können. Aus der Heilpädagogik ist bekannt: Die mangelnde Fähigkeit, mit geschlossenen Augen rückwärts zu gehen, kombiniert sich auffallend häufig mit der mangelnden Fähigkeit, die Buchstaben »b« und »d« oder »q« und »p« zu unterscheiden. Auch der Unterschied zwischen »p« und »d« oder »b« und »q«, sogar von »n« und »u« setzt räumliche Kompetenzen voraus.

Im Tanz wird übrigens von dem kinästhetischen Sinn funktional – sprachlich nicht ganz korrekt – auch der »kinäsphärische« Sinn unterschieden. »Kinästhetik« ist aus dem Altgriechischen abgeleitet und bedeutet »Wahrnehmung von Bewegung«. »Kinäsphäre« soll die Wahrnehmung für den Raum, in dem die Bewegung erfolgt, bezeichnen, die Wahrnehmung der Wirkung der Bewegung im Raum – eine Wahrnehmung, die auf der Bühne von erheblicher Bedeutung ist. Diese Idee findet sich auch in der Eutonie, in der geübt wird, die Körperwahrnehmung über die Körpergrenzen hinaus in den Raum zu erweitern.

Die Nachricht eines Sinnes wird in den Nervennetzen mit den Eindrücken anderer Sinne verbunden. Eine Verbindung zu manchen motorischen Zellen erfolgt recht unmittelbar, so dass Reflexe oder reflexartige Körperreaktionen möglich werden. Gleichzeitig werden die individuell verknüpften Nervenzellen zu Stimmungen, Gefühlen, Gedanken in der freien Assoziation mal stärker und mal schwächer hergestellt. Erst aus dieser Gesamtkombination konstruiert sich das Gehirn ein Bild seiner Umwelt.

Die erstaunliche Geschwindigkeit entsteht einerseits dadurch, dass diese Assoziationen gleichzeitig erfolgen. Eine hierarchische Organisation würde die Reaktionsgeschwindigkeit auf ein lebensgefährliches Maß verlängern. Andererseits wird kontinuierlich selektiert, welche Informationen im Augenblick wichtig sind und welche nicht – Irrtum eingeschlossen. Vorrang hat dabei alles was sich verändert. Ähnlich oder anders ist die für Wahrnehmung entscheidende Unterscheidung. Mangelnde Trefferquoten einzelner Zellen werden durch die Aktivität anderer ausgeglichen, so dass eine hohe Wahrscheinlichkeit einer angemessenen Wiedergabe erfolgt. Liefern Teilnetze fehlerhafte Informationen, werden diese Teilnetze künftig seltener beachtet.

Schon in Bezug auf einen einzelnen Sinn, z. B. den Sehsinn, ist es nicht so, dass die Netzhaut in Bruchteilen von Sekunden wie ein »Scanner« die Umgebung vor sich abtastet und das so entstandene Bild in das Nervennetz »einscannt«. Vielmehr werden aktiv markante Punkte ausgewählt und der Rest sinngemäß ergänzt. Markant ist im Folgenden natürlich jeder Punkt, an dem Veränderung erfolgt. So wird vor allem Bewegung in der Umwelt gut erkannt. Dies ist früher wie heute lebenswichtig: Feinde und Beutetiere bewegen sich, Autos auch. Diese auf Wichtigkeit und Schnelligkeit konzentrierte Wahrnehmung bietet eine Fülle von möglichen Fehlerquellen, die in der Regel eben durch andere Sinne oder Erinnerungen ausgeglichen werden. So erklärt sich zum Beispiel, dass Zeugen höchst unterschiedliche Beschreibungen über Täter abgeben können. Sie lügen oder phantasieren nicht, sie haben nur für sie wichtige Informationen ausgewählt und den Rest sinngemäß ergänzt und je nach individueller Lebensgeschichte Menschen größer oder kleiner, blond oder schwarzhaarig gemacht.

Ähnlich haben Worte, die sich auf die meist ungeübte kinästhetische Wahrnehmung beziehen, wie »aufrecht«, »gerade«, »hüftbreit« individuell einen recht unterschiedlichen Sinn. Auch hier wird markante Wahrnehmung sinngemäß, aber nicht immer völlig korrekt, ergänzt. Die Aussage »Die Füße stehen hüftbreit parallel nebeneinander« ist bereits ein erstes mögliches Thema für Training der kinästhetischen Wahrnehmung.

Einzelne Sinne lassen sich zwar in ihrer Funktion getrennt darstellen, aber erst im Zusammenspiel entsteht komplexe Wahrnehmung, ist Orientierung möglich. Menschliche Bewegungen sind darüber hinaus nur im Zusammenspiel der Sinne, des Körpers, des Denkens und Fühlens zu betrachten.

Sehsinn
Der visuelle Sinn ist der für den Menschen offensichtlich bedeutendste Sinn. Obwohl die Umwelt mit allen Sinnen genauer wahrgenommen wird, orientiert sich der Mensch mit den Augen am sichersten. Der eigene Rücken entzieht sich – außer im Spiegel – dem eigenen Blick. Andere Sinneswahrnehmungen gewinnen daher an Bedeutung, wenn es um die Wahrnehmung des Rückens geht. Der Sehsinn korrigiert in der Bewegung die Wahrnehmung durch den kinästhetischen Sinn und den Gleichgewichtssinn, versucht aber zum Beispiel beim Gehen das Bild der Landschaft unverändert zu lassen. Seine Funktion ist dabei, mögliche störende Außenreize wie z. B. Gefahrenquellen zu erkennen. Am erholsamsten ist deswegen das Bewegen in einer Landschaft, die einerseits wenig Gefahrenquellen bietet, also auch gleichförmig ist und dem Blick andererseits klare Ankerpunkte gönnt, die es leicht machen, Entfernungen abzuschätzen. Sanfte Hügellandschaften mit übersichtlichen Tälern oder

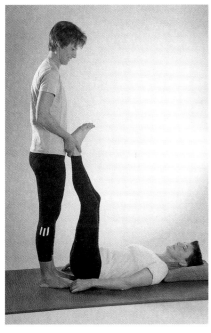

Die Raumwahrnehmung verändert sich durch Loslassen

parkähnliche Landschaften entsprechen diesem Idealbild. Das Klettern an Felswänden dagegen fordert nicht nur die Muskulatur, sondern auch das Auge heraus.

Tastsinn

Die Haut als größtes Sinnesorgan ist ausgestattet mit über einer halben Million Fühlzellen, Tastorganen, Wärme- und Kälterezeptoren an den Enden der Nervenfasern. Hand oder Gesicht besitzen im Vergleich zum Rücken ein Mehrfaches an Rezeptoren. Die Konzentration von Rezeptoren ist am Rücken am wenigsten dicht. Der räumliche Anteil der verarbeitenden Regionen in der Großhirnrinde ist entsprechend.

Die Mechanorezeptoren in oberflächlichen und tiefen Hautschichten reagieren auf Druck, leichte Berührung, Vibration und Dehnung. Die Nozirezeptoren, Rezeptoren des Schmerzsinnes, freie Enden von Nervenfasern, sprechen auf alle gewebeschädigenden Einflüsse an. Während sich z. B. die Mechanorezeptoren an Dauerreize anpassen, und diese nicht oder nur in abgeschwächter Form weiterleiten, trifft dies auf die Nozirezeptoren nicht zu. Im Gegenteil, Dauerschmerzen werden nach und nach immer stärker.

Erst in ihrem Zusammenspiel vermitteln verschiedene spezialisierte Rezeptoren die komplexe Wahrnehmung durch Berühren. Ertasten prägt mehr als jede andere Sinneswahrnehmung das Gefühl für Realität. Ertasten und Berühren bedeutet in der Übungspraxis auch häufig zwischenmenschlichen Körperkontakt (*siehe S. 38*), der gewünscht oder nicht gewünscht sein kann.

Gleichgewichtssinn

Das Gleichgewichtsorgan im Ohr – seine Basis ist die Schwerkraft der Erde – ermöglicht die Orientierung im Raum, das Lageempfinden und die Aufrechterhaltung des Gleichgewichts. Durch Informationen der Sinnesorgane kann das labile Gleichgewicht ständig – oft reflektorisch – fein abgestimmt werden. Der Gleichgewichtssinn arbeitet eng mit dem kinästhetischen Sinn zusammen, der weniger auf Schwerkraft als auf Widerstand reagiert.

Beispiel: Lage im Raum

Eine einfache und sehr entspannende Übung zu zweit verändert die Wahrnehmung im Raum. Sie liegen auf dem Rücken auf einer Matte und konzentrieren sich ganz auf Ihre Wahrnehmung. Ihre Partnerin greift um Ihre Fußgelenke und hebt ganz langsam Ihre fast gestreckten Beine an. Meist ist es möglich, die Beine so weit zu heben, bis sie fast im rechten Winkel zum Boden stehen. Wesentlich ist, dass durch die geringe Bein-Haltearbeit die Muskulatur, die das Hüftgelenk stabilisiert, die Möglichkeit hat loszulassen. Noch langsamer als bisher senkt Ihre Partnerin die Beine wieder ab. Konzentrieren Sie sich ganz auf Ihre Wahrnehmung. Sie werden wahrscheinlich erstaunt sein, wie lang der Weg bis zum Boden zurück ist, besonders im unteren Drittel. Wichtig: Die Aktive leistet wahre Haltearbeit und muss mit einem geraden Rücken für sich selbst sorgen.

Kinästhetischer Sinn

Das auch mit Tiefensinn bezeichnete propriozeptive oder kinästhetische Empfinden hängt eng mit der menschlichen Bewegung zusammen.

Die Rezeptoren für die Reizaufnahme sind die Gelenkrezeptoren, die Muskeln- und Sehnenrezeptoren. Die Gelenkrezeptoren in-formieren über physiologische Vorgänge im und am Gelenk und melden Schäden in Form von Schmerz. Muskel- und Sehnenrezeptoren sprechen auf die Längenveränderung, Dehnung und Spannung der Muskel- bzw. Sehnenfasern an und damit indirekt auf die Kraftentfaltung. Auch hier wird in Mechano- und Nozirezeptoren unterschieden.

Über das kinästhetische Empfinden ist eine Wahrnehmung der Stellung, Bewegung, Spannung und Lage des Körpers im Raum möglich. Tastsinn und Tiefensensibilität ermöglichen die Orientierung am und im Körper und sind somit zentral für alle Haltungen und Bewegungen.

Gehörsinn

Auch das Gehör spielt für die Bewegung eine nicht geringe Rolle. Die Qualität von Bewegungen wird auch über die Laute, die sie verursachen, beurteilt. Eine Person bewegt sich lautlos, schlurft oder trampelt. Auch die Geräusche, die eine Bewegung verursacht, machen diese Bewegung aus.

Den Rücken wahrnehmen

Unterschiede spüren

Wahrnehmung ist leichter, wenn man vergleichen kann – mit dem vorherigen Zustand, mit der anderen Seite, mit anderen Situationen. Im Erleben von Unterschieden kann der Körper deutlich erspürt werden. Dieses Spüren von Unterschieden ist in verschiedenen Situationen möglich.

Spannungsdifferenz
In der Progressiven Muskelrelaxation (*siehe Seite 80 f.*) wird durch das Spüren von Spannungsunterschieden die Fähigkeit zur Wahrnehmung von Muskelspannungen und zur Entspannung gefördert.

Beispiel: Puppenspiel
Auch diese Übung braucht zwei Personen. Sie liegen wieder auf dem Rücken und stellen sich vor, eine Drahtpuppe zu sein. Dazu müssen Sie Ihre Muskulatur anspannen. Ihre Partnerin darf Sie nach Herzenslust bewegen, ebenso, wie dies bei einer Drahtpuppe möglich ist. Achten Sie auf Ihre Wahrnehmung. Geben Sie sich eine Weile Zeit, nach Abschluss dieses Übungsteils Ihre Körperwahrnehmung zu verfolgen.
Jetzt verwandeln Sie sich wunderbarerweise von einer Drahtpuppe in eine Stoffpuppe, alles ist weich und entspannt. Gelingt es Ihnen, an jeder Körperstelle loszulassen? Ihre Partnerin darf Sie auch jetzt wieder bewegen, eben so, wie dies bei einer Stoffpuppe möglich ist. Geben Sie Ihren Wahrnehmungen Raum. Tauschen Sie sich aus, bevor die Rollen gewechselt werden (*vgl. auch S. 79*).

Seitendifferenz
Eine Bewegung wird nur auf einer Seite ausgeführt, anschließend wird der Zustand mit der anderen Seite verglichen. Dieser Vergleich ist bei jeder Übung mit Armen und Beinen möglich.

Beispiel: Ballgefühl
Im Stehen auf Socken oder barfuß konzentrieren Sie sich zunächst darauf, wo und wie Ihre Füße den Boden berühren. Rollen Sie dann mit dem rechten Bein einen Tennisball langsam und genüsslich unter Ihrem rechten Fuß, bis jede kleinste Stelle der Fußsohle mehrmals »errollt« ist. Schieben Sie jetzt den Ball zur Seite und stellen Sie sich wieder genauso wie zu Beginn auf beide Beine. Wie unterscheidet sich die Wahrnehmung des rechten Fußes von der des linken? Erst wenn Sie diesen Unterschied genau erspürt haben, üben Sie auch mit dem linken Fuß. Wenn Sie unterschiedliche Materialien »errollen«, eine Kastanie, eine Murmel, einen Igelball, trainieren Sie stattdessen Ihre Differenzierungsfähigkeit – auch eine Fähigkeit des kinästhetischen Sinns und des Tastsinns.

Unterschiede in der Bewegungsqualität
In der Feldenkrais-Methode (*siehe Seite 73*) wird häufig mit Veränderungen von Faktoren der Bewegungsqualität, Tempo, Richtung, Kraft, Bewegungsfluss gearbeitet. Bewegungen werden in ihrer dynamischen Struktur verändert, um sie anschließend mit der gewohnten Bewegung vergleichen zu können. Gewohnte Bewegungen werden durch unterschiedliche Bewegungsgeschwindigkeiten verändert, durch Varianten der beteiligten Gliedmaße und Muskelgruppen, durch Höhe oder Richtung des Krafteinsatzes.

Beispiel: Zeitlupe
Eine Bewegung, z. B. Armheben oder Gehen, wird in gewohnter Geschwindigkeit und anschließend im Zeitlupentempo durchgeführt.

Unterschiede in der Sinneshierarchie
Erst durch den – auch nur zeitweiligen – Verzicht auf einen oder mehrere Sinne kann man sich deren Bedeutung bewusst machen. Am problemlosesten lässt sich die Hierarchie der Sinnesorgane durch Schließen der Augen verändern. In zahlreichen Varianten der »Blindenspiele« werden Tastsinn, Gehör, Gleichgewichtssinn und die kinästhetische Sensibilität vermehrt gefordert.

Beispiel: Blindenspiele
- Mit geschlossenen Augen tasten sich die Teilnehmerinnen mit den Füßen über eine Seilstraße.
- Paarübung: Eine Person führt ihre »blinde« Partnerin, indem sie diese an den Schultern faßt und durch die Halle lenkt.
- Eine Person führt ihre »blinde« Partnerin ohne Körperkontakt nur durch Zurufen oder andere Lautäußerungen (Klatschen, Pfeifen, ...) durch die Halle.

Selbst- und Fremdwahrnehmung
Die Selbstwahrnehmung mit dem Spiegel der Wahrnehmung durch eine andere Person zu vergleichen, kann zur Korrektur der eigenen Wahrnehmung beitragen. Allerdings ist die Wahrnehmung anderer ebenso wenig Wirklichkeit wie Ihre eigene. Solche Übungen setzen viel Vertrauen voraus.

Beispiel: Die Partnerin zeichnen
Eine in Rückenlage in bequemer Position liegende Person wird von ihrer Partnerin gezeichnet. Es kommt nicht auf die künstlerischen Qualitäten des Bildes an, sondern auf den Vergleich des von außen Sichtbaren und des von innen Spürbaren. Besondere Beachtung gilt dabei Auffälligkeiten in der Lage der Körperteile zueinander, der Mimik und dem Gesamteindruck. Im anschließenden Gespräch tauschen sich beide aus.

Passiv bewegen lassen statt sich selbst bewegen
Viele Dehnungsübungen lassen sich aktiv oder passiv durchführen. Passiv bedeutet, dass Sie selbst nichts tun, sondern sich von Ihrer Partnerin bewegen lassen. Erspüren Sie den Unterschied.

Unterschiedliche Gleichgewichtssituationen
»Im Lot sein« heißt eines der wichtigen Elemente der Körper- und Haltungswahrnehmung. Dies kann gut mit Übungen geschult werden, in denen die Teilnehmerinnen bis an die Grenzen des Gleichgewichts und darüber hinaus gehen.

Haltung bewusst machen

Auf einen Blick

Ziel:
Für aufrechtes, rückengerechtes Sitzen sensibilisieren

Thema	Ziel	Methode	Medien	Zeit
Luftballontanz	Aktivieren	Spiel	Luftballons	10 Min.
Spiegelbild	Haltung bewusst machen	Körperwahrnehmung		10 Min.
Wirbelsäule und Haltung	Wissen über die Wirbelsäule vermitteln, Haltung bewusst machen, sensibilisieren für den Zusammenhang von innerer und äußerer Haltung	Information, Körperwahrnehmung, Gesprächskreis, Alltagsbewegung	Unterschiedliche Sitzgelegenheiten wie Hocker, Stuhl, Kastenteile, Langbank Plakate, Stäbe	30 Min.
Bewegung	Trainieren von Stabilisierungsfähigkeit und Beweglichkeit	Funktionelle Gymnastik	Matten	25 Min.
Reise durch den Körper	Erfahrung mit mentaler Entspannung machen	Entspannung	Matten, Musik	10 Min.
Gesprächsrunde	Motivation			5 Min.

Beschreibung der Kurseinheit

Zentrales Ziel ist die Förderung der Körperwahrnehmung in verschiedenen Ruhe- und Haltepositionen. Die Teilnehmerinnen sollen erleben, dass aufrechte Haltung kein starrer Zustand, sondern ein Prozess eines lebendigen Gleichgewichtes ist. Es soll deutlich werden, dass rückengerechtes Sitzen und aufrechtes Sitzen in zahlreichen Varianten möglich sind. »Dynamisches Sitzen« wird wohltuend wahrgenommen. Aufrechtes Sitzen wird als Kraft sparende, spannungsarme Position erlebt. In einem ersten Schritt wird ein Gefühl für den Körperschwerpunkt und die tragende Kraft des Skeletts vermittelt. Die Teilnehmerinnen werden angeregt, ihre eigenen Gewohnheitshaltungen – über die Kursstunde hinaus – zu beobachten. Das Ziel »Haltungsveränderung« ist eine der Zielstellungen des gesamten Kurses und Wahrnehmung der eigenen Haltung der erste notwendige Schritt.

Luftballontanz

Zahlreiche Übungen und Spiele mit dem Luftballon werden in schneller Folge aneinandergereiht. Diese dynamischen Spiele bilden einen Ausgleich zu der eher ruhigen Kurseinheit.

- Jede Teilnehmerin hat einen Luftballon, der jeweils nur mit einem Körperteil – Hand, Ellbogen, Kopf oder Füße – berührt werden darf und in der Luft gehalten werden muss.
- Jetzt wird paarweise geübt. Jedes Paar trägt einen Luftballon eingeklemmt zwischen den Rücken bzw. den Schultern und bewegt sich so durch die Halle.
- Aus den Paaren, die den Luftballon zwischen den Schultern tragen, bilden sich – immer durch Erweiterung durch ein weiteres Paar – zwei oder drei lange Ketten.
- In einem Innenstirnkreis mit Handfassung (sechs bis neun Personen) wird ein Luftballon nur mit den Füßen in der Luft gehalten. Nach einer kurzen Zeit kommt ein zweiter Ballon dazu.

Spiegelbild

Bei dieser Übung zu zweit kann die Selbstwahrnehmung durch den Vergleich von innerem und äußerem Bild intensiviert werden. Eine Person setzt sich in gewohnter, vielleicht typischer Haltung und verbleibt so. Die zweite ahmt diese Haltung so genau wie möglich nach. Im anschließenden Gespräch tauschen sich beide aus. »Sitze ich oft so?« »Wie fühlt es sich an, so zu sitzen?«

Hinweis:

Wichtig ist, dass mit dieser Spiegelung sensibel umgegangen wird. Niemand darf sich dadurch emotional verletzt fühlen. Dies setzt Vertrauen voraus und das Wissen, dass jede Haltung ihre Berechtigung hat und nicht bewertet wird. Freiwilligkeit ist hier besonders wichtig. Laienpsychologie hat in dem anschließenden Gespräch nichts zu suchen. Die Haltung einer anderen Person hinsichtlich ihrer psychischen Bedeutung einzuschätzen, steht niemandem zu – nicht den Teilnehmerinnen und nicht der Kursleiterin.

Variationen:

- Eine dritte Person kann als »Bildhauerin« das Spiegelbild gestalten.
- In der betrieblichen Gesundheitsförderung gehört diese Übung zu den Übungen, die aufgrund der Gruppenstruktur nicht angesagt sind. In einer Zwangsgemeinschaft von Kolleginnen, die es acht Stunden täglich miteinander aushalten müssen, muss mit Persönlichkeitsgrenzen extrem vorsichtig umgegangen werden. Machen Sie stattdessen eine Wahrnehmungsübung im Sitzen: »Wie können Sie Ihren Rücken wahrnehmen?«, »Wie fühlt sich Ihre Schulter an?«, »Gelingt es Ihnen, Ihren Nacken zu entspannen?«, »Was müssten Sie ändern, um die Position für sich angenehmer werden zu lassen?« …

Wirbelsäule und Haltung

Die Teilnehmerinnen sitzen bereits in einem großen offenen Kreis mit unterschiedlichen Sitzgelegenheiten. Parallel zu den Übungen informieren Sie über anatomisch-physiologische Hintergründe, die für eine aufrechte Haltung wichtig sind. Dazu gehört die stabilisierende und tragende Funktion der Wirbelsäule und des Skeletts.
Die Sitzhaltung wird in einzelne Elemente zerlegt: Beckenkippung, Brustkorbhebung, Schulterposition und Kopfhaltung. Sie lenken die Aufmerksamkeit auf einzelne Körperteile wie Füße, Beine, Kopf und deren Bedeutung für das Sitzen und ermöglichen den Teilnehmerinnen die Wahrnehmung des komplexen Haltungsprozesses.

Die Aufmerksamkeit wird jedoch nur kurz zu diesen einzelnen Schwerpunkten geleitet. Wichtig sind vielmehr die Zusammenhänge zwischen diesen Elementen und die Wahrnehmung der »Gesamtsituation Sitzen« bzw. Stehen.

Variation:

In der betrieblichen Gesundheitsförderung ist es an dieser Stelle angemessen, exemplarisch einen echten Sitz- bzw. Steharbeitsplatz möglichst unter realen Bedingungen unter die Lupe zu nehmen. Reale Bedingungen bedeutet: Arbeitskleidung statt Turnkleidung, Haltungen, die dem Arbeitsablauf, aber auch z.B. evtl. Kundenkontakt angemessen sind. Gemeinsam mit der Gruppe können dabei auftretende Probleme und Widersprüche diskutiert und nach Lösungsvorschlägen gesucht werden. Je nach Art der Arbeitsplätze werden Sitzen, Stehen oder auch Heben und Tragen zum Schwerpunktthema. Erfahrungsgemäß wird eine solche Einheit in 30 Minuten nicht abzuschließen sein.

Beckenkippung im Sitz

Die Teilnehmerinnen sitzen auf einem Hocker oder Stuhl, auf Kastenteilen oder einer durch untergelegte Matten erhöhten Langbank mit leicht geöffneten Beinen. Die aus der Rückenlage bekannte Kipp- oder Schaukelbewegung des Beckens wird wieder aufgenommen. Im Sitz auf einer harten Unterlage sind deutlich die Sitzbeinhöcker des Beckenknochens zu spüren. Man kann sich durch eine Kippbewegung vor, auf oder hinter diese Sitzbeinhöcker setzen. Die Teilnehmerinnen spüren dies

- mit den Händen unter dem Gesäß,
- mit einer Hand am unteren Rücken und einer unter dem Nabel,
- mit beiden Händen am Darmbeinkamm.

Zwischen beiden Extrempositionen – Lendenwirbelsäule rückenwärts gekrümmt (Beckenkippung zurück) oder in einer starken Lordose (Beckenkippung vor) – finden die Übenden eine mittlere Position, die ihnen angenehm ist, in der sie im Lot sind, in der sie aufrecht sind. Sie sitzen dann auf oder vor ihren Sitzbeinhöckern.

Anhand von Plakaten oder Folien können Sie die Lage des Körperschwerpunktes, die Wirbelkörper als tragende Anteile und die lebendige Statik des Rückens erläutern. Dazu gehört auch die Information, welche Muskelgruppen in welcher Körperhaltung als Dauerposition verkürzt oder verspannt werden. Interessant ist dazu auch die Information, welche Körperhaltung oder Bewegung den Muskeln den notwendigen Ausgleich schaffen kann.

Brustkorbposition

Im Sitzen ruht eine Hand auf dem Brustbein, die andere Hand auf dem Bauch, unterhalb des Bauchnabels. Die obere Hand soll sich nun durch Krümmung des oberen Rückens der unteren annähern und sich durch Aufrichtung wieder so weit wie möglich entfernen. Anschließend wird die Aufmerksamkeit auf die Atmung gelenkt und der unterstützenden Wirkung des Einatmens beim Aufrichten nachgespürt. Die Teilnehmerinnen sollen eine aufrechte Sitzposition finden, in der der Atem ungehindert ein- und ausströmen kann. Es wird wie gewohnt geatmet, keine Brustatmung forciert.

Schulterposition

Diese Übung sensibilisiert für eine Kraft sparende und spannungsarme Position der Schultern. Durch die vorangegangene Beckenkippung und die Aufforderung zur Aufrichtung – »groß werden, nach oben wachsen« – ist im Sitzen der Oberkörper meist schon in einer aufrechten Position, die der natürlichen Schwingung der Wirbelsäule entspricht.

Zwei gegensätzliche Bewegungen werden im aufrechten Sitz durchgeführt: Zuerst werden die Schultern hoch zu den Ohren gezogen und dann langsam wieder gesenkt, bis sie einen festen Sitz auf dem Rumpf finden. Gleich einem Reiter im Sattel finden die Schultern eine Position, in der der knöcherne Brustkorb das Gewicht der Arme und Schultern trägt und nicht die Nackenmuskulatur. Die Teilnehmerinnen werden auf den Zusammenhang zwischen dieser Haltearbeit des Nackens, Ermüdung und Muskelverspannung aufmerksam gemacht (*siehe Seite 85*).

Sie können typische Haltungen demonstrieren, bei denen die Schulter- und Nackenmuskulatur belastet wird: den Telefonhörer zwischen Ohr und Schulter halten, den Kopf zum Bildschirm vorschieben, beim Bügeln mit hochgezogenen Schultern fest auf das Bügeleisen drücken. Dazu gehört natürlich die Erarbeitung von möglichen körpergerechteren Alternativen.

Aufrichtung der Halswirbelsäule

Die Teilnehmerinnen suchen sich ein Gegenüber. In einer aufrechten Sitzhaltung wird ein Stab auf den Rücken aufgelegt, mit Berührungspunkten am Gesäß und an der Brustwirbelsäule. Der Stab steht jetzt senkrecht oder leicht nach vorne geneigt. Die sitzende Teilnehmerin soll nun auch ihren Hinterkopf an den Stab anlehnen.

Wenn dies im Einzelfall nur unter Überstreckung der Halswirbelsäule möglich ist, genügt auch ein Berührungspunkt an der Brustwirbelsäule und am Hinterkopf.

Dieser Berührungspunkt zwischen Stab und Hinterkopf soll nun am Stab so weit wie möglich nach oben verschoben werden. Das Kinn soll herangeführt – »Doppelkinn machen« – und der Hinterkopf nach oben geschoben werden. Diese Bewegung führt zu einer verminderten Halslordose. Zwischen diesen beiden Extrempositionen – vorgeschobenes Kinn und verminderte Halslordose – sollen nun die Teilnehmerinnen mit Hilfe ihrer Partnerin eine aufrechte Position des Kopfes finden.

Ähnlich wie der Kontakt zum Boden beim Liegen bietet der Stab im Sitzen eine Orientierungshilfe. Erinnern Sie an die Zifferblattübung der letzten Stunde und regen Sie an, diese nun im Sitzen auszuprobieren.

Ein Stab als Hilfsmittel lässt leicht den Eindruck entstehen, die Wirbelsäule müsste stocksteif und kerzengerade gehalten werden. Machen Sie jedoch eher auf den Kontrast zwischen der flexiblen und geschwungenen Wirbelsäule und dem starren Stab aufmerksam.

Bei der Arbeit an der aufrechten Haltung kommt es darauf an, jedes Ergebnis einer Teilarbeit sogleich ins Ganze einzufügen, damit es nicht ein einzelnes Teil eines Puzzles, sondern lebendiger Bestandteil der individuellen Haltung wird.

Übungen zum dynamischen Sitzen

Mehrere Sitzvarianten – oft nur kleine Veränderungen – werden auf Ihre Anregung hin von den Teilnehmerinnen vorgeschlagen und ausprobiert.

Es soll verdeutlicht werden, dass von den kleinen Bewegungen des Beckens und der Beine eine Dynamik ausgeht, die für ein vielfältiges und dynamisches Sitzen genutzt werden kann. Das aufrechte Sitzen soll als wohltuend empfunden werden.

Variationen:
- Die Teilnehmerinnen lassen ihr Becken leicht kreisen. Dies ist am wechselnden Druck auf die Sitzbeinhöcker leicht zu spüren.
- »Stellen Sie sich vor, Ihre Sitzbeinhöcker hätten Füße und laufen in kleinen Schritten über die Sitzfläche.«
- Die Teilnehmerinnen sitzen mit einer anderen Position der Beine, z. B. Beine geschlossen oder Beine übereinander geschlagen, und spüren, wie die Beinstellung die Beckenkippung beeinflusst.

An dieser Stelle ist es sehr wichtig herauszustellen, dass »richtige« Haltung immer nur richtig in Bezug zum Individuum und zur Situation sein kann. Jeder Mensch muss für sich selbst die Haltungen finden, in denen er sich wohl fühlt.

Sie können hier auch die Geschlechterspezifik von Haltung thematisieren oder besprechen, wie ein ergonomischer Arbeitsplatz gestaltet werden kann.

Ziel ist, beim Experimentieren mit verschiedenen Haltungsvariationen die eigenen Möglichkeiten, die individuelle Handlungskompetenz, zu erweitern.

Aufrichtung im Stand

Die Elemente des aufrechten Sitzens, insbesondere die Möglichkeiten der Beckenbewegung, werden in den Stand übertragen. Die Teilnehmerinnen können sich das Becken wie eine große Schale vorstellen, in der sie den Körperschwerpunkt, den Oberkörper, balancieren.

Wieder werden die Hände auf Bauch und Rücken oder an den Beckenkamm gelegt, um die Bewegung auch von außen zu spüren. Ein Spiegel zur optischen Kontrolle ist hier hilfreich. Dieser Schritt ist für viele der schwierigste. Oft ist es notwendig, die Beckenkippung mehrfach im Liegen oder Sitzen bewusst zu wiederholen, bevor sie im Stehen selbstverständlich möglich ist. Nutzen Sie die vielen Gelegenheiten, die im Verlauf des Kurses entstehen, um die aufrechte Haltung im Stand immer wieder aufzubauen. Oft beginnt der Aufbau der aufrechten Haltung bei den Füßen. Dies ist aber keineswegs zwingend notwendig. Verschiedene Wahrnehmungsschwerpunkte sind Anregungen und Anstoß zur Aufrichtung:

- »Das Gewicht ist gleichmäßig über die Fußsohlen verteilt.«
- »Das Becken ist in angenehmer mittlerer Position, Brustkorb und Kopf balancieren aufrecht darüber.«
- »Stellen Sie sich vor, wie ein imaginärer Faden, der an Ihrem Hinterkopf oben befestigt ist, Sie sanft nach oben zieht.«

Faktoren der Haltung

Sie regen die Teilnehmerinnen an, in gebeugter Haltung und mit trübem Blick zu sitzen. Wenn sich alle in dieser Haltung eingefunden haben, fordern Sie alle auf, in dieser Haltung das Gefühl überschwänglicher Freude zu entwickeln. Die folgenden Reaktionen können Sie nutzen, um über Ursachen und Zusammenhänge der eigenen Haltung zu reflektieren.

Variationen:

Zum gleichen Gesprächsthema bieten sich als Alternative oder Ergänzung zwei weitere Übungen an:

- Pantomime: Verschiedene pantomimisch vorgeführte Haltungen oder Gangarten bzw. die Stimmung, die dadurch ausgedrückt wird, sollen von den anderen erraten werden.
- Gesprächsrunde: Als Anregung schreiben Sie auf eine Wandzeitung oder ein Flipchart: »Wenn ich schlecht gelaunt bin / gestresst bin / müde bin, fällt mir an meiner Haltung Folgendes auf:…« und sammeln die Antworten als Stichpunkte.

Ergebnis einer Gesprächsrunde

Hinweis:

Es wäre nicht überraschend oder ungewöhnlich, wenn Sie die Vielzahl der Themen und Übungen nicht innerhalb von 30 Minuten bearbeiten könnten. Ziel ist nicht, möglichst alles möglichst schnell abzuhandeln. Setzen Sie Schwerpunkte und wählen Sie aus, je nachdem, welche Gruppe mit welchen Erwartungen vor Ihnen sitzt und welche Themen wirklich gut zum Alltag der Teilnehmerinnen passen.

Bewegung

In dieser Kurseinheit können Sie Basisübungen der funktionellen Gymnastik in stabilen Ausgangspositionen, d. h. Rückenlage, Bauchlage, Arm- bzw. Hand-Kniestütz, Brücke vermitteln. Da während der bisherigen Einheit viel gesessen und gestanden wurde, spricht einiges dafür, sich auf Übungen zu beschränken, die vom Liegen, d. h. Rückenlage, Bauchlage, Seitlage ausgehen. Zum Thema Sitzen passen alle Dehnungen der Beinmuskulatur. Die Dehnungsübungen sollten ausschließlich passiv-statisch sein, alle zur Verkürzung neigenden Muskeln sollten gedehnt werden. Die Kräftigungsübungen beinhalten Übungen zur Kräftigung der zur Abschwächung neigenden Muskeln, die Übungen sollten mit wenig Wiederholungen und kurzen Hebelarmen ausgeführt werden. Übernehmen Sie in der Auswahl einige Übungen vom ersten Mal, ergänzen Sie sie aber auch durch einige neue.

Ein Vorschlag zur Auswahl der Übungen:

- **Recken und Strecken in der Rückenlage**
  Damit können Sie die Übungssequenz beginnen und abschließen.
- **Rückenmuskulatur anspannen**
  Beschreibung siehe Seite 45
- **Dehnung Rückenlage**
  Beschreibung siehe Seite 46
- **Dehnung Beinrückseite**
  Beschreibung siehe Seite 45
- **Mobilisation: Kleine Drehdehnlage**
  Beschreibung siehe Seite 47
- **Dehnung Oberschenkelanzieher**
  In der Rückenlage werden die Füße aufgestellt. Die Knie fallen seitlich auseinander. Die Fußsohlen berühren sich jetzt. Nur die Schwerkraft zieht die entspannten Beine tiefer.
- **Stabilisation aus der Bauchlage**
  Beschreibung siehe Seite 47

> **Dehnung Hüftbeuger und Kniestrecker**
> In der Seitenlage sind die beiden Beine in Hüft- und Kniegelenk rechtwinklig gebeugt. Die obere Hand fasst das Fußgelenk des oberen Beines und zieht die Ferse in Richtung Gesäß, so dass sich das Hüftgelenk streckt. Weicht das Becken aus, d.h. wird die Lendenlordose größer, so ist die Dehnwirkung auf die Hüftbeuger geringer. Das Anspannen der Gesäßmuskulatur verhindert ein Ausweichen des Beckens in Richtung Hohlkreuz
> *Die Abbildung finden Sie auf Seite 93.*

Reise durch den Körper

In dieser kurzen Entspannungsübung können die Teilnehmerinnen erste Erfahrungen mit mentalen Entspannungsübungen sammeln. Sie sollen sensibilisiert werden für ein Gefühl des »Tragen-Lassens«. Vorab können Sie einige Tipps zur angenehmen Lage geben, den folgenden Ablauf kurz erklären und in jedem Fall darauf hinweisen, dass die Teilnehmerinnen jederzeit ihre Lage etc. ändern oder ganz aus der Entspannung »aussteigen« können.

Vermeiden Sie suggestive Elemente wie »Ihr Arm ist schwer« oder »Sie sind jetzt ganz entspannt«. Entführen Sie auch nicht in Traumwelten, sondern bleiben Sie ganz im Hier und Jetzt der körperlichen Befindlichkeit. Aus der suggestiven Aussage kann die Frage werden »Gelingt es Ihnen, Ihren rechten Arm zu entspannen?« oder »Wo genau berührt Ihr rechter Arm die Matte?« Noch besser: »Gelingt es Ihnen im Augenblick wahrzunehmen, wo genau Ihr rechter Arm die Matte berührt?« – wenn es nicht gelingt, macht dies nichts. Auf den Versuch kommt es an. So bleiben Sie beim Thema »Körperwahrnehmung trainieren« und schaffen eine stressfreie Atmosphäre der Entspannung.

Von den Händen bis zu den Füßen werden alle Körperteile, die auf dem Boden aufliegen, bewusst gemacht. Wichtig ist, dass Sie eine Reihenfolge einhalten, in der nicht gesprungen wird, sondern die Aufmerksamkeit Stück für Stück weiter wandern kann. Wenn Sie lieber mit den Füßen beginnen – kein Problem.

Mit folgenden Worten können Sie z.B. die Aufmerksamkeit lenken:
> - »Gehen Sie mit Ihrer Aufmerksamkeit zu Ihrem rechten Arm.
> - Gelingt es Ihnen die Punkte zu spüren, an denen Ihr Arm auf der Matte aufliegt? Wo genau berühren die Finger die Matte?
> - Gehen Sie mit der Aufmerksamkeit Punkt für Punkt weiter bis hoch zur Schulter.
> - Sie bemerken vielleicht, wie die Unterlage Sie sicher trägt. Wenn Sie mögen, genießen Sie die Verbindung zur Erde, die Ihnen Halt gibt.«

Es folgen der linke Arm, Kopf, Rücken, Gesäß und Beine. Durch ausgiebiges Räkeln und Strecken wird die Entspannungsphase beendet.

Nach der Entspannungsübung erfolgt eine kurze Nachbesprechung.
> - »Wie erging es Ihnen dabei?«
> - »Wie haben sich Arme und Beine angefühlt?«
> - »Möchten Sie das nächste Mal etwas ändern?«

Gesprächsrunde

Motivieren Sie die Teilnehmerinnen, ihre Sitzgewohnheiten zu beobachten. Sie sollen das Sitzen im Wartezimmer, im Auto auf dem Beifahrersitz etc. als willkommene Gelegenheit nutzen, sich der eigenen Haltung zuzuwenden.

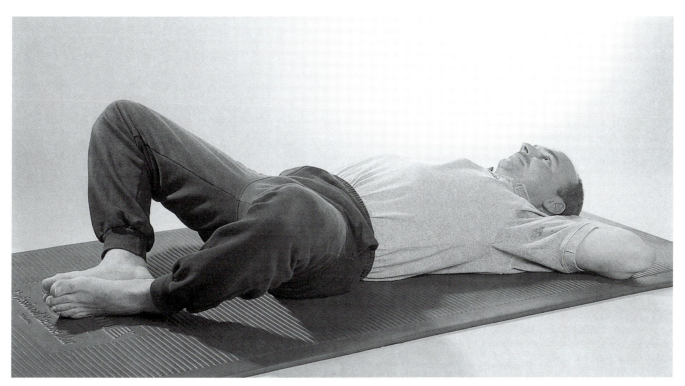

Dehnung der Oberschenkelanzieher: Sieht je nach Beweglichkeit ganz unterschiedlich aus

Gut zu wissen: Zusatzinformationen

Ein ergonomischer Arbeitsplatz oder ein rückengerechter?

Der Begriff Ergonomie kommt aus dem Griechischen und setzt sich aus den Begriffen »Ergon«, d.h. »Arbeit«, und »Nomos«, »die Regel«, zusammen. Ergonomie ist ein Teilgebiet der Arbeitswissenschaften und beschäftigt sich mit der Beziehung zwischen Mensch und Maschine. Je nach Richtung der Ergonomie wird manchmal eher vermessen, wie Arbeitswege und Entfernungen zwischen Mensch und Maschine möglichst zeitschonend gestaltet sein können, um die Arbeitsergebnisse zu optimieren, oder eher analysiert, wie Maschinen, Hilfsmittel und Arbeitsumwelt an die Bedürfnisse des Menschen angepasst werden können. Einige der Ergebnisse der Ergonomie sind auch dann interessant, wenn man nach der Gesundheit der Menschen fragt, andere sind weniger hilfreich. Die Verkürzung, »ergonomisch« mit »Rücken schonend« gleichzusetzen, ist so nicht immer richtig.

Einige Beispiele: Ein Schreibtisch, der eine körpergerechte Höhe hat, ist sicher Rücken schonend und ergonomisch. In der Frage, wo das Telefon stehen sollte, unterscheiden sich die Sichtweisen. Aus ergonomischer Sicht steht das Telefon eine Armlänge entfernt auf dem Schreibtisch, so dass keine weitere Bewegung notwendig ist. Den Rücken schonender ist der Telefonplatz auf dem Fensterbrett: Er gibt Anlass zum Aufstehen. Ergonomisch und der Gesundheit gerecht sind blendfreie und nicht-flackernde Bildschirme, ausreichende Beleuchtung und Ruhe. Die Automatisierung von einigen Abläufen ist ergonomisch, manchmal den Rückend schonend, weil schweres Heben vermieden wird, aber nicht immer bewegungsfreundlich.

Arbeitsplatz Büro

Wer viel am Schreibtisch sitzt, kann mit einer ergonomischeren Gestaltung des Arbeitsplatzes eine aufrechte Haltung unterstützen und die Belastung für den Rücken verringern. Für mehr Bewegung zu sorgen, ist eine zusätzliche rückengerechte Aufgabe.

Der Stuhl sollte in der Höhe so eingestellt sein, dass die Füße, auch wenn Sie mit dem Gesäß ganz an der Lehne sitzen, noch vollen Kontakt zum Boden haben. Der Stuhl hat mindestens fünf Rollen, die Sitzfläche ist rutschfest und die Rückenlehne muss so verstellbar sein, dass sie dem Rücken in verschiedenen Sitzpositionen eine deutliche Stütze bietet.

Der Schreibtisch wird der Sitzhöhe angepasst. Zwischen den hängenden Oberarmen und den Unterarmen, die auf dem Schreibtisch aufliegen, ist ein rechter Winkel, ohne dass Sie dabei die Schultern hochziehen müssen. Der Schreibtisch ist mindestens 90 Zentimeter tief, so dass ein ausreichender Abstand zum Bildschirm gewährleistet ist. Auch vor der Tastatur muss ausreichend Platz für Ihre Unterarme und Handballen sein. Nicht alle Schreibtische sind höhenverstellbar. Insbesondere kleinere Personen müssen den Stuhl dann zu hoch einstellen. Eine kleine Fußbank mit schräger Stellfläche, die die Füße in der richtigen Höhe stützt, kann diesen Größenunterschied wirkungsvoll ausgleichen. Nicht nur in diesem Fall ist eine Fußbank nützlich und angenehm.

Ein guter Bildschirm mit mindestens 17 Zoll und 90 Hertz Bildfrequenz sollte so aufgestellt sein, dass die Blickrichtung leicht nach unten geht und sich kein Licht im Bildschirm spiegeln kann. Wichtig sind ein kontrastreicher Hintergrund, eine angenehm große Schrift und eine reflexfreie Oberfläche. Angestrengtes Sehen geht häufig mit einer verspannten Haltung einher: Nacken und Schulterprobleme sind eine mögliche Folge.

Hilfsmittel wie schräge Sitzkissen oder Ballkissen sollten nur zeitweilig genutzt werden, so lange Sie dies als wirklich angenehm empfinden. Das gleiche gilt für Sitzbälle. Das leichte Federn und Hin- und Herrollen, das der Ball provoziert, sorgt für eine ständige Bewegung des Beckens. Ruhephasen und angelehntes Sitzen sind als Ausgleich notwendig und angenehm.

Es gibt einige Möglichkeiten, den Arbeitsplatz »bewegungsfreundlicher« zu gestalten. Stundenlanges Sitzen soll durch häufigen deutlichen Wechsel der Haltung und durch Bewegung unterbrochen werden.

Ein Ballkissen lädt zum Balancieren ein

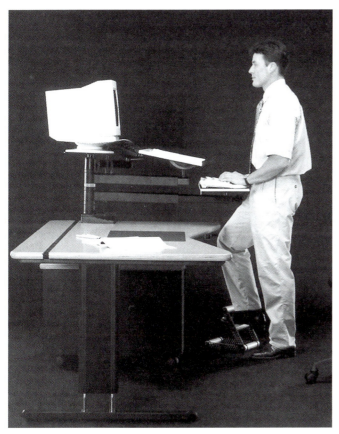

Ein Stehpult sorgt für mehr Bewegung

Stehen ist nicht grundsätzlich besser als Sitzen, aber eine angenehme Alternative für zwischendurch. Ein Stehpult, das sich am Schreibtisch anbringen lässt, benötigt keine zusätzliche Stellfläche. Ein Stehpult besitzt einen gewissen Aufforderungscharakter und »wenn man schon mal aufgestanden ist«, stehen mehr Bewegungsmöglichkeiten offen als im Sitzen. Als problematisch für die Wirbelsäule gilt allerdings gerade auch der Übergang von Stehen zum Sitzen, so dass der Vorgang des Setzens in das Körperwahrnehmungstraining einbezogen werden sollte. *Anregungen dazu erhalten Sie im VHS-Handbuch »Wie geht's? Wie steht's? – Körpererfahrung im Alltag«.*

Auch ohne Stehpult lassen sich einige Arbeiten grundsätzlich im Stehen erledigen. Wenn bestimmte Tätigkeiten mit bestimmten Haltungen verbunden werden, fällt es leichter, daran zu denken. Beispielsweise kann man im Stehen gut telefonieren und gleichzeitig einhändig die Tastatur bedienen oder sich Notizen machen.

Man kann auch für mehr Bewegung am Arbeitsplatz sorgen, indem nicht alles in Reichweite gestellt wird. Sei es nur der Locher, der Kopierer oder Ihre Ablage, die erst in ein paar Schritten erreicht werden können. Statt sitzen zu bleiben und mit dem Bürostuhl hin zu rollen, sollte man die Gelegenheit nutzen und ein paar Schritte gehen. Nur auf den ersten Blick ist dies weniger effektiv.

Arbeitsplatz Auto

Ein Autositz lässt viel zu wenig Bewegung und oft keine aufrechte Schwingung der Lendenwirbelsäule zu. Hier kann es sinnvoll sein, die Sitzneigung mittels eines Keilkissens auszugleichen und den unteren Rücken dauerhaft mit einem Lendenwirbelkissen zu stützen.

Selbst eine Stütze für die Lendenwirbelsäule macht Autofahren noch nicht rückengerecht

Für Profifahrer sind außerdem eine optimale Einstellbarkeit des Sitzes und eine gute Federung, die nicht nur Stöße abfängt, sondern auch Vibrationen vermindert, zwingend notwendig. Spezielle schwingungsdämpfende Fahrersitze werden vor allem bei Baufahrzeugen und Ackerschleppern benötigt. Der Mensch besitzt nämlich keine Möglichkeiten, physiologisch sinnvolle Schutzmechanismen gegen mechanisch erzeugte Schwingungen zu aktivieren. Eine chronische Schädigung der Wirbelsäule bei Ganzkörperschwingungen – und der Knochen und Gelenke in den Fingern bei Hand-Arm-Schwingungen nach der Arbeit mit Schlagbohrmaschinen und Presslufthämmern – sind nur ein Teil der gesundheitsschädlichen Wirkungen. Die Schädigungen vor allem in der Halswirbelsäule durch Stöße sind bei Fahrzeugtestfahrern am ausgeprägtesten: Ihre Aufgabe ist es, das Verhalten von Autos in Kurven und Schlaglöchern zu testen.

Da das Autofahren keine Möglichkeit lässt, die Haltung zu variieren, ist gezielte Bewegung in den Pausen hier besonders wichtig.

Für die richtige Einstellung des Sitzes und die Sitzhaltung gelten aus Sicht der Ergonomie folgende Kriterien:
- Die Sitzposition auf der Sitzfläche muss so weit hinten sein, dass das Becken durch die Lehne abgestützt und eine Beckenrückkippung vermieden wird.
- Bei durchgetretenen Pedalen müssen die Kniegelenke noch leicht angewinkelt sein. Entsprechend weit nach vorne muss der Sitz geschoben werden.
- Die Hände am Lenkrad sollten etwa auf Herzhöhe sein, die Ellbogen leicht angewinkelt.
- Die Neigung der Rückenlehne sollte etwa 25° gegen die Vertikale nach hinten betragen. Die Sitzfläche sollte sich um 15° neigen. So entsteht ein Leistenöffnungswinkel zwischen Rücken und Oberschenkeln von ca. 100°.
- Günstig ist es, wenn die Sitztiefe angepasst werden kann, so dass zwischen Sitzvorderkante und Unterschenkel noch etwa 3 bis 5 cm Freiraum bleiben.

(Quelle: Heidinger 1999)

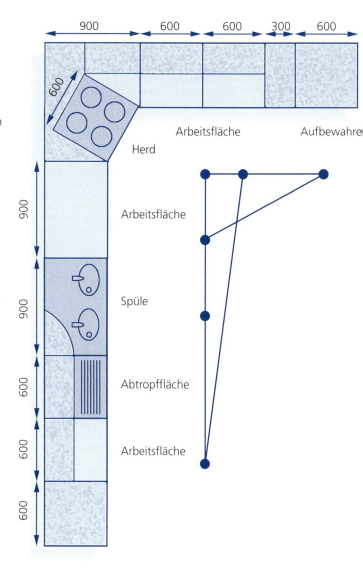

Eine ergonomisch optimierte Küche hat kurze Wege, eine dem Rücken gerechte lässt freie Bewegung zu (Quelle: Heidinger/Jasput/Duelli 1999)

Arbeitsplatz Küche

Den Arbeitsplatz im Haushalt kann man gleichfalls ergonomisch gestalten und für abwechslungsreiche Haltungen und vielseitige Bewegungen sorgen. Viele Tätigkeiten in der Küche lassen sich sowohl im Sitzen als auch im Stehen durchführen, vorausgesetzt, die entsprechenden Sitzmöglichkeiten und evtl. Stehhilfen sowie Arbeitsflächen in unterschiedlichen Höhen sind vorhanden. Mit einer Fußbank in der Küche lassen sich nicht nur hohe Schränke bequemer erreichen. Sie lädt auch ein, im Stehen die Füße abwechselnd darauf abzustützen.

Die Arbeitsfläche in der Küche sollte der Körpergröße angepasst sein, so dass man weder in einer ständig gebückten Haltung arbeiten, noch sich zu oft extrem strecken muss. Ideal ist es, wenn die Arbeitsflächen je nach Tätigkeit in der Höhe verstellbar sind: Für Teigrühren und andere Gerätearbeit ist der Tisch am niedrigsten, weil die Griffhöhe der Arbeitsgeräte über der Arbeitshöhe berücksichtigt werden muss. Teigkneten ist ein Beispiel für Arbeit mit Kraftanstrengung, die einen leicht nach vorne gebeugten Oberkörper braucht. Das Ausstechen der Plätzchen dagegen ist eine Feinarbeit, die ständige Blickkontrolle fordert. Hier ist die Armstellung relativ hoch. Bei der idealen Arbeitshöhe für eine Frau mit einer Größe von 1,65 m kann zwischen Kraftarbeit und Feinarbeit ein Unterschied von etwa 25 cm liegen.

Heben und Tragen von Lasten

Vor allem beim Verladen von Möbeln und Gepäck und bei Lagerarbeiten treten häufig Probleme im Rücken auf, im Extrem ein Bandscheibenvorfall. Die Beanspruchung der Muskulatur und der Wirbelsäule bei den Profis ist eine dauernde Überbeanspruchung, bei den »Laien« eine kurzfristige Überforderung. Entlastung durch mechanische oder automatische Hilfsmittel ist hier immer sinnvoll, wenn sie denn möglich ist.

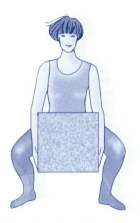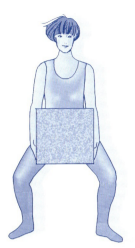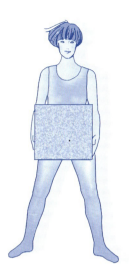

Aufheben einer Kiste mit der Kraft der Oberschenkel

Die Grundsätze des rückengerechten Hebens und Tragens, wie sie in Rückenschulen gelehrt werden, orientieren sich an biomechanischen Grundsätzen:

- Wenn der Schwerpunkt der Last möglichst nahe zur Wirbelsäule verlagert wird, reduziert sich die Druckbelastung auf die Bandscheiben und die Rückenmuskulatur wird weniger stark belastet.
- Der Druck auf die Zwischenwirbelscheiben soll möglichst gleichzeitig verteilt werden, indem die Wirbelsäule nach Möglichkeit in ihrer optimalen Position verbleibt. Drehbewegungen der belasteten Wirbelsäule sollen vermieden werden.
- Die Rückenmuskulatur wird entlastet, indem die Kraft hauptsächlich auf die Oberschenkelmuskulatur verteilt wird. So werden möglichst viele Muskeln beansprucht, nicht nur einseitig der Rücken.
- Die Füße stehen mit der gesamten Sohle gleichmäßig am Boden. So werden Bänder und Muskeln der Beine nicht einseitig beansprucht und der Körper bleibt stabiler.

Arbeitsplatz Pflege

In der Pflege alter, kranker und behinderter Menschen ist das Heben und Tragen die wichtigste körperliche Belastung für den Rücken, erhebliche psychische Belastungen kommen hinzu. Bewegungseingeschränkte Menschen lassen sich allerdings nicht wie eine Kiste auf die Kante stellen und wirbelsäulennah heben. Es ist also kein Zufall, dass andere als biomechanische Vorschläge des Bewegens von ein bis zwei Zentnern gerade in der Pflege dankbar aufgegriffen und weiterentwickelt wurden.

Es ist nicht nur für den eigenen Rücken schonender, sondern auch für das Autonomieerleben und die Gesundung der Kranken sinnvoller, diese möglichst zu befähigen, bei einer Veränderung der Körperlage selbst so gut mitzuhelfen, wie dies ihrem Krankheitszustand noch angemessen ist. Die Lageveränderung erfolgt über die körperliche Interaktion zwischen dem Menschen, der jemanden pflegt, und dem Menschen, der gepflegt wird. Dieses Prinzip wird in der Methode »Kinästhetik« (Hatch/Maietta/Schmidt 1992) verfolgt. Entscheidend sind folgende Grundsätze:

- Der Körper wird in Massen und Zwischenräume eingeteilt. Kopf, Brustkorb, Becken, Arme und Beine sind Massen. Hals, Taille, Hüftgelenke und Schultern sind Zwischenräume. Eine Unterstützung der Zwischenräume ermöglicht Entspannung, erschwert aber eine Lageveränderung. Eine Unterstützung der Massen erleichtert die Bewegung.
- Die Bewegung bei Lageveränderung erfolgt in einem gemeinsamen Prozess der spiraligen Bewegung. Das spiralige Drehen widerspricht nur scheinbar dem o.g. Grundsatz, eine Drehung der Wirbelsäule bei Belastung zu vermeiden. Er entspricht einer dreidimensionalen Sicht von Bewegung.

Das Bewegungskonzept der »Kinästhetik« muss in speziellen Ausbildungen erlernt werden.

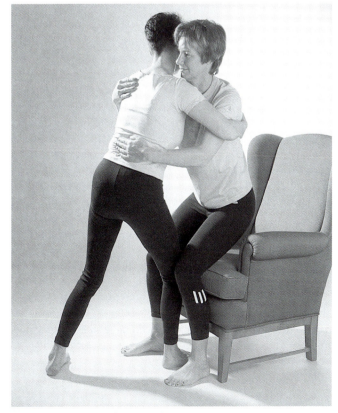

Zusammenarbeit leicht gemacht

Mehr als nur ein Sprachproblem

»Omurlanyla omurga« heißen die Wirbelkörper der Wirbelsäule auf Türkisch. Wenn Sie im Rahmen der betrieblichen Gesundheitsförderung arbeiten, gehören nicht immer nur Deutsche zu Ihrer Zielgruppe. Je nach Berufsgruppe und Arbeitsplatz können Migrantinnen sogar überwiegen. Unter Migrantinnen sind Erkrankungen des Skeletts und der Muskulatur und eben auch Rückenschmerzen unterschiedlichster Ursache noch verbreiteter als unter den deutschen Kolleginnen. Die spezifischen Ursachen dafür sind genauso vielfältig wie die Kommunikationsprobleme groß sind.

Sich verständlich zu machen, ist nicht nur deswegen ganz schwer, weil Deutsch meist situationsabhängig und alltagsnah gelernt wurde und Begriffe wie »Lendenwirbelsäule« darin nicht vorkommen. Auch die Vorstellungen über den Körper und seine Funktion sind von Kultur zu Kultur ein bisschen verschieden. Die Beschreibung, dass »der Nabel nicht mehr an der richtigen Stelle sitzt« oder »die Leber fällt«, ist aus der Perspektive der türkischen Kultur weniger absurd als es in Ihren Ohren klingen mag. Die Vorstellung dagegen, Männer und Frauen könnten gemeinsam in Turnkleidung Gymnastikübungen durchführen, kann in einigen Kulturen nicht nur Zurückhaltung, sondern Empörung auslösen. Auch überraschende Vorstellungen von Ihrer Rolle als Kursleiterin könnten vorkommen, wäre es nicht so, dass Migrantinnen viel seltener auf die Idee kommen, das Angebot sei auch für sie gedacht. Gezielte Planung heißt hier ganz einfach, eine Person aus der jeweiligen Kultur zu finden, mit der Sie den Kurs gemeinsam planen und durchführen können.

Aus dem Ursachenkomplex der Rückenschmerzen bei Migrantinnen lässt sich einiges darüber lernen, wie Stressfaktoren Schmerz beeinflussen:

- Ob Existenznot, Verfolgung oder Krieg: Die Ursache der Migration war meist mit Stress verbunden. Auch wenn dies vielleicht lange her ist oder sogar die Generation davor betraf, bleibt die Unsicherheit über die Zukunftsperspektive, ob durch äußere Bedingungen bedroht oder durch die eigene Unsicherheit über die Vorstellungen vom Leben geprägt. Die Migration bringt aber auch Hoffnung auf neue Bewältigungsmöglichkeiten mit sich. Krankheit oder die Angst vor Krankheit bekommen hier allerdings eine neue Bedeutung, weil sie die neu gefundenen Bewältigungsmöglichkeiten teilweise in Frage stellen.
- Das Leben in der Migration erfordert ganz spezifische Anpassungsleistungen an eine Umgebung, eine Kultur und einen Lebensstil, die einem fremd sind. Das, was man früher gelernt hat, was einem wichtig war, hat nun vielleicht keine Bedeutung mehr. Die Ausbildung, die man mal gemacht hat, wird hier oft nicht anerkannt. Kein Wunder, dass man den Eindruck hat, an Kompetenz zu verlieren.
- Vorgefunden werden oft Arbeits- und Lebensbedingungen, die die Gesundheit nicht unbedingt fördern. Wer denkt z. B. daran, dass Reinigungskräfte nicht nur mit Gefahrenstoffen umgehen, sondern auch schwer zu tragen haben? Gut, wenn es dann gelingt, eine aufrechte Haltung zu wahren.

Innere und äußere Haltung

Die Haltung des Menschen hängt von zahlreichen Faktoren ab. Eine analytische Trennung in anatomisch-physiologische, psychische und soziale Faktoren trägt sicherlich zum Verständnis von Haltung bei, löst aber letztendlich nicht das Problem der Individualität der Haltung, die Ausdruck eines lebendigen Ganzheitsprozesses ist. Die Faktoren bedingen sich gegenseitig und sind vielfältig miteinander verknüpft.

Die individuelle Haltung ist ein Resultat der Körpererfahrung, die ein Mensch in seiner Persönlichkeitsentwicklung gemacht hat und immer neu macht.

Die Basis bilden anatomische Merkmale wie die Skelett- und Gelenkentwicklung sowie die physiologischen Faktoren, z. B. die Leistungsfähigkeit der Muskulatur und die Koordination.

Vielfältige Zusammenhänge

Die emotionale Stimmungslage wirkt sich offenkundig auf die Haltung aus. Das äußere Erscheinungsbild eines Menschen wird durch Gefühle situativ mitgeprägt. Der Einfluss psychischer Faktoren zeigt sich in umgangssprachlichen Bildern wie: »Jemand ist geknickt«, »Jemand geht hocherhobenen Hauptes«. Der enge Zusammenhang wird auch darin deutlich, dass Haltung einerseits für das äußere Erscheinungsbild, andererseits für die innere Verfassung und Einstellung steht. Die Tatsache, dass sich die innere Haltung in der äußeren widerspiegelt, ist hinreichend bekannt und wissenschaftlich untersucht. Aber auch die umgekehrten Effekte, dass sich eine entsprechende Haltung positiv auf die Befindlichkeit auswirken kann, können genutzt werden.

Haltung ist ebenso abhängig vom Bewusstsein bzw. der Bewusstheit des eigenen Körpers, also dem Ausmaß an Aufmerksamkeit, das dem eigenen Körper beigemessen wird. Körperwahrnehmung und Körpererleben tragen zu mehr Körperbewusstheit bei. Gleichermaßen wichtig erscheint die Einstellung zum eigenen Körper. Diese Beziehung des Individuums zu seinem Körper wird deutlich in den Eigenschaften, die er ihm zuweist. Ob der Körper oder einzelne Teile als positiv oder negativ, gesund oder krank, schwach oder stark empfunden werden, hat erhebliche Konsequenzen für die Körperhaltung und für das gesamte Verhalten.

Erziehung, Normen, Werte, Vorbilder sind nur einige soziale Faktoren, die die Haltung beeinflussen. Als Beispiel dient eine geschlechterspezifische Sitzhaltung: Frauen sitzen sehr häufig mit geschlossenen oder übereinander geschlagenen Beinen. Sitzt eine Frau mit – wie bei Männern üblich – weit geöffneten Beinen, so gilt dies häufig noch als »unschicklich« oder »dominant«, obwohl es doch anatomisch deutlich vorteilhafter ist.

Die Umwelt des Menschen meint hier meist die vom Menschen geschaffene Umgebung am Arbeitsplatz oder zu Hause. Sie fördert oder behindert zudem eine aufrechte Haltung.

Für die Praxis bedeutet dies, dass auch eine erfahrungsorientierte Vermittlung nicht zum Erfolg – in diesem Fall zur Vermeidung gesundheitsschädlicher Haltungen – führt, wenn z.B. emotionale oder soziale Faktoren außer Acht gelassen werden. Auch eine bekanntermaßen Schmerz verursachende Haltung wird aufrechterhalten, wenn so wichtige Motive wie der Wunsch nach Anerkennung dem entgegenstehen. Eine andere Haltung wird nur dann übernommen, wenn sie in das Leben des Menschen passt. Dies bedeutet, dass jede einzelne Teilnehmerin – mit Anregung und Unterstützung durch den Kurs – die für sich selbst geeigneten Haltungen herausfinden muss.

Aufrechte Haltung

Haltung ist nicht Halte, sie ist Bewegung, ein Spiel mit dem Gleichgewicht, das man nicht hat, sondern immer wieder neu findet. Dore Jacobs, 1985

Lebendige, aufrechte Haltung ist ein bewegtes Gleichgewicht, ein dynamischer Balanceprozess.

Aufrechte Haltung ist ein Geschehen angemessener Körperspannung und setzt voraus, wachsam zu sein für die Veränderungen des Körpergleichgewichtes und des Spannungszustandes. Aufrecht sein bedeutet, »sich selbst bewusst sein«.

Die natürliche Schwingung der Wirbelsäule wird aufrechterhalten. Aufrecht sein heißt jedoch nicht, sich immer in der Senkrechten zu befinden, sondern lässt gleichfalls zu, passiv zu sein. Ein ständig fixiertes Geradehalten erstarrt zur Bewegungslosigkeit.

Aus diesem Blickwinkel heraus gibt es keine »richtige« oder »falsche« Haltung. Wichtig ist vielmehr das Finden der angemessenen Haltung. Angemessen in Bezug auf die Umwelt, die Situation und das Selbst.
Eine aufrechte Haltung bewirkt Veränderungen auf der körperlichen, aber auch auf der psychischen und sozialen Ebene. Die körperlich-funktionellen Ziele sind am offensichtlichsten: Eine aufrechte Haltung entlastet die Wirbelsäule und wirkt Dysbalancen entgegen. Unnötige Muskelspannungen werden vermieden, die Haltung ist ökonomisch und der Beanspruchung angemessen. Darüber hinaus verbessert sich die Körperwahrnehmung.

Eine aufrechte Körperhaltung wird in Verbindung gebracht mit der inneren Haltung, mit einem selbstbewussten Ich. Zudem kann sie genutzt werden, um auf die eigene Befindlichkeit Einfluss zu nehmen.

Eine aufrechte Haltung ist Voraussetzung für eine aufrechte, angemessene Bewegung und trägt insgesamt zu mehr Wohlbefinden und Gesundheit bei.

Wechselwirkungen

Mühelos zum aufrechten Stand

So wie ein Kind ohne verbessernde Korrektur, ohne Hilfsmittel und Lehrprogramme zum aufrechten Stand findet, können auch Erwachsene durch selbsttätiges Erforschen und Experimentieren zur angemessenen Aufrichtung finden. Es bedarf keines Zwanges, nur eines leisen Anstoßes. Durch feinfühliges Abstimmen von Gleichgewicht, Beweglichkeit, Tonus und Atmung kann der aufrechte Stand immer wieder gefunden werden.

In der Kurspraxis wird der Stand meist von den Füßen her aufgebaut und über die Wahrnehmungsschwerpunkte Gewichtsverlagerung, Stellung der Körperteile zueinander, Zentrieren, Muskelspannung und Atem angestoßen.

Die Haltung kann nicht alleine an der äußeren Form gemessen werden, sondern an den inneren Organzusammenhängen der freien Atmung und angemessenen Muskelspannung.

Der Stand ist kein Festhalten gegen die Schwerkraft, sondern ein ständiges feines Reagieren auf diese. Die Schwerkraft löst gleichsam eine Gegenkraft – die Aufrichtekraft – aus.

Haltung bewusst machen

Eine bewusste Wahrnehmung der Haltung und Bewegung macht durchlässig für die dem Körper innewohnende Kraft der Aufrichtung. Ilse Middendorf beschreibt diese Aufrichtekraft als »Atemspannkraft, die den Leib wie von selbst aufrichtet.« Im gleichen Sinne ermöglicht der »Haltungs- und Bewegungssinn des Menschen« (Dore Jacobs) die aufrechte Haltung. In der medizinisch-funktionell orientierten Literatur wird von der »Aktivierung der Antigravitationsmuskulatur« gesprochen.

Aufrichtekraft
Eine Übung aus der Eutonie kann das Erfahren der Aufrichtekraft ermöglichen:
Legen Sie sich in Rückenlage auf den Boden und zwar so, dass Ihre Fußsohlen ohne Mühe an einer Wand anliegen. Die Kniegelenke sind leicht gebeugt. Drücken Sie nun mit zunehmender Kraft gegen die Wand, ohne dass die Knie und Fußgelenke sich strecken und ohne dass Sie sich von der Wand wegschieben. Stellen Sie sich vor, der Druck, den Sie im Liegen gegen die Wand ausüben, entspricht dem Druck, den Ihr eigenes Körpergewicht im Stehen gegen den Untergrund erzeugt.
Können Sie spüren, dass dieser Druck nicht nur die Spannung in den Beinen erhöht, sondern Muskelspannung durch den ganzen Körper hindurch auslöst?
Versuchen Sie dieses In-den-Boden-Drücken auch in den Stand zu übertragen.

Entwicklung der Wirbelsäulenschwingung

Die entwicklungsgeschichtliche Genese der physiologischen Wirbelsäulenschwingung lässt sich an der Entwicklung der Wirbelsäule beim Säugling und Kleinkind nachvollziehen. Die Wirbelsäule weist im Mutterleib noch eine Totalkyphose, ähnlich wie beim Vierfüßer, auf. Beim Säugling bildet sich durch das Heben des Kopfes aus der Bauchlage und der damit einhergehenden Kräftigung der Halsmuskulatur und -bänder zuerst die Halslordose aus. Nachdem die Vierfüßerstellung und das Sitzen erreicht ist, entsteht in der Aufrichtung zum Stand die ausgeprägte Lendenlordose mit der kompensatorischen Brustkyphose. Ungefähr nach zwei Lebensjahren ist die aufrechte Haltung vollständig erreicht.

Entstehung der Eigenform der Wirbelsäule
(Quelle: Tittel 1981)

Beim Aufrichten erfährt das Kind den Raum neu, spürt die Kraft der Beine und des Rumpfes und erlebt das Spiel mit der Schwerkraft und dem Gleichgewicht. Sich aufzurichten bedeutet gleichfalls eine neue Selbstständigkeit, das Gewinnen von Handfreiheit und Handlungsfreiheit und Überblick. Für das Kind sind der freie Stand und die ersten Schritte ein wichtiger und lustvoller Moment.

Wenn Sie sich die Bedeutung des aufrechten Standes vergegenwärtigen, können Sie das Aufrichten vielleicht mit Freude statt mit Mühen empfinden.

Funktionelle Betrachtung der Stellung der Lendenwirbelsäule

Betrachtet man die Entwicklung der Wirbelsäule und die biomechanischen Aspekte, so wird deutlich, dass der Ausgangspunkt der aufrechten Haltung in der Stellung der Lendenwirbelsäule zu finden ist. Die Wölbung der Lendenwirbelsäule entsteht durch die Form der Wirbelkörper, insbesondere durch die Keilform des fünften Lendenwirbels am Übergang zum Kreuzbein. Der dritte Lendenwirbel liegt annähernd horizontal am Scheitelpunkt der Lordose. An seinen Fortsätzen setzen zahlreiche Rückenmuskeln an. Sein Wirbelkörper liegt zentral im Bauchraum, nahe am Körperschwerpunkt.

Für die Praxis ist neben dieser kognitiven Wissensvermittlung noch ein zweiter, wahrnehmungsorientierter Zugang möglich. Mit einer am eigenen Körper gemachten Erfahrung ist es möglich, die Stellung der Lendenwirbelsäule zu spüren, ihren Zusammenhang mit den Bewegungen des übrigen Körpers zu erleben und die tragende Funktion der Lendenwirbelsäule wahrzunehmen.

So genannte Haltungsfehler oder -schwächen wie Flach-, Hohl- und Rundrücken oder Skoliose müssen in der Wirbelsäulengymnastik bei einer Orientierung an der individuellen aufrechten Haltung nicht gesondert betrachtet werden. Die Verbesserung ergibt sich aus den individuellen Fähigkeiten und Voraussetzungen und soll nicht an einer idealisierten Haltungsform gemessen werden.

Bei der Durchführung der funktionellen Gymnastik kann der Hinweis auf eine in funktioneller Hinsicht für den Einzelnen wichtige Übung sinnvoll sein, z. B. die Dehnung der Brustmuskulatur und Mobilisation der Brustwirbelsäule bei einem Rundrücken. Andererseits sollten Sie den Übenden nicht vermeintliche Schwächen vor Augen führen oder ihnen Übungen anraten, die meist schwer fallen. Möglicherweise lösen Sie damit das Gefühl aus, dass Gymnastikübungen mühsam sind, statt Wohlbehagen zu ermöglichen.

Sich mühelos bewegen

Auf einen Blick

Ziel:
Für angemessene, rückengerechte Bewegungen sensibilisieren

Thema	Ziel	Methode	Medien	Zeit
Reflexion	Ankommen, Alltagserfahrung austauschen	Gesprächskreis		10 Min.
Wirbelsäule und Bandscheibe	Wissen vermitteln	Kurzinformation, Körperwahrnehmung	Plakat	10 Min.
Gehen auf freien Raumwegen	Sensibilisieren für Bewegungsgewohnheiten	Körperwahrnehmung		10 Min.
Funktionelle Gymnastik	Trainieren von Stabilisierungsfähigkeit und Beweglichkeit	Übungen	Matten	25 Min.
Mühelos aufstehen	Sensibilisieren für mühelose Bewegung	Körperwahrnehmung	Matten	20 Min.
Gehen und Bücken	Mit Bewegung experimentieren	Alltagsbewegung	Tennisbälle	5 Min.
Tennisballmassage	Massage erleben	Partnerinnenmassage	Tennisbälle	10 Min.

Beschreibung der Kurseinheit

Die Teilnehmerinnen sollen sensibilisiert werden für »angemessene Bewegungen«. Über das Bewusstmachen von Alltagsbewegungen sollen sie angeregt werden, nachzuspüren, ob sie gewohnheitsmäßig eine Bewegung mit zu viel Anstrengung und damit verbunden mit zu viel Spannung ausführen. Ziel ist es, ein Gefühl für müheloses und rückengerechtes Bewegen zu entwickeln. Mit der Wahrnehmung von alltäglichen Bewegungen wird die Verbindung zwischen Kursgeschehen und Alltag hergestellt. Über die Kursstunde hinaus sollen die Teilnehmerinnen ihre eigenen Gewohnheiten, Bewegungsmuster und Verhaltensweisen wahrnehmen und motiviert werden, mit Veränderungen dieser Bewegungen zu experimentieren. Die Bedeutung von angemessener Bewegung für den Rücken soll bewusst werden. Die Zusammengehörigkeit von angemessener und rückengerechter Bewegung wird über die Vermittlung von Körperwissen verdeutlicht und soll erlebbar sein. Außerdem soll deutlich werden, dass Rückenbeschwerden keineswegs den Bewegungsspielraum einschränken, sondern die Chance bieten, Variantenreiches auszuprobieren, neue Möglichkeiten eröffnen und die eigene Kreativität fördern.

Reflexion

In der vergangenen Kurseinheit wurden die Teilnehmerinnen angeregt, die eigenen Sitzgewohnheiten auch im Laufe der Woche zu beobachten. In der Gesprächsrunde können sie sich dazu äußern. »Was ist Ihnen in der vergangenen Woche an Ihrer Sitzhaltung aufgefallen?«

Begleitend dazu lassen Sie das Thema Sitzen erleben. Die Teilnehmerinnen nehmen schrittweise eine aufrechte Sitzhaltung ein. Hier können Sie ausgewählte Elemente des aufrechten Sitzens wiederholen, oder die Vielfalt der Beckenbewegung durch eine geeignete Übung im Sitzen *(z. B. Zifferblattübung im Sitzen, siehe Seite 61)* aktivieren.

Wirbelsäule und Bandscheibe

Anschließend können Sie anhand von Informationen über Aufbau, Funktion und Ernährung der Bandscheibe vermitteln, warum dynamische Haltung und viel Bewegung auch aus physiologischer Sicht notwendig sind *(siehe Seite 18 ff.)*.

Begleitend leiten Sie eine kleine Vorstellungsübung an:
- »Stellen Sie sich vor, wie Sie mit jedem Einatmen ein wenig zur Decke wachsen
- und mit jedem Ausatmen zurückschwingen.
- Vielleicht können Sie sich ein inneres Bild schaffen, wie die Bandscheibe mit jedem Atemzyklus sanft ›massiert‹ wird«.

Gehen auf freien Raumwegen

Die Teilnehmerinnen gehen ohne Musik durch den Raum. Sie können anregen, den eigenen Gang zu beobachten und die Wahrnehmung laut und spontan zu äußern.

- »Wie setzt der Fuß auf?
- Welcher Teil des Fußes setzt zuerst auf, welcher zuletzt?
- Wenn Sie eine Spur im Sand hinterlassen würden, wie breit wäre diese Spur?
- In welche Richtungen zeigen Ihre Füße? Wenn die Füße Zeiger auf einem Zifferblatt wären, auf welche Ziffern würden sie zeigen?«

Der gewohnte Gang wird mehrfach von anderen Aufgabenstellungen unterbrochen. Danach wird er immer wieder aufgenommen und auf Veränderungen überprüft.

- Stehen bleiben und die Augen schließen: Im Stand sollen die Teilnehmerinnen ihren spontan eingenommenen Stand wahrnehmen (Fußabstand, Fußstellung etc.) und erst nach Aufforderung die Augen wieder öffnen und mit einem Blick die innere Wahrnehmung mit der sichtbaren vergleichen.
- Rückwärts gehen: Auch der Rückwärtsgang wird wahrgenommen. Über welche Schulter geht der Blick? Wie geht's auf der anderen Seite? Was machen die Arme?
- Anders gehen: Leiser gehen, eilig gehen, mit veränderter Schrittgröße, Spurbreite etc. gehen und Veränderungen von Schultergürtel- und Rückenhaltung und des gesamten Gangbildes beobachten.
- Anders antreiben: Versuchen Sie einmal mit der Gruppe unterschiedliche Antriebsaktionen beim Gehen zu erleben, indem sie gleiten oder tupfen, schweben oder flattern, wringen oder peitschen, drücken oder stoßen. Gleiten, stoßen (stampfen) oder schweben dürften am leichtesten als Gangarten voneinander zu unterscheiden sein.
- Starten: Den Teilnehmerinnen soll bewusst werden, mit welchem Fuß sie aus dem Stand spontan starten. Damit es auch wirklich spontan geschieht, fordern Sie die Teilnehmerinnen auf, loszugehen und rufen gleich wieder »Halt! Mit welchem Fuß sind Sie gestartet?« An diesem Beispiel können Sie den Begriff »Bewegungsmuster« und die Bedeutung von Bewegungsmustern demonstrieren.
- Arme verschränken: Am Beispiel dieser Bewegung wird die Bedeutung von Bewegungsmustern noch deutlicher. Die Teilnehmerinnen werden aufgefordert, ihre Arme in der gewohnten Weise vor der Brust zu verschränken. Nachdem sie festgestellt haben, welcher Arm oben ist, verschränken sie die Arme so, dass nun der andere Arm oben ist. Oft löst diese Übung fast ungläubiges Staunen über die eigenen Gewohnheiten aus.

Über derartige »Experimente« werden die Teilnehmerinnen neugierig gemacht auf weitere Erfahrungen ihrer eigenen Bewegungsmuster.

Funktionelle Gymnastik

Gemäß dem Thema »Bewegung« werden funktionelle Übungen in stabilen Ausgangspositionen mit wenig Haltephasen ausgewählt. In Differenzsituationen bezüglich der Bewegungsqualität – also zum Beispiel unterschiedliches Tempo, unterschiedlicher Krafteinsatz, Unterschiede im Bewegungsfluss – werden der Körper und die Bewegung wahrgenommen. Dazu zwei beispielhafte Stabilisierungsübungen, die Sie je nach Gruppe verändern können:

Gehen in der Brücke

Die Teilnehmerinnen nehmen aus der Rückenlage die Ausgangsposition »Brücke« (*siehe Seite 46*) ein und gehen auf der Stelle. Die Aufmerksamkeit wird der Reihe nach auf die Oberschenkel, den unteren Rücken und die Schultern gelenkt. Zwischen den einzelnen Variationen, die Sie auswählen, bleibt Zeit zum Nachspüren in der Ausgangsposition und in der Rückenlage mit angestellten Beinen.

Variationen:
- In unterschiedlichem Tempo gehen. Welches Tempo ist angenehm?
- Gesäßmuskeln zusätzlich anspannen oder mit mittlerer Spannung durchführen. Wie viel bzw. wie wenig Spannung muss ich mindestens aufwenden, damit die Hüfte gestreckt bleibt?
- Die Hände liegen auf den Oberschenkeln. Wie viel Druck üben nun die Füße, die Schulterblätter aus?
- Die Arme sind zur Decke gestreckt, die Handinnenflächen liegen aufeinander.

Vierfüßerstand

Aus der Ausgangsposition »Vierfüßerstand« werden ein Arm und das entgegengesetzte Bein waagerecht angehoben (*siehe Seite 22*).

Variation: Rücken hohl und rund machen

Variationen:
- Die Übung erfolgt mit Seitenwechsel, sehr langsam mit kurzen Haltephasen und dann zügig, ohne Haltephasen.
- Die Übung erfolgt mehrfach auf einer Seite, Ellbogen und Knie treffen sich unterm Körper, die Bewegung ist fließend.
- Man kann beim Strecken sowohl einatmen als auch ausatmen.
- Ein Tennisball oder Holzstab, der auf dem unteren Rücken liegt, soll trotz vielfältiger Bewegung nicht herunterfallen. Am besten lässt sich dies als Partnerinnenübung durchführen.
- Im Wechsel den Rücken rund (Katzenbuckel) und hohl machen. Dabei soll die Aufmerksamkeit auf jeden einzelnen Wirbel und dessen Beteiligung an der Bewegung und auf eine fließende, weiche Bewegung gelenkt werden. Auch die Bewegung der Hals- und Lendenwirbelsäule soll bewusst werden.
- Anschließend werden Hals- und Lendenwirbelsäule entgegengesetzt gekrümmt. Wird der untere Rücken hohl, so senkt sich der Kopf, wird der untere Rücken rund, wird der Kopf in den Nacken gehoben. Behutsam und aufmerksam probieren die Übenden diese Kombination aus.

Variation zum Gehen in der Brücke

Sich mühelos bewegen

Mühelos aufstehen

Diese Wahrnehmungsübung können Sie als eigene Sequenz durchführen oder zwischen den Übungen der Funktionsgymnastik einflechten, wenn die Teilnehmerinnen aus der Rückenlage aufstehen sollen.

Nachdem die Teilnehmerinnen gewohnheitsgemäß aufgestanden sind, werden sie aufgefordert, dies noch einmal oder mehrmals bewusst zu tun und dabei auf folgende Dinge zu achten: Welches Körperteil bewegt sich zuerst? Was macht der Kopf? Was geschieht mit der Atmung? Wie viel Kraft muss ich aufwenden, um aufzustehen?

In mehreren Schritten können Sie an eine bewusste und mit weniger Anstrengung verbundene Bewegung heranführen, wobei zu betonen ist, dass diese Schritte nur einige Möglichkeiten aus zahllosen anderen Variationen sind.

Aus der Rückenlage in die Seitenlage und zurück

- Probieren Sie mit der Gruppe verschiedene Wege, wie sich die Beine mit aufgestellten Füßen von der Mitte zur Seite bewegen lassen. Beide geschlossen gemeinsam? Oder kann sich eines vom anderen ziehen lassen? Was geht leichter? Wann müssen die Teilnehmerinnen aktiv sein und wann können sie die Schwerkraft wirken lassen?
- Wenn der Kopf in die gleiche Richtung dreht, ohne dass Sie ihn heben müssen, gelingt es Ihnen vielleicht, sich von der Bewegung der Beine und des Kopfes ganz mitdrehen zu lassen. Wie geht es rückwärts?

Von der Seitenlage auf Hände und Knie und zurück

Fordern Sie die Teilnehmerinnen auf, Ihren Kopf weiter rollen zu lassen:
- »Lassen Sie den Kopf hängen, während Sie sich mit den Händen hoch stützen.
- Wo stützen Sie die Hände, um das Gewicht am gleichmäßigsten zu verteilen?
- Denken Sie daran, eine Pause einzulegen, wenn Sie möchten.«

In den Stand und zurück

Auch hier probieren Sie verschiedene Variationen mit der Gruppe: mit beiden Händen oder mit nur einer Hand gestützt, mit verschiedenen Beinpositionen.
- »Lassen Sie der Bewegung weiterhin das Runde.
- Stellen Sie sich vor, wie Sie sich spiralförmig nach oben schrauben.
- Wiederholen Sie auch diese Bewegung in die andere Richtung.«

Innerhalb dieses Bewegungsablaufes können Sie viele Details bewusst machen. Die Stellung des Kopfes, die Gewichtsverteilung und der Atem sind wichtige Anhaltspunkte. Regen Sie an, morgens auf diese Weise aus dem Bett aufzustehen.

Gehen und Bücken

Alle gehen durch den Raum und bücken sich in der gewohnten Art und Weise nach Tennisbällen. »Wenn Sie dabei in die Knie gehen, welches Bein ist dann vorne? Machen Sie dies immer so?«

Sie können weitere Variationen von Bückbewegungen demonstrieren aus der Schrittstellung
- mit einem Knie am Boden,
- mit Abstützen,
- »Standwaage«,
- und was Ihnen noch einfällt.

Verdeutlichen Sie, dass immer gleiche Bewegungen einseitig und somit belastend sein können.

Tennisballmassage

Eine Person liegt bäuchlings am Boden und lässt sich von ihrer Partnerin den Rücken massieren. Diese kreist den Tennisball mit mittlerem Druck über den Rücken. Dabei sollen alle Partien des Rückens massiert werden – mit mehr oder weniger Druck, je nach Wohlbefinden der Liegenden. Die Wirbelsäule selbst und die Nierengegend sollten gemieden werden.

Variationen:

Mit folgenden Variationen können Sie die Massage noch erweitern.
- Auch die Arme, das Gesäß und die Beine können in die Massage mit einbezogen werden. Dabei ist zu beachten, dass die Beine bei Bindegewebsschwäche nur ohne Druck »gekreist« werden.
- Eine andere Idee ist es, statt des Tennisballs einen Igelball oder eine Hand voll kleiner Kastanien zur Massage zu benutzen. Körper und Hand werden wirkungsvoll massiert. Das vielleicht Schönste dabei ist aber das Geräusch der aneinanderstoßenden Kastanien.
- Die massierende Partnerin bewegt den Tennisball auf dem Rücken mit dem Fuß! Diese Variation ist wunderbar für beide, empfiehlt sich aber nur bei sehr miteinander vertrauten Personen.

Auch die massierende Person achtet durch eine für sie angenehme Position auf das eigene Wohlbefinden. Da immer nur mit einer Hand massiert wird, kann man sich mit der anderen abstützen. Außerdem können die Teilnehmerinnen verschiedene Positionen ausprobieren: Einbeinkniestand, Fersensitz mit einem angestellten Bein, Sitz mit seitlich angebeugten Beinen. Ermutigen Sie die Teilnehmerinnen, die Haltung ab und zu und in Ruhe zu wechseln.

Am Ende der Stunde können Sie das Thema der nächsten Kurseinheit »Entspannung« ansprechen und die Teilnehmerinnen bitten, dicke Socken und, falls notwendig, einen Pullover mehr mitzubringen.

Gut zu wissen: Zusatzinformationen

Rückengerechte Bewegungen

Um die übermäßige Beanspruchung des Rückens zu senken, sind Änderungen notwendig, die den ganzen Menschen betreffen. Beim Lernen von rückengerechten Bewegungen geht es nicht darum, die bisherige Bewegungsweise als falsch zu bezeichnen und durch eine neue, richtige zu ersetzen. Vielmehr sollen die Teilnehmerinnen befähigt werden,

- sich der bisherigen Bewegungen bewusst zu werden,
- eine Vielzahl von veränderten Bewegungsmöglichkeiten zu erlernen und
- damit die Freiheit zu haben, zwischen Gewohntem und Neuem wählen zu können.

Durch eine derartige, an den Teilnehmerinnen orientierte Arbeit entstehen lebendige, angemessene Bewegungen, die von den Einzelnen nicht nur akzeptiert werden, sondern auch Lust machen, sie in den Alltag zu integrieren. Angemessene Bewegung bedeutet eine den eigenen Wünschen, Fähigkeiten, Voraussetzungen, dem eigenen Rücken und der jeweiligen Situation angepasste Bewegung.

Angemessene Bewegungen sind ganzheitlich körpergerechte bzw. leibgerechte Bewegungen. Eine angemessene Bewegung wird dem Einzelnen in seinen körperlichen Voraussetzungen, seiner psychischen Verfassung und seinem Umfeld gerecht. Rückengerechte Bewegungen sind angemessen und leibgerecht. So können sie wirkungsvoll integriert werden. Wenn rein auf die körperliche Ebene und die Funktion geachtet wird, besteht die Gefahr, die bisherige Bewegung durch ein neues »Bewegungskorsett« so genannter »richtiger« Bewegungen zu ersetzen.

Wird eine Bewegung vorgemacht und von den Übenden nur nachgeahmt, bis das äußerliche Bild stimmt, bleibt das Lernen unvollständig. Erst eine aufmerksame Wahrnehmung, bewusstes Ausprobieren und Variieren führen zu Bewegungen, die dem ganzen Menschen in Bezug zu seiner Umgebung angemessen sind. Erst dann hat Lernen stattgefunden, erst dann steht es zur Verfügung und kann in den Alltag integriert werden. Dieser Weg ist langwieriger und kann nicht alleine innerhalb des Kurses geleistet werden. Aber er ist letztendlich Gewinn bringender.

Die Art, wie Menschen sich bewegen, ist erlernt und geprägt von ihren Erfahrungen. Alltagsbewegungen sind als Bewegungsmuster über die Pyramidenbahnen quasi in der Muskulatur verankert. Verhaltensweisen, die vor langer Zeit erlernt wurden, sind automatisiert. Um solche Bewegungsmuster verändern zu können, ist es notwendig, sich diese wieder bewusst zu machen.

Langfristiges Ziel bei allen Bewegungen ist, eine angemessene und rückengerechte Ausführung und eine eutonische Spannung zu erreichen. Routinierte Alltagsverrichtungen können dadurch wieder lebendiger und interessanter gestaltet werden.

Letztendlich kann über diese schöpferische Tätigkeit nicht nur die Bewegungs-, sondern auch die Ausdrucksvielfalt gesteigert werden.

Über den Kurs hinaus können Sie verschiedene Möglichkeiten anregen: Beispielsweise kann man sich zu Hause kurz Zeit nehmen und gezielt an bestimmten Bewegungsabläufen arbeiten. Man kann die bewusste Wahrnehmung in alltägliche Gewohnheiten einbeziehen (»auf dem Weg zum Einkaufen …«) oder spontan schmerzhafte Bewegungseinschränkungen als Anlass nehmen, eine Alternative auszuprobieren.

Aus einer großen Auswahl von Bewegungen wählen zu können, befähigt den Menschen, die für sich selbst und den jeweiligen Zeitpunkt angemessene Bewegung auszuwählen. Diese Arbeit an rückengerechten Bewegungen findet entsprechend auch mit Übungen aus Körpererfahrungsmethoden statt: Es eignen sich dafür unterschiedliche Übungen aus der Eutonie, aus der Feldenkrais-Methode und aus körpertherapeutischen Ansätzen wie der integrativen Bewegungstherapie.

Die Feldenkrais-Methode: »Bewusstheit durch Bewegung«

Nur wenn wir wissen, was wir tun, können wir tun, was wir wollen.
Moshé Feldenkrais

Mit Hilfe der Feldenkrais-Methode »Bewusstheit durch Bewegung« ist ein freies und umfassendes Lernen von individuell rückengerechten Bewegungen möglich.

Die von Moshé Feldenkrais (1904 - 1984) entwickelte Methode ist ein Lernprozess, der von der menschlichen Bewegung ausgeht und über das Erleben und Verändern der individuellen Bewegungs- und Verhaltensmuster einen Zugang zum Selbst und zum eigenen Verhalten in Bezug zur Umwelt öffnet. Die menschliche Bewegung ist in der Feldenkrais-Methode die Grundlage aller Handlungen und allen Verhaltens. Über den Prozess der »Bewusstheit« werden körperliche Haltung und Bewegungen spürbar und bewusster und damit veränderbar.

In der Feldenkrais-Methode wird häufig mit kleinen Bewegungen begonnen, wobei das »Wie« der Ausführung entscheidend ist und nicht die Bewegung selbst. Durch zahlreiche Fragen wird die Aufmerksamkeit auf die Art und Weise der Bewegung gelenkt. Man kann erfahren, dass es sich häufig selbst bei kleinen, feinen Bewegungen nicht um isolierte Bewegungen handelt, sondern der ganze Körper beteiligt ist.

Alle Bewegungen des Körpers können sich dann in einem Prozess der Bewusstheit und des Veränderns so organisieren, dass die Bewegung harmonisch, d.h. mit angemessener Spannung und Anstrengung, in einer adäquaten Dynamik, durchgeführt werden kann. Beim Ausprobieren nie genutzter Bewegungsmöglichkeiten kann die Übende das Zusammenspiel einzelner Körperregionen untereinander erfahren und hat damit die Möglichkeit, dieses Zusammenspiel zu ändern.

Eutonie nach Gerda Alexander

Das aus dem griechischen abgeleitete Wort »Eutonie« bedeutet »Wohlspannung«. Sie ist gleichbedeutend mit einer Spannung, die dem Einzelnen und der jeweiligen Situation angemessen ist und – wie der Begriff »Wohlspannung« treffend ausdrückt – mit Wohlbefinden einhergeht. Die bekannteste Form der »Eutonie« wurde von Gerda Alexander (geb. 1908) entwickelt. Ausgangspunkt ihrer Methode ist die Grundspannung des Menschen, die sich auf körperlicher Ebene als Tonus der Muskeln, der Bänder und der Haut ausdrückt, auf psychischer Ebene als innere Spannung.

Ein Ziel der Arbeit ist »Eutonie« im ganzen Körper: Überflüssige Spannungen können losgelassen werden; eine ausgewogene Spannung wird erreicht, so dass eine ökonomische Haltung und fließende, geschmeidige Bewegungen möglich sind. Darüber hinaus können sich innere Haltung und Selbstverständnis ändern.

Die Eutonie arbeitet mit Körperwahrnehmung und einer Erweiterung der Körpererfahrung. Durch feine Spürarbeit wird die Sensibilität wiederbelebt und verfeinert. Dabei werden keine Lösungen vorgegeben und so Raum für eigene Erfahrungen und Veränderungen geschaffen. Die einzelne Teilnehmerin entscheidet – z. T. auch unbewusst –, in welchem Ausmaß und Tempo sie Veränderungen zulassen will.

Im Vergleich mit der Feldenkrais-Methode lassen sich zahlreiche Gemeinsamkeiten finden. Die Eutonie arbeitet jedoch viel ausführlicher in Ruhe. Häufig werden auch unterschiedliche Materialien eingesetzt, die beispielsweise auf oder unter den Körper gelegt werden.

Mit Rücksicht auf den Rücken

In den folgenden Kurseinheiten werden immer wieder Bewegungsvariationen von Alltagsbewegungen vorgeschlagen und gemeinsam ausprobiert. Ein besonderer Schwerpunkt liegt hierbei auf den Bewegungen, die unter funktionellem Aspekt eine starke Belastung für die Wirbelsäule bedeuten: Bücken, schweres Heben und Tragen.

Die im Kurs von Ihnen und den Teilnehmerinnen gemachten Vorschläge sollen Anregungen sein, selbst kreativ zu werden beim Finden von neuen Bewegungen. Die bewusste Wahrnehmung muss aus Zeitgründen zum großen Teil außerhalb des Kurses stattfinden. Dieses Lernen im Alltag hat den Vorteil, dass die Bewegungen situationsgerecht ausprobiert werden können, d.h. mit allen begleitenden Gefühlen und Gedanken und dem realen Bezug zur Umwelt.

Meist kommen von den Teilnehmerinnen selbst konkrete Fragen zu Alltagsbewegungen, die dann aufgegriffen werden. Gemeinsam werden neue Ideen, umsetzbare Alternativen und vielfältige Variationen ausprobiert.

Einige funktionelle Regeln sind hilfreich, um die Belastung beim Bücken, Heben und Tragen zu verringern:

- Die Last nah an den Körper bringen und gleichmäßig verteilen,
- die Wirbelsäule in Ihrer natürlichen Schwingung halten,
- den Körper ins Lot bringen,
- abstützen.

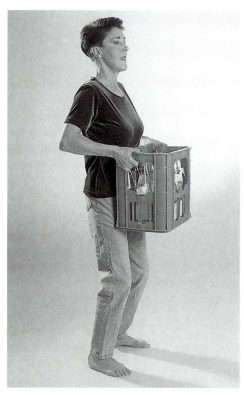

Die Last nah an den Körper bringen

Die Last gleichmäßig verteilen

Den Körper ins Lot bringen

Abstützen

Die acht elementaren Antriebsaktionen nach Laban

Rudolf von Laban hat durch seine Erkenntnisse über das Wesen menschlicher Bewegung in den dreißiger und vierziger Jahren den Tanz dieses Jahrhunderts, den modernen Ausdruckstanz, wesentlich beeinflusst. Eine seiner Entdeckungen ist die unterschiedliche Qualität des Bewegungsantriebes. Laban vertritt die Auffassung, dass das Studium der elementaren Antriebsaktionen die Voraussetzung ist, im Tanz, aber auch im Alltag, diese Aktionen harmonisch und ausgewogen zu entwickeln. Meist benutzen Menschen einen Teil dieser Aktionen sehr häufig, andere fast nie. Sie sind gleichzeitig aber nicht nur Ausdruck einer körperlichen Form sich zu bewegen, sondern auch Ausdruck emotionaler und mentaler Befindlichkeit.

Die acht elementaren Antriebsaktionen lassen sich nach Laban so beschreiben:

- Drücken ist fest, direkt, allmählich. Mit Armen, Schultern, Rumpf und Beinen lässt sich gegen einen fiktiven Widerstand drücken, der allmählich nachgibt.
- Flattern ist zart, flexibel, plötzlich. Sich ein Stäubchen von der Kleidung abklopfen mit einem leichten, kurzen Drehen der Handgelenke und Finger, ist eine Möglichkeit, diese Antriebsart zu spüren. Sie lässt sich auch mit den Füßen durchführen.
- Stoßen ist plötzlich, direkt, fest. Die Hand zur Faust ballen und sie heftig auf ein Ziel zustoßen oder mit den Beinen stampfenden Schrittes zu gehen, ist damit gemeint.
- Schweben ist allmählich, flexibel, zart. Beim Sprung durch die Luft lässt sich diese Bewegungsqualität am besten spüren. Aber auch in Ruhe, wenn man im Liegen ganz leicht den Atembewegungen nachgeht, lässt sie sich wahrnehmen.
- Wringen ist flexibel, allmählich, fest. Es ist die Bewegungsqualität des Auswringens von Wäsche in den Händen. Wringen lässt sich aber auch mit den Armen und Schultern fühlen. Mit etwas Erfahrung lässt sich die Bewegungsqualität auf den gesamten Körper übertragen.
- Tupfen ist direkt, plötzlich, zart. Man kann mit der Hand leichte Bewegungen ausführen, als wolle man Farbtupfer auftragen. In den Fingern ist es ein Gefühl wie beim Tippen auf der Tastatur. In den Beinen lässt sich diese Bewegung beim Auftippen mit den Zehenspitzen spüren.
- Peitschen ist plötzlich, fest, flexibel. Man kann es in den Armen erleben, wenn man mit einer Bewegung mit einem Arm hoch über Kreuz vor dem Körper beginnt und tief zurück auf der offenen Seite endet. Man kann es in den Beinen fühlen, wenn man auf einem Bein steht und mit dem Spielbein nach außen um sich herum schlägt.
- Gleiten ist allmählich, zart und direkt. Es lässt sich zum Beispiel in den Handflächen fühlen, als streiche man über eine glatte Oberfläche, oder in den Beinen, wenn man auf einem Bein steht und die Fußsohle des Spielbeins leicht über den Boden schleift.

(Quelle: Rudolf von Laban: Der moderne Ausdruckstanz, 1981)

Zunehmend entspannen

Auf einen Blick

Ziele:
- Erlernen der Progressiven Muskelentspannung
- Sensibilisieren für muskuläre An- und Entspannung

Thema	Ziel	Methode	Medien	Zeit
Reflexion	Alltagserfahrung reflektieren	Gesprächskreis		5 Min.
Roboterspiel	Aktivieren, Spaß haben	Spiel		10 Min.
Angemessene Spannung	mittlere Spannung wahrnehmen	Körperwahrnehmung	Matten	15 Min.
Funktionelle Gymnastik	Training von Stabilisierungsfähigkeit und Beweglichkeit	Gymnastik	Musik, Matten	30 Min.
Progressive Muskelentspannung	Erlernen der Methode	Entspannung	Matten, evtl. Musik	30 Min.

Beschreibung der Kurseinheit

Die Teilnehmerinnen sollen in erster Linie die wohltuende und erholsame Wirkung von Entspannungsübungen erfahren. Neben der Entspannung zielt die progressive Muskelentspannung auf eine Verbesserung der Körperwahrnehmung, insbesondere der Wahrnehmung von Spannungsunterschieden. Der Wechsel von An- und Entspannung und der entstehende Kontrasteffekt tragen zu einer erhöhten Sensibilität für den eigenen Spannungszustand bei.

Verstärkt wird dieser Effekt auch durch das Zusammenwirken von aktiven Elementen (Spiel, funktionelle Gymnastik) und der Entspannungsphase innerhalb einer Kurseinheit. Die Übenden sollen befähigt werden, Entspannungsübungen selbstständig im Alltag durchzuführen und einen Entspannungszustand zu erreichen. Neben dem Zustand der An- und der Entspannung sollen die Teilnehmerinnen am eigenen Leib spüren, was »mittlere Spannung« ist und deren Bedeutung für die eigene Bewegung kennen lernen. Es soll deutlich werden, dass nicht der extreme Wechsel zwischen An- und Entspannung das Ziel ist, sondern die der Haltung und Bewegung angemessene Muskelspannung, die »Wohlspannung«, die »eutonische Spannung« (*Seite 76*). Die Übungen der funktionellen Gymnastik können zunehmend intensiviert werden.

Reflexion

Die vergangene Kurseinheit enthält die Anregung, sich selbst im Alltag zu beobachten, den eigenen Bewegungsmustern auf die Spur zu kommen. Daran anknüpfend können Sie mit der folgenden Frage in die Kurseinheit einsteigen: »Was habe ich – mit Blick auf die letzte Kurseinheit und die vergangene Woche – Neues erfahren und erlebt?«

Roboterspiel

Bei diesem Spiel zu zweit wird eine Person gleich einem »Roboter« gesteuert.

Im ersten Teil des Spieles ist eine Person der »Roboter« und wird von der Partnerin durch den Raum geleitet. Dabei bedeutet Tippen auf die rechte Schulter eine 90°-Drehung nach rechts, auf die linke Schulter bedeutet eine 90°-Drehung nach links und das Tippen zwischen die Schulterblätter heißt »Stop!« Der »Roboter« geht bei »Los« mit einer beliebigen Geschwindigkeit und bewegt sich nur geradeaus auf den rechtwinkeligen Raumachsen – das ist wichtig! – und kann jetzt durch Tippen gelenkt werden. Stößt der »Roboter« an eine Wand oder gegen einen anderen Roboter, so geht er auf der Stelle weiter und kann möglicherweise Geräusche von sich geben. Nach kurzer Zeit werden die Rollen getauscht.

Zum zweiten Teil des Spieles finden sich die Teilnehmerinnen zu Dreiergruppen zusammen. Eine Person muss nun zwei »Roboter« steuern. Diese stehen zu Beginn Rücken an Rücken, gehen auf ein Signal hin los und werden dann durch Tippen so gelenkt, dass sie zum Schluss frontal aufeinander treffen.

Das Roboterspiel ist ein sehr aktives Spiel- und Spaßelement, bei dem viel gelaufen und viel gelacht wird.

Variation: Kreistanz
Auf eine folkloristische Musik tanzen alle einen Kreistanz mit einfacher Schrittfolge. Beispiel: achtmal federn auf der Stelle, eine Vierteldrehung nach rechts, vier Schritte, eine halbe Drehung nach links, vier Schritte. Üben Sie die Schritte zuerst frontal ein, bevor Sie im Kreis mit Handfassung tanzen. Schön ist eine Musik, deren Rhythmus immer schneller wird, so dass aus dem Gehen Laufschritte werden. Als Musik geeignet ist z.B. »Alexis Sorbas«, Titelmusik: »Sorbas tanzt«.

Angemessene Spannung

Im Liegen
Mit folgender Partnerinnenübung können Sie die Wirkung von Spannung verdeutlichen:

- Eine Partnerin stellt sich vor, eine Drahtpuppe zu sein oder bleibt im Roboterbild. Die andere Partnerin kann sie entsprechend bewegen: Der angewinkelte und gehobene Drahtarm bleibt so stehen, bis er von der zweiten Person wieder gesenkt wird. Dies lässt sich entsprechend der Gelenke mit dem gesamten Körper ausprobieren.
- Jetzt spielt die Partnerin Stoffpuppe: Der von der zweiten Person gehobene Arm sinkt losgelassen weich wie Stoff wieder zurück.
- Im dritten Schritt bekommt die Partnerin nur verbale Anweisungen und hebt und senkt den Arm aus eigener Kraft mit dem genau notwendigen Maß an Spannung *(vgl. auch Seite 58)*.

Es ist wichtig, die Rollen zu tauschen und über die Erfahrungen zu zweit kurz zu sprechen.

Eine Pause für sich selbst

Zunehmend entspannen

Im Stand

Eine Person steht wie ein Brett mit hoher Körperspannung, geschlossenen Füßen, zusammengekniffenem Po und herausgedrücktem Brustbein. Ihre Partnerin schiebt ganz sanft mit langsam zunehmendem Druck mit zwei Fingern am oberen Ende des Brustbeines, bis die Stehende aus dem Gleichgewicht gerät. Beide sollen darauf achten, wie viel bzw. wie wenig Kraft sie aufwenden müssen.

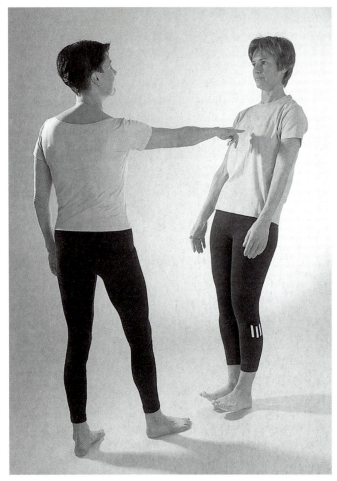

Instabile Spannung

Im nächsten Schritt steht die Person nunmehr im aufrechten Stand mit angemessener Spannung. Sie können die aufrechte Haltung mit ein paar Wahrnehmungsschwerpunkten unterstützen:

- »Die Füße stehen schulterbreit mit gleichmäßig verteiltem Gewicht, die Knie sind leicht gebeugt, Becken und Oberkörper balancieren aufrecht darüber.
- Die Füße nehmen Verbindung zum Boden auf. Stellen Sie sich vor, wie kleine und große Wurzeln in den Boden wachsen.
- Legen Sie die Hände auf den Bauch unterhalb des Bauchnabels und sammeln Sie sich einige Atemzüge lang unter Ihren Händen, in Ihrer Körpermitte. Der Atem fließt ruhig, gleichmäßig und ungehindert.«

Wie im ersten Schritt wird die Stehende durch sanft zunehmenden Druck aus dem Gleichgewicht gebracht. Die Partnerin muss nun merklich mehr Kraft aufwenden, um sie aus diesem Stand zu schieben.

Atmet die Stehende während des Schiebens aus, verstärkt sich die Wirkung noch.

Die Teilnehmerinnen können die Erfahrung machen, dass dieser Stand gerade wegen der geringeren Körperspannung stabiler ist. Diese Erfahrung kann auf alle Haltungen und Bewegungen übertragen werden: Maximale Spannung oder Anstrengung bedeutet nicht gleichzeitig auch maximale Kraftwirkung. »Richtig« ist immer eine angemessene Spannung *(siehe Seite 76)*. Eine angemessene, körpergerechte Spannung bezieht immer die spezifischen Fähigkeiten von Skelett-Struktur und Muskulatur mit ein.

Funktionelle Gymnastik

Es werden Basisübungen zum Dehnen, Mobilisieren und Kräftigen mit Variationen durchgeführt, wobei die Variationen insbesondere auf eine Erhöhung der Intensität und des Bewegungsraumes ausgerichtet sind. *Übungen siehe Seiten 45 ff. und 61 ff..*

Mögliche Variationen:
- Erhöhung der Übungsgeschwindigkeit
- kurze oder keine Pausen
- aktive (dynamische) Dehnung
- nur dynamische Stabilisierungsübungen
- Wahrnehmung der Anspannung einzelner Muskelgruppen

Es empfiehlt sich aus funktionellen Gründen, ein Dehnprogramm möglichst vieler Muskelgruppen zu kombinieren und dann stabilisierende Übungen zu ergänzen. Da sie bisher noch kaum trainiert wurden, eignen sich zum Beispiel die Übungen zur Bauchmuskulatur und zur Ganzkörperstabilisation. Da die Entspannung im Liegen erfolgt, könnten jetzt bevorzugt die Variationen ausgewählt werden, die im Stehen oder Sitzen erfolgen. Ein Beispiel:

- **Dehnung Beinrückseite im Stand,** *siehe Seite 92,*
- **Dehnung Wade,** *siehe Seite 93,*
- **Dehnung Oberschenkelanzieher im Sitzen,** *siehe Seite 94,*
- **Dehnung Nacken,** *siehe Seite 94,*
- **Große Drehdehnlage,** *siehe Seite 95,*
- **Einführungsübung Stabilisation Bauchmuskulatur I,** *siehe Seite 102,*
- **Stabilisation Hüftmuskulatur,** *siehe Seite 102,*
- **Ganzkörperstabilisation Übung 3,** *siehe Seite 103.*

Progressive Muskelentspannung

Eine Entspannungsübung gliedert sich meist in fünf Phasen: Vorbereitung, Hinführung, Entspannungsphase, Rückführung, Nachbesprechung.

Vorbereitung

Zu Beginn schaffen Sie den notwendigen »Raum« zur Entspannung *(siehe Seite 41)*. Außerdem können Sie die Teilnehmerinnen nach ihren bisherigen Erfahrungen mit Entspannungsmethoden fragen und kurz über die Progressive Muskelentspannung informieren: Wer sie erfunden hat, was der Namen bedeutet, was sie von anderen Entspannungsverfahren unterscheidet, wie sie wirkt, welche Vorteile sie haben kann.

Es ist hilfreich, das Maß der Anspannung vorher auszuprobieren. Die Teilnehmerinnen ballen die Hand zur Faust und spüren, ertasten und betrachten die angespannte Muskulatur an Hand und Unterarm und vergleichen dies mit dem gelösten Zustand. Die Anspannung in den nachfolgenden Übungen sollte nicht maximal sein. Die Spannung soll stark und deutlich spürbar sein, jedoch nicht verkrampft. Dieser Spannung wird der Wert 100 zugeordnet. In der Entspannungsphase wird die Spannung langsam auf 80, 60, 40, 20 und 0 reduziert. Der Zustand der völligen Entspannung erhält den Wert Null. Bei Null ist jegliche Spannung gewichen und das jeweilige Körperteil liegt wieder ruhig und entspannt auf der Unterlage.
Nach wenigen Wiederholungen kann auf das Zählen verzichtet werden.

Hinführung

Zunehmend wird die Aufmerksamkeit nach innen gelenkt:
»Sie räkeln und strecken sich noch einmal genüsslich und finden dann eine bequeme Position für die nun folgende Entspannungsphase. Langsam kommen Sie zur Ruhe. Wer möchte, kann die Augen schließen.
Sie merken, wie Ihr Körper aufliegt
- an den Beinen,
- am Gesäß,
- am Rücken,
- an den Armen,
- am Kopf.

Sie spüren wie die Unterlage Sie sicher trägt. Von außen dringen noch Geräusche ans Ohr. Sie nehmen diese Geräusche wahr, aber lassen sich dadurch nicht stören. Die Geräusche gehen zum einen Ohr hinein und zum anderen wieder hinaus. Vielleicht spüren Sie, wie Sie langsam innerlich ruhiger werden. Die Gedanken kommen und gehen. So wie der Atem kommt und geht. Möglicherweise bemerken Sie, wie Sie mit jedem Atemzug ein wenig ruhiger werden.
Sie sind jetzt ganz bei sich selbst. Vielleicht spüren Sie auch, wie angenehm es ist, ganz bei sich selbst zu sein – und sich von meiner Stimme in Ruhe tragen zu lassen.«

Durchführung

Der Reihe nach werden einzelne Muskelgruppen stark angespannt und dann langsam völlig entspannt, wobei die Anspannungsphase jeweils sechs Sekunden, die Entspannungsphase mindestens 30 Sekunden dauern sollte. Alle Übungen werden zweimal wiederholt. Bevor der Wechsel zur nächsten Muskelgruppe erfolgt, ist genug Zeit, die innere Aufmerksamkeit auf das entsprechende Körperteil zu richten.

- Sie beginnen mit der rechten Hand: »Gehen Sie mit Ihrer ganzen Aufmerksamkeit in Ihren rechten Arm. Wie liegt er da? Wo berührt er den Boden? Sie beginnen mit der Anspannung, indem Sie die rechte Hand zur Faust ballen. Die Spannung ist 100 stark, nicht maximal – und Sie reduzieren die Spannung auf 80, 60, 40, 20 und 0. Der Arm liegt jetzt ganz gelöst auf. Sie ballen die Faust erneut, spüren die Spannung – und lösen langsam, bis die Hand und der Arm ganz gelöst ruhen. Lassen Sie sich Zeit, damit sich die Muskeln noch ein wenig mehr lösen können.«

- Jetzt geht es darum, die rechte Hand zur Faust zu ballen und den Arm zu beugen, als wollte man einen schweren Gegenstand ganz nah zu sich heranziehen. Wieder langsam lösen. Einmal wiederholen.
- Die Schultern nach unten ziehen, Schulterblätter zur Wirbelsäule hin zusammenziehen. Wieder langsam lösen.
- Den Po fest zusammenkneifen und wieder langsam lösen.
- Das rechte Knie ganz durchstrecken, die Fußzehen des rechten Fußes anspannen und wieder langsam lösen.
- Jetzt das linke Knie ganz durchstrecken, die Fußzehen des linken Fußes anspannen und wieder langsam lösen.

Bevor die Rückführung beginnt, wird eine Ruhepause eingelegt. »Sie liegen nun ganz gelöst. Vielleicht möchten Sie diese Ruhe und Gelassenheit noch ein wenig genießen.«

Rückführung

Die Rückführung sollte immer nach dem gleichen Muster erfolgen, wie ein Ritual in der immer gleichen Reihenfolge vom Bewusstwerden des Kontakts zur Unterlage und des Atems, über die Bewegung hin zum Wachzustand:

- »Sie bemerken, wie Ihr Körper Kontakt zur Unterlage hat, wie Ihre Unterlage Sie sicher trägt.
- Sie spüren, wie ruhig und entspannt Sie jetzt sind.
- Sie spüren, wie Ihr Atem Ihren Brustkorb und Bauch hebt und senkt. Mit jedem Atemzug kommen Sie mit Ihrer Aufmerksamkeit ein wenig mehr hierher zurück.
- Langsam kommt Bewegung in die Füße, in die Finger, dann in den ganzen Körper.
- Sie räkeln und strecken sich wie eine Katze nach dem Mittagsschlaf.
- Wenn Sie möchten, streichen Sie mit den Händen über Ihre Augen und öffnen sie dann.
- Wenn Sie wieder ganz mit Ihrer Aufmerksamkeit hier sind, setzen Sie sich auf.«

Nachbesprechung

Die Nachbesprechung ist fester Bestandteil der Entspannungsübung. Neben der Reflexion des Erlebten in der Entspannung und in der ganzen Kurseinheit dient sie dazu, die Teilnehmerinnen vollständig in den wachen Zustand zurückzuholen. Die Fragen richten sich an das Empfinden der Teilnehmerinnen und können Ihnen Rückmeldung über die Tiefe der Entspannung geben.

- »Wie ging es Ihnen dabei?«
- »Wie haben Sie meine Stimme empfunden?«
- »Kamen Ihnen die Übungen lang vor? Zu lang, zu kurz?«

Selbstverständlich sagen nur die etwas, die dies auch tun möchten.

Zum Abschluss und zur leichten Aktivierung schütteln die Teilnehmerinnen Arme und Beine im Stand aus und strecken sich im Atemrhythmus.

Gut zu wissen: Zusatzinformationen

Ziele und Wirkung der Entspannung

Entspannung dient der Regeneration des Menschen, der Erholung von Körper und Geist. Gerade in Zeiten, die von Reizüberflutung, Stress, einer hohen inneren und äußeren Anspannung geprägt sind, wird die Bedeutung von Entspannung als Ausgleich deutlich. Über die Entspannung entsteht eine höhere Sensibilität für sich selbst, für das eigene Bedürfnis nach Entspannung. Ein Mensch, der seine Entspannungsfähigkeit trainiert und damit mehr Gelassenheit erwirbt, kann sicherlich auch in Belastungssituationen ruhiger und angemessener reagieren.

Auch die Sensibilität für die jeder Haltung und Bewegung angemessene Spannung verbessert sich. Die Progressive Muskelentspannung trainiert außerdem die Wahrnehmungsgenauigkeit bezüglich des eigenen Muskeltonus.

Für die Rückengesundheit hat Entspannung spezifische Funktionen:
- Stresserleben ist eine der Ursachen für Rückenschmerzen. Entspannung ist eine der Methoden, um Stress zu bewältigen.
- Entspannung hilft das Erleben von Rückenschmerz zu lindern. Im akuten Schmerz kann es dabei hilfreich sein, die Wahrnehmung nicht auf den schmerzenden Teil zu legen, sondern gezielt auf andere Körperteile wie Beine und Füße oder Arme und Hände. Dies lenkt vom Schmerzgeschehen ab und macht es erträglicher. Solche Entspannungsverfahren helfen allerdings nur dann wirksam, wenn sie bereits vorher erlernt wurden.
- Entspannung wirkt direkt auf den Muskeltonus und die Durchblutung der Muskulatur. Wenn keine akuten Schmerzen vorliegen, ist es sinnvoll, die Aufmerksamkeit gezielt auf den Rücken selbst zu richten.

Körperliches Wohlbefinden und Entspannung hängen eng miteinander zusammen. Sieben Teilbereiche können deutlich machen, welche Qualitäten körperliches Wohlbefinden umfassen kann:
- Zufriedenheit mit dem momentanen Körperzustand
- Gefühl von Ruhe und Muße
- Empfindung von Vitalität und Lebensfreude
- Gefühl nachlassender Anspannung und angenehmer Müdigkeit
- Genussfreude und Lustempfinden
- Konzentrations- und Reaktionsbereitschaft
- Gefühl von Gepflegtheit, Frische und angenehmem Körperempfinden

Entspannung ist somit nur ein Faktor, der zu Wohlbefinden und damit zu Rückengesundheit beitragen kann, gleichwohl aber ein durchaus sehr wichtiger. Psychische Beschwerden werden dann weniger wahrgenommen oder ausgleichend gelindert. Physische Beschwerden wie Rückenschmerzen können allerdings trotz Entspannung sogar stark oder stärker als vorher empfunden werden. Auch hier gilt die Regel: Die Übungen sollen keinem Schmerz verursachen oder Schmerzen verstärken.

Die während der Entspannung entstehenden Veränderungen auf körperlicher Ebene werden häufig genutzt, um den Entspannungszustand messbar zu machen.
- Im Zustand der Entspannung sinken der Blutdruck und der Hautwiderstand. Dies hat auch zur Folge, dass man während der Entspannung schnell friert.
- Der Muskeltonus sinkt. In diesem Zusammenhang lassen sich zwei Phänomene erklären, die bei Entspannungsübungen auftreten. Sinkt der Muskeltonus sehr schnell, so hat die Übende manchmal das Gefühl, zu fallen und kommt durch den kurzen Schreck in den Wachzustand zurück.
- Auch der Tonus des Zwerchfells sinkt und löst in manchen Fällen einen Hustenreiz aus.
- Die Atmung wird tiefer und langsamer. Anhand dessen lässt sich der Verlauf der Entspannung von außen leicht mit vollziehen. Die Atembewegung wird meist größer und umfassender, d.h., mehr Körperbereiche atmen mit. Die Ein- und Ausatmungsphase und die Atempause verlängern sich.

Insgesamt wird ein ruhiger, gelöster Zustand erreicht, der eine Stimmung der Gelassenheit in sich trägt.

Zugänge zur Entspannung

Eher mentale Zugänge
- Formelhafte Sätze (Autogenes Training)
- Vorstellungsübungen und Fantasiereisen (Imagination)
- Meditationsformen

Atmung
- Erfahrbarer Atem (Middendorf)
- Westliche Atemschulen
- Östliche Atemschulen

Entspannung

Körperliche Zugänge
- Durch Spannung zur Entspannung (Progressive Muskelentspannung)
- Körperwahrnehmung (Eutonie, Feldenkrais)
- Körperhaltung oder sanfte Bewegung (Yoga, Qi Gong, Taijiquan)
- Berührung (Massage)

Zugänge zur Entspannung

Der Zugang zur psychophysischen Entspannung kann über unterschiedliche Wege stattfinden. Die verschiedenen Entspannungsmethoden lassen sich nach dem jeweiligen Zugang zur Entspannung systematisieren. Die bekannten Entspannungsmethoden beinhalten entweder einen Zugang zur Entspannung
- über den Körper,
- über den Atem oder
- über Vorstellungen und Gedanken.

In eine Systematik, die sich an eine Idee von Knörzer anlehnt, lassen sich die gängigen Entspannungsverfahren einordnen. Allerdings sind die Unterschiede zwischen den Methoden manchmal fließend: Atemerfahrung ist auch eine Körpererfahrung, Körperhaltungen im Yoga oder der chinesischen Medizin können auch als Meditationsübungen genützt werden, Progressive Muskelentspannung hat Ähnlichkeiten zur mentalen Methode, in der Feldenkrais-Methode wird auch mit der Vorstellung der Bewegung auf einer Seite gearbeitet, die auf der anderen vorher ausprobiert wurde.

Da in einer Gruppe immer unterschiedliche Neigungen bzw. Dispositionen vorhanden sind, erscheint es sinnvoll, mehrere Zugangsmöglichkeiten anzubieten. Dies geschieht in diesem Kurskonzept durch die Auswahl von Methoden mit unterschiedlichen Zugängen: Progressive Muskelentspannung, Massage und Atemübungen. Über Körperwahrnehmung – die im Konzept einen anderen Zusammenhang hat – wird ebenfalls ein Stück Entspannung ermöglicht. Wenn im Kurs aufgrund der Kenntnisse und Erfahrungen der Kursleitung andere Methoden durchgeführt werden, so ist es empfehlenswert, ebenfalls unterschiedliche Zugänge auszuwählen. Erfahrungsgemäß sind mentale Zugänge für Menschen mit Befindlichkeitsstörungen am Rücken meist nur sehr bedingt geeignet. Manchmal kann Imagination aber eine verblüffende Wirkung haben. Methoden wie Autogenes Training sind meist dann wirklich hilfreich, wenn sie vorher im »gesunden« Zustand erlernt und geübt wurden.

Progressive Muskelentspannung

Die Progressive Muskelentspannung ist eine leicht zu erlernende Methode. Bereits nach ein- oder zweimaligem Durchführen können die Teilnehmerinnen diese Methode alleine anwenden. Diese von dem amerikanischen Mediziner Edmund Jacobson zu Beginn des 19. Jahrhunderts entwickelte Methode wurde vielfältig modifiziert. Sie wird in der Prävention und in der Therapie zahlreicher Indikationen eingesetzt: bei Angst und Depressionen, Schlafstörungen, Migräne, Hypertonie, Stressbekämpfung und Schmerzprophylaxe. Sie ist auch unter dem Namen Progressive Muskelrelaxation (PMR) oder Tiefenmuskelentspannung bekannt.

Über den Prozess des Bewusstwerdens von angespannter und entspannter Muskulatur gelingt es, einen weit unter dem Ausgangsniveau liegenden Muskeltonus zu erreichen und eine tiefe psychophysische Entspannung einzuleiten. Der Kontrast zwischen der willkürlichen Anspannung und dem folgenden Lösen der Muskelspannung provoziert meist ein recht deutliches Entspannungsempfinden. Die Empfindungen sind individuell sehr unterschiedlich. Häufig werden feine Spannungsunterschiede erst nach einem längeren Übungszeitraum wahrgenommen.

Phase	Schwerpunkt
Vorbereitung	Freiwilligkeit Rahmenbedingungen
Hinführung	Ruhe Atem
Durchführung	PME (Beispiel möglicher Muskelgruppen): rechte Hand und Unterarm rechter Oberarm linke Hand und Unterarm linker Oberarm Stirn Wangen, Nase und Kiefer Brust, Schultern und oberer Rücken Bauch Gesäß rechter Oberschenkel rechter Unterschenkel rechter Fuß linker Oberschenkel linker Unterschenkel linker Fuß
Rückführung	Atem Bewegung Wachzustand
Nachbesprechung	Reflexion

Aufbauschema der Progressiven Muskelentspannung

Einsatz der Progressiven Muskelentspannung in der Wirbelsäulengymnastik

In der Wirbelsäulengymnastik empfiehlt sich eine Modifikation der Progressiven Muskelentspannung hinsichtlich der anzuspannenden Muskelgruppen, der Intensität der Anspannung und der Phase der Entspannung.

Anzuspannende Muskelgruppen

Verspannungen im Schulter-Nacken-Bereich sind bei Teilnehmerinnen der Wirbelsäulengymnastik eine häufig anzutreffende Indikation. Auf den ersten Blick erscheint die Progressive Muskelentspannung eine geeignete Methode, um diese Verspannungen ganz gezielt zu lösen.

Verspannungen gehen jedoch mit einer verminderten Sensibilität für Spannungsänderungen einher. Je höher die Ausgangsspannung ist, desto weniger werden Spannungsunterschiede wahrgenommen. Eine zusätzliche Anspannung bereits stark angespannter Muskulatur ist daher erst bei einem relativ hohen Spannungsunterschied wahrnehmbar.

Muskelgruppen, die häufig zu Verspannungen neigen, werden deshalb ausgenommen. Eine Entspannung der entsprechenden Körperpartien findet über die Gesamtentspannung statt.

Zunehmend entspannen

Es ist wenig sinnvoll, Teilnehmerinnen mit Verspannungen im Nackenbereich anzuleiten, die Schultern hochzuziehen und stark anzuspannen. Die Anspannung gerät leicht zur Verkrampfung, die nachfolgende Entspannung gelingt aufgrund der oben geschilderten verminderten Sensibilität in der Regel nicht vollständig. Ein weiter erhöhter Tonus ist die Folge.

Intensität der Anspannung

In der klassischen Form der Progressiven Muskelentspannung werden die Muskeln maximal angespannt. Die maximale Anspannung einer Muskelgruppe überträgt sich jedoch häufig auf andere Körperpartien. Die Anweisung kann lauten, eine starke, deutliche Spannung aufzubauen, aber nicht zu verkrampfen. Zum besseren Verständnis kann dieser Spannung der Wert 100 zugeordnet werden.

Muskelentspannungsphase

Die aufgebaute Anspannung wird langsam wieder gelöst. Die Hand fällt dann nicht auf die Unterlage, sondern sinkt sanft zurück. Das Zählen von 80 bis 0 ist ein Hilfsmittel zu Beginn und kann nach wenigen Wiederholungen entfallen. Dieses langsame Entspannen trägt auch dazu bei, dass eher der Zustand der Alpha-Entspannung *(siehe Seite 111)* erreicht wird.

Zeitlicher Umfang

Aufgrund der Vielfältigkeit der Inhalte in der Wirbelsäulengymnastik steht für die Entspannung nur ein sehr begrenzter Zeitrahmen zur Verfügung. In diesem Kurskonzept dauert die längste Entspannungsphase 30 Minuten innerhalb der 90 Minuten umfassenden Kurseinheiten. In anderen Kurseinheiten stehen nur zehn bis 15 Minuten zur Verfügung. Dies hat zur Folge, dass in einer Entspannungsübung nur einzelne Muskelgruppen angesprochen werden können.
Allerdings bringt dies auch Vorteile mit sich:

- Die Teilnehmerinnen erleben, dass Entspannungsübungen nicht viel Zeit in Anspruch nehmen, um erholsam zu sein. Eine kurze Entspannungsübung wird eher in den Alltag übernommen und lässt sich darüber hinaus auch leichter im Gedächtnis behalten.
- Die Übenden erleben, dass die Rücknahme zu jedem Zeitpunkt möglich ist und auch nach kurzer Entspannungszeit das Gefühl von Erfrischung und neuer Kraft hinterlässt.

Entspannung und Atem

Die Entspannung über den Atem spielt eine besondere Rolle. Der Atem kann zum einen als Bindeglied zwischen Realität und innerem Erleben genutzt werden »Der Atem kommt und geht, wie die Wellen am Strand kommen und gehen … «; » … wie Sie mit jedem Ausatmen ein wenig ruhiger werden.« Zum anderen spiegelt der Atem wie kaum eine andere körperliche Funktion das innere Erleben. Jeder kennt das Gefühl, wenn einem vor Schreck »der Atem stockt« und man sich eine »Verschnaufpause« zum »Durchatmen« wünscht, oder die Lösung eines Problems jemanden »aufatmen« lässt. Umgekehrt kann über einen ruhigen Atem eine innere Ruhe und Entspannung erreicht werden. Durch das Lenken der Aufmerksamkeit auf den Atem und das Geschehenlassen des Atems hat die fließende Atembewegung eine lösende, entspannende Wirkung, die Körper, Geist und Seele gleichermaßen betrifft.

Auch für die Anleitung von Entspannungsübungen bietet Ihnen der Atem eine wertvolle Hilfe. Der ungehindert fließende Atem hilft, das richtige Sprachtempo zu finden. Auch mitten im Satz können Sie Sprechpausen machen, um ruhig und ungehindert einatmen zu können. Die längeren Sprechpausen messen Sie am eigenen Atemrhythmus. So erhält der gesamte gesprochene Entspannungstext einen gleichmäßigen Rhythmus. Die bei den Teilnehmerinnen sichtbare Atembewegung – das Weiterwerden beim Einatmen, das Zurückschwingen von Bauch- und Brustraum und eine deutliche Atempause – sind ein Hinweis auf das Erreichen des Entspannungszustandes.

Wird die Progressive Muskelentspannung nur paarweise, d. h. mit einer sprechenden und einer entspannenden Person durchgeführt, so kann sich die sprechende Person am Atemrhythmus ihres Gegenüber orientieren. Die Ansage zur Anspannung erfolgt kurz vor bzw. gleichzeitig mit dem Einatmen.

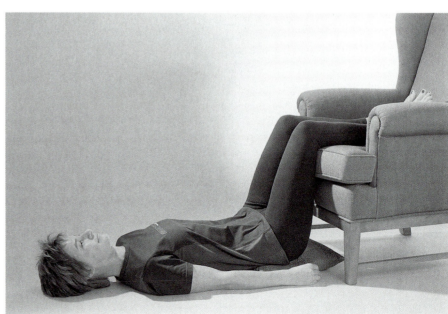

Entspannte Lage – Entlastung für den Rücken

Entspannung und Lagerung

Die Übenden können die Entspannungslage frei wählen. Mit einigen Tipps und Hilfsmitteln kann diese Lage angenehmer gestaltet werden.

Auf den meist eher festen Matten ist es angenehm, entstehende Hohlräume zu unterstützen. So kann beispielsweise die Rückenlage mit einem gefalteten Handtuch unter den Knien, unter der Halswirbelsäule und unter Umständen unter der Lendenwirbelsäule gestützt werden.

Manche Menschen fühlen sich mit einem dicken Kissen unter dem Kopf am wohlsten. Wenn der Körper an allen Stellen unterstützt ist, fällt die Vorstellung, getragen zu werden, leichter. Eine gute Matratze erfüllt eben diese Forderung: Sie gibt nach, wo Masse drückt, und stützt, wo ein Hohlraum entsteht. Ein Mindestmaß an Festigkeit ist allerdings notwendig, um verspannter Muskulatur erlauben zu können los zu lassen.

Wer mit angestellten Beinen liegen möchte, kann gleich zu Beginn die Knie gegeneinander sinken lassen. Auch die Stufenlagerung ist eine gute Alternative. Auf einem kleinen Turnkasten, der auf oder neben die Matte gestellt wird, können die Unterschenkel waagrecht ruhen.

Muskeltonus

Muskelspannung und Haltung

Haltung und Bewegung ist mit Muskelspannung verbunden. Sind diese Haltungen und Bewegungen lang andauernd oder mit hohen physiologischen Belastungen verbunden, so kann aus der Anspannung eine Verspannung werden. Die verspannte Region ist als deutlicher Hartspann zu tasten, typisch sind einzelne, sehr schmerzhafte Punkte. Nicht die Muskeln alleine sind kontrahiert, auch Bänder und Sehnen können einen höheren Tonus aufweisen.
Der Haltung des Kopfes kommt eine besondere Bedeutung zu. Wichtige Spannungsrezeptoren sitzen in den Gelenkkapseln der Kopfgelenke und in den kurzen Nackenmuskeln. Diese tonischen Nackenreflexe und der Gleichgewichtssinn regeln die Stellung des Kopfes gegenüber dem Körper und der Schwerkraft. Wenn die Stellung des Kopfes stimmt, hat dies einen positiven Einfluss auf den gesamten Muskeltonus.

Muskelspannung – verkörperte Gefühle

Jeder Ausdruck von Emotionen ist Bewegung. Das Gesicht verzieht sich, der Körper krümmt sich, wenn Menschen lachen oder weinen. Wenn Gefühle unterdrückt werden, dann geschieht dies auch auf muskulärer Ebene. Man muss schon »die Zähne zusammenbeißen« und »Haltung bewahren«, um den bevorstehenden Gefühlsausbruch unter Kontrolle zu bringen. Wilhelm Reich, Psychoanalytiker und Schüler von Sigmund Freud, ging davon aus, dass der Körper mit muskulärer Anspannung Ängste und Aggressionen unter Kontrolle hält. Im Laufe der Zeit werde aus dieser unbewussten Kontraktion allmählich ein »Muskelpanzer«, der sich der willkürlichen Kontrolle entzieht. Verkniffene Münder, hochgezogene Schultern, angespannte Gesäßmuskeln zeugen von dieser Muskelspannung. Körpertherapien, die auf dieser These aufbauen, – beispielsweise die Bioenergetik – arbeiten auf der körperlichen Ebene, um an unterdrückte Gefühle heranzukommen.

Muskelspannung – Überlebensreaktion

Auf jede Anforderung reagiert der Körper mit Anspannung. Gelingt es dem Organismus nicht, diese Spannung zu bewältigen, d.h. auf ein angemessenes Maß zu reduzieren, so kann dieses ganz natürliche Geschehen in einigen Fällen zu einer starren Dauerspannung führen. Dabei ist es gleichgültig, ob die Anforderungen biologischer, psychischer oder sozialer Art sind. Mit zwei typischen Reflexen reagiert der Mensch auf Bedrohungen und Herausforderungen: mit dem so genannten Stopp-Reflex und dem Start-Reflex. Der Stopp-Reflex stellt eine Rückzugsreaktion mit den entsprechenden muskulären Anspannungen dar, der Start-Reflex macht zum Handeln bereit. Ständig wiederkehrende Anforderungen lassen diese unbewusst ablaufenden Reflexe allmählich zur Gewohnheit werden, die ausgelöste Muskelspannung wird zum Dauerzustand.
Mehr noch als die großen traumatischen Ereignisse scheinen diese kleinen, täglichen Reaktionen für die Entstehung von Verspannungen verantwortlich zu sein.

Muskelspannung und Schmerzen

Ein chronisch hoher Tonus schränkt die Beweglichkeit und die Kraft ein, ermüdet die Muskulatur, stört den Muskelstoffwechsel und verursacht Schmerzen, die vor der zu hohen Muskelspannung warnen. Wahrgenommen wird häufig erst der Schmerz, nicht die Verspannung.
Schmerzen wiederum verursachen eine Erhöhung des Muskeltonus. Damit ist ein verhängnisvoller Kreislauf aus Schmerz und Verspannung in Gang gesetzt, bei dem sich Ursache und Wirkung nicht mehr unterscheiden lassen. Das Gefühl, dem Rückenschmerz hilflos ausgeliefert zu sein, verstärkt diesen Prozess noch.

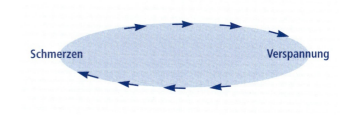

Dieser kann nur durch ein aktives Eingreifen in das Schmerz- und Spannungsgeschehen unterbrochen werden. Aus diesem Blickwinkel betrachtet können schmerzstillende oder spannungslösende Medikamente durchaus sinnvoll sein.
Über die Progressive Muskelentspannung kann der Muskeltonus auf ein deutlich niedrigeres Niveau gesenkt und die Verspannung gelöst werden. Zu berücksichtigen ist aber, dass die Sensibilität für Spannungsunterschiede in verspannten Körperregionen deutlich herabgesetzt ist.

Beweglicher werden

Auf einen Blick

Ziele:
- Die Bedeutung der Beweglichkeit für die Rückengesundheit verstehen
- Möglichkeiten zur Mobilisation kennen lernen

Thema	Ziel	Methode	Medien	Zeit
Gehen	Aktivieren, Wahrnehmung fördern	Körperwahrnehmung	Musik	10 Min.
Dehnung und muskuläre Balance	Wirkungszusammenhänge von Dysbalancen vermitteln, Erleben eigener Beweglichkeit	Kurzinformation Körperwahrnehmung		15 Min.
Bewegungsübungen	Training der Beweglichkeit	funktionelle Gymnastik, Körperwahrnehmung, Gesprächsrunde	Matten	45 Min.
»Führen lassen«	Wahrnehmung schulen	Körperwahrnehmung		10 Min.
Passives Dehnen	Entspannende Wirkung der Dehnung erleben	Körperwahrnehmung	Matten	10 Min.

Beschreibung der Kurseinheit

Durch die Häufung von Dehn- und Mobilisierungsübungen in einer Kurseinheit sollen die Teilnehmerinnen für das Thema »Beweglicher werden« sensibilisiert werden. Sie sollen die Wirkungen der Dehnung und Mobilisation am eigenen Leib erleben. Vielleicht können Sie die Teilnehmerinnen anregen, das richtige Maß in der Endposition der Dehnung zu finden und ein Gefühl für Dehnungsspannung im Unterschied zur muskulären Anspannung zu entwickeln. Mit Hilfe von Dehnübungen kann ein Gefühl von Entspannung und Wohlbefinden erzeugt werden. Ein weiteres Ziel ist, diese entspannungsfördernde Wirkung von Dehnübungen zu vermitteln. Außerdem soll deutlich werden, dass Dehnübungen – über ihre funktionsorientierte ursprüngliche Wirkung hinaus – einen Weg zur Körperwahrnehmung darstellen.

Gehen

In mehreren aufeinander folgenden Übungen wird die Aufmerksamkeit nach außen, zu den anderen Teilnehmerinnen und auf die Selbstwahrnehmung gelenkt. Nicht nur Aktivierung ist das Ziel dieser Übung, sondern auch Selbstwahrnehmung und der offene Umgang mit anderen Gruppenmitgliedern. Gerne können Sie rhythmische Musik einsetzen (Tempo: 135 – 140 Schläge/Minute), die zu zügigem, fließendem Gehen einlädt.

- Alle gehen auf freien Raumwegen und versuchen, sich dabei möglichst gleichmäßig im Raum zu verteilen.
- Alle Teilnehmerinnen kreuzen auf ihrem Weg durch den Raum die Raummitte. Jede Person, die ihnen dort begegnet, wird begrüßt. Welche Art der Begrüßung gewählt wird, entscheidet die Gruppe.
- Zwei gleich große Gruppen gehen über die Raumdiagonale aufeinander zu und, ohne eine entgegenkommende Person zu berühren, aneinander vorbei.
- Der imaginäre Teppich, auf dem die Gruppen gehen, wird immer schmaler, so dass sich alle aneinander vorbei schlängeln müssen.
- Die Gruppen versuchen sich gegenseitig – ohne Körperkontakt – am Vorbeigehen zu hindern. Mit einem lauten »Ha« verstellen sie sich herausfordernd den Weg.
- Alle begrüßen sich bei der Begegnung mit einer Geste oder einem Handschlag über Kopf, mit oder ohne Worte.
- Zwei Entgegenkommende drehen sich eine Umdrehung umeinander Rücken an Rücken.
- Die Teilnehmerinnen gehen alleine auf freien Raumwegen, spüren ihrem Befinden nach und wie sie die einzelnen Variationen erlebt haben. »Welche Variation hat Ihnen am besten gefallen, welche am wenigsten?«

Dehnung und muskuläre Balance

Die Teilnehmerinnen werden über den heutigen Schwerpunkt Dehnen und Mobilisieren und muskuläre Balance informiert und mit folgender Übung auf das Thema eingestimmt:

Mentale Dehnübung

Im körpergerechten Stand heben die Teilnehmerinnen einen Arm nach vorne hoch bis in die Waagerechte. Sie führen den Arm langsam nach hinten und schauen ihm nach. Die Teilnehmerinnen merken sich die Stelle im Raum, bis zu der sie maximal drehen können, ohne dass sich die Füße mit bewegen. Anschließend langsam wieder in die Ausgangsstellung zurückdrehen und den Arm sinken lassen. Führen Sie die Übung einmal vor, die Teilnehmerinnen machen die Übung ebenfalls nur einmal.

Anschließend sollen sie diese Drehung in Gedanken – ohne sich wirklich zu bewegen – zehnmal mit geschlossenen Augen durchführen. Die Augen werden nach zehn Wiederholungen wieder geöffnet.

Im Anschluss daran führen alle Teilnehmerinnen die Übung gemeinsam noch einmal real durch. Sie werden feststellen, dass sie nun deutlich weiter drehen können als beim ersten Mal. In der Regel sind die Teilnehmerinnen positiv überrascht von ihrer eigenen Fähigkeit, ihre Beweglichkeit zu beeinflussen.

Das mentale Training wird in den kommenden Kurseinheiten wiederholt eingesetzt.

Lässt sich wirkungsvoll mental trainieren

Waden dehnen im Stand

Im hüftbreiten Stand wird in einer Art Momentaufnahme die Aufmerksamkeit insbesondere auf die Standfläche, Fußdruckpunkte und mögliche Unterschiede zwischen beiden Beinen gelenkt. Anschließend wird die Wade eines Beines ausführlich gedehnt. Danach sollen im hüftbreiten Stand mit geschlossenen Augen das rechte und das linke Bein miteinander verglichen werden:

- »Welche Unterschiede sind zwischen gedehntem und ungedehntem Bein zu spüren?
- Haben die Füße unterschiedliche Temperatur? Ausdehnung? Standfläche?
- Haben die Waden unterschiedliche Spannung? Größe? Form?
- Bis zu welcher Körperregion spüren Sie die Unterschiede?«
- Zum Schluss wird auch das andere Bein gedehnt.

Bewegungsübungen

Bewegungsfolge auf Musik – Koordinations- und Dehnübungen

Ziele sind die Vermittlung und das Üben von einfachen oder bereits bekannten funktionellen Dehnübungen im Stand sowie ein leichtes Aufwärmen. Elemente können z. B. sein: Wadendehnen, Dehnung der Adduktoren, aktive Dehnung der Brustmuskulatur, kombiniert mit Koordinationsübungen im Stand, z. B. Arm- und Beinschwünge. Zusammen sollen die Übungen eine harmonische Bewegungsfolge auf rhythmische Musik ergeben.
Musikvorschläge siehe Seite 127.

In der Kurseinheit »Den Rücken in Balance halten« wird eine Bewegungsfolge für den Rücken vorgestellt *(siehe Seite 112 ff.)*. Wenn Sie diese mit den Teilnehmerinnen üben möchten, können Sie jetzt schon einzelne Elemente auswählen und in die Bewegungsübungen integrieren.

Die liegende Acht

Liegende Acht

Die Handflächen werden aufeinander gelegt und die Daumen mit den Augen fixiert. Nun zeichnen die Teilnehmerinnen nach links oben beginnend liegende Achten, das Unendlichkeitszeichen, in die Luft, ohne dabei die Daumen aus den Augen zu verlieren. Die liegende Acht kann in Größe und Ausführung variiert werden, das heißt z. B., als Ganzkörperbewegung oder mit einer Hand.

Überkreuzbewegungen wie diese dienen der Aktivierung und dem Geschicklichkeitstraining und sollten regelmäßig in den Stunden eingesetzt werden.

Variationen:
- Im Einbeinstand kleine Achten mit dem Fuß auf den Boden malen.
- Im Stand rechtes Knie und linke Hand zusammenführen, im Wechsel mit der anderen Seite.
- Im Stand linken Fuß und rechte Hand hinterm Körper zusammenführen, im Wechsel mit der anderen Seite.

Funktionsgymnastik zur Verbesserung der Beweglichkeit

In der Kombination von Übungen zur Verbesserung von Beweglichkeit, Stabilisation und Koordination liegt der Schwerpunkt in dieser Kurseinheit auf Dehn- und Mobilisierungsübungen. Zu allen funktionellen Übungen werden dosiert Informationen vermittelt, über die Position, über die dabei gedehnten Muskeln, mobilisierten Gelenke und über mögliche positive Nebeneffekte, beispielsweise die Stabilisation von weiteren Muskelgruppen. Vorrangig lenken Sie die Aufmerksamkeit der Teilnehmerinnen auf ihr eigenes Empfinden und regen an, das Gefühl, das die Dehnung auslöst, in Worte zu fassen.

- »Wo spüren Sie Dehnung?«
- »Wie ist es im Vergleich zur anderen Körperseite?«
- »Wie zum Zustand vor der Dehnübung?«
- »Ertasten Sie die gedehnten Muskeln.«

Vielleicht können Sie die muskuläre Balance und ihre Bedeutung am Beispiel Hüftbeuger – Hüftstrecker verdeutlichen und mit den entsprechenden praktischen Übungen verbinden. Es werden keine »idealen« Endpositionen oder Normwerte vorgegeben. Die Dehnung orientiert sich am eigenen Erleben.
Es empfiehlt sich, vorwiegend statisch-passive Dehnübungen auszuwählen, die in der Endposition 10 bis 15 Sekunden gehalten werden. Jede Übung wird zwei- bis dreimal wiederholt.
Die Auswahl der zu dehnenden Muskelgruppen ergibt sich aus der Systematik der zur Verkürzung neigenden Muskeln, *siehe Seite 90. Weitere Informationen zur Methodik der funktionellen Gymnastik finden Sie auf Seite 39 ff.*

Beweglichkeit der Beine – Beweglichkeit des Rückens

In verschiedenen Sitzvariationen am Boden können die Übenden erleben, wie sehr die aufrechte Rückenhaltung mit der Beweglichkeit der Bein- und Hüftmuskulatur zusammenhängt. Die folgenden Fragen und Anregungen können als Anleitung dienen:

- »Können Sie sich mit gestreckten Beinen auf oder vor die Sitzbeinhöcker setzen? Wenn nein, was hindert Sie daran?
- Wie geht es mit gebeugten Kniegelenken? … im Grätschsitz?
- Wenn Sie möchten, können Sie sich ein gefaltetes Handtuch unter den Po legen oder sich auf den Mattenrand setzen. Können Sie Ihre Zehen greifen, wenn die Beine gestreckt bleiben? Was macht der Rücken?
- Wie geht das Gleiche mit gebeugten und gegrätschten Beinen? Kann die Wirbelsäule ihre natürliche Schwingung beibehalten?

▸ Welchen Einfluss hat die Position Ihrer Füße auf die Dehnfähigkeit der Beine?«

Beweglichkeit

Die Dehnübungen bieten zahlreiche Anknüpfungspunkte, um ein Gespräch über »Beweglichkeit« anzuregen:
▸ »Vielleicht konnten Sie eben einen Zusammenhang zwischen Ihren Füßen und Ihrem Rücken erleben.
▸ Welchen Zusammenhang zwischen körperlicher und geistiger Beweglichkeit können Sie sich vorstellen?
▸ Was ist für Sie das Gegenteil von Beweglichkeit?«

Sie können dieses Gespräch nach oder zwischen den Übungen einleiten.

Integration in die aufrechte Haltung

Die Teilnehmerinnen nehmen einen aufrechten Stand ein und spüren den Auswirkungen der vorangegangenen Übungen ausgiebig nach.

Variation:

Wenn noch Zeit ist, können Sie anregen, die »Zifferblattübung« *(Seite 52 f.)* im Stehen auszuprobieren. Sie können die Übung am bekannten Bild des Zifferblattes beschreiben oder mit folgender Vorstellung arbeiten: »Stellen Sie sich vor, Ihr Becken ist eine große flache Schale, die Sie auch ertasten können. In dieser Schale liegt eine kleine goldene Kugel. Lassen Sie nun diese Kugel durch Bewegungen der Schale sanft hin- und herrollen. Können Sie die Kugel auch kreisen lassen?
Bevor Sie die Übung beenden, lassen Sie die Kugel in der Mitte der Schale ganz zur Ruhe kommen.«

»Führen lassen«

Die Teilnehmerinnen suchen sich ein Gegenüber. Eine Person schließt die Augen und wird von ihrer Partnerin in verschiedenen Variationen durch den Raum geführt.
▸ An den Schultern fassen und durch den Raum lenken. Die Partnerin mit offenen Augen geht hinten.
▸ Ohne Körperkontakt, nur durch Ansage von Richtung, Tempo, etc. führen. Die führende Person geht wieder hinten.
▸ Die beiden Partnerinnen einigen sich auf ein Geräusch, dem die »Blinde« folgt. Beispielsweise klatschen, Hände reiben, Finger schnipsen, pfeifen, mit der Zunge schnalzen. Die leitende Partnerin geht jetzt vorne und gibt durch das Geräusch den Weg vor.

Passives Dehnen

In dieser Dehnübung zu zweit können die Teilnehmerinnen die entspannende Wirkung von Dehnübungen erleben. Eine Person hebt ein Bein der in Rückenlage liegenden Partnerin behutsam bis zu einer Dehnposition für die Beinrückseite. Diese Position wird in der für die Liegende jeweils angenehmen Stellung mindestens eine Minute gehalten. Anschließend wird das Bein im Zeitlupentempo sehr langsam gesenkt. Wenn die Liegende beim Tragen hilft und das Bein nicht deutlich schwerer wird, hebt die aktive Partnerin das Bein ein klein wenig hoch und schüttelt es ganz sanft. Die Liegende soll auf den Zeitpunkt achten, zu dem sie meint, dass ihr Bein den Boden berührt. Der häufig spürbare Effekt, dass das Bein in den Boden zu sinken scheint, ist besonders beim ersten Bein deutlich. Optische Sinnestäuschungen sind bekannt, auch der kinästhetische Sinn lässt sich durch Veränderungen von Tonus und Dehnungsgrad »täuschen«. Lassen Sie Zeit, dass alle noch einen Moment Ruhe zum Nachspüren haben und Zeit, sich auszutauschen.

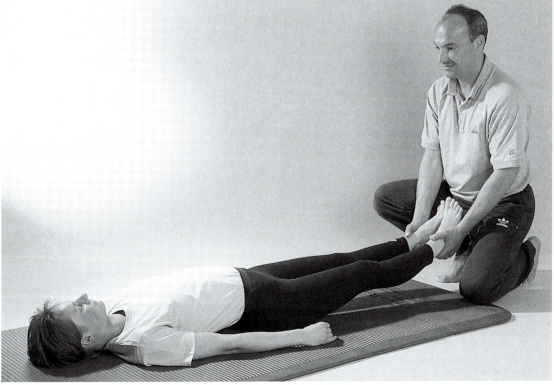

Dehnen und entspannen: als Variation auch mit zwei Beinen gleichzeitig möglich

Gut zu wissen: Zusatzinformationen

Systematik der Muskeln mit mangelnder Dehnfähigkeit

Beim Menschen fallen bestimmte Muskelgruppen durch ihr Dehnverhalten auf. Aufgrund ihres Aufbaus und ihrer Beanspruchung neigen sie zu einer erhöhten Grundspannung und damit zu einer verminderten Dehnfähigkeit. Umgekehrt gibt es Muskeln mit verminderter Spannung und damit einhergehend einer Neigung zur Abschwächung *(siehe Seite 99)*. Eine Einteilung in Muskeln mit Verkürzungs- oder Abschwächungstendenzen bietet eine für den Unterricht von Gruppen wichtige Hilfe bei der Auswahl der funktionsgymnastischen Übungen.

In Anlehnung an Reichardt 1993 *(S. 13 f.)* werden hier nur die Muskeln aufgeführt, über die in der Fachliteratur eine einhellige Meinung herrscht.

Muskuläre Balance

Herrscht bezüglich der Kraft und der Dehnfähigkeit der an einer Bewegung beteiligten Muskeln ein Ungleichgewicht, so spricht man von einem neuromuskulären Ungleichgewicht, einer neuromuskulären Dysbalance. Ob beim Einzelnen neuromuskuläre Ungleichgewichte bestehen, wird in einer individuellen Funktionsprüfung anhand von Messungen von Kraft und Beweglichkeit diagnostiziert. Eine reine Messung von Kraft und Beweglichkeit und deren Vergleich sind jedoch für die Therapie unzureichend. Es mangelt zum einen an Methoden, um den Faktor Koordination zu messen, und zum anderen werden die zahlreichen Ursachen von Dysbalancen nicht berücksichtigt.
Zu den Ursachen neuromuskulärer Dysbalancen siehe Seite 99.

Für die wahrnehmungsorientierte funktionelle Gymnastik in der Prävention spielen Dysbalancen insofern eine Rolle, dass sie der eigenen Wahrnehmung zugänglich sind. Möglich sind der Vergleich zwischen rechter und linker Körperhälfte und der Vergleich zwischen zwei gegensätzlichen Muskeln (z. B. Beuger und Strecker). Über eine aufmerksame Selbstwahrnehmung können Ungleichgewichte erkannt und in ursächlichen Zusammenhang mit individuellen Merkmalen gebracht werden.

Dehnungsmethoden

In der Trainingslehre werden vier verschiedene Dehnungsmethoden unterschieden: das aktiv-dynamische, das aktiv-statische, das passiv-dynamische und das passiv-statische Dehnen.

Passiv-statische Dehnung

Für die Wirbelsäulengymnastik bietet die passiv-statische Dehnung zahlreiche Vorteile: In der Regel sind die Übungen einfach und durch die statische Komponente leicht nachvollziehbar und kontrollierbar. Die Übenden können den Dehnungsreiz gut spüren und dosieren. Für die Körperwahrnehmung während der Übung bleibt viel Zeit. Durch die langsame und ruhige Ausführung kann ein entspannender Effekt entstehen. Die passiv-statische Dehnung ist in unterschiedlichen Varianten verbreitet. Die am häufigsten anzutreffende ist die »gehaltene Dehnung«, bei der die Dehnposition eingenommen und zehn bis 30 Sekunden gehalten wird. Die gehaltene Dehnung kann zusätzlich noch durch die Anspannung des jeweiligen Antagonisten verstärkt werden.

Bei der »Anspannung-Entspannung-Dehnen«-Methode (AED) und der »Contract-Hold-Relax-Stretch«-Methode (CHRS) werden die drei bzw. vier Elemente zu einem Dehnzyklus kombiniert, wobei die Anspannung immer deutlich kürzer als die Dehnphase ist.

Aktive und dynamische Dehnung

Aktives und dynamisches Dehnen sind Formen, die in der Wirbelsäulengymnastik nur eine untergeordnete Rolle spielen. Für Fortgeschrittene stellen sie jedoch sicher eine Bereicherung im Übungsangebot dar. Die Eignung dieser Dehnmethoden auch für die Wirbelsäulengymnastik zeigen drei Beispiele:

▶ **Aktiv-dynamisch:** Die Brustmuskulatur wird in Schrittstellung mit fixiertem Becken und außenrotierten Armen in der Seithalte aus der leichten Vordehnung mit kleinen, einschleichenden, federnden Rückwärtsbewegungen gedehnt.
Der Muskeldehnreflex dürfte bei diesem millimetergroßen, vorsichtigen Nachfedern kaum ausgelöst werden.

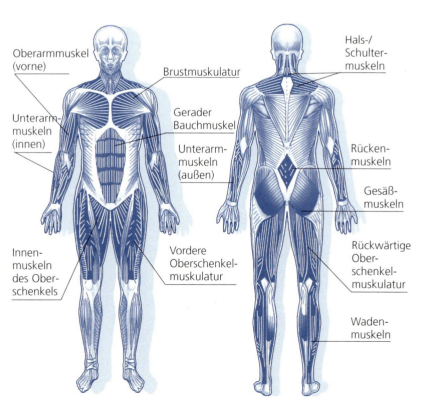

Muskeln, die gedehnt werden wollen (nach Reichardt 1993)

- **Passiv-dynamisch:** Die Beinbeugemuskulatur wird im Stand mit einem hochgelegten, im Kniegelenk leicht gebeugten Bein und nach vorne gekippten Becken leicht gedehnt. Aus dieser Position erfolgt durch kurzzeitiges Strecken des Knies ein Dehnreiz. Die Ferse des hochgelegten Beines rutscht dabei millimeterweise vor und zurück.
- **Aktiv-statisch:** Wird die gleiche Übung in Rückenlage mit einem zur Decke gestreckten Bein durchgeführt und die Dehnposition ohne Zuhilfenahme der Hände gehalten, so ist dies eine aktiv-statische Variante.

Dehnen – Wahrnehmen

Mit zahlreichen Maßnahmen kann die Körperwahrnehmung während der Dehnübungen gefördert werden:

- Durch die Auswahl von statisch-passiven Dehnübungen.
- Differenzsituationen nutzen: Eine Dehnübung wird mehrmals auf nur einer Seite durchgeführt und dann mit der anderen – nicht gedehnten – verglichen. Oder der Vergleich zwischen dem Zustand vor und nach der Dehnung wird angeregt. Oder die Wirkung von zwei Dehnübungen für die gleichen Muskelgruppen aus unterschiedlichen Positionen wird gegeneinander abgewogen. Die Dehnübung wird mit unterschiedlichen Geschwindigkeiten durchgeführt.
- Die Dehnübung wird mit geschlossenen Augen durchgeführt, um die innere Sinneswahrnehmung zu intensivieren. Nach der Übung ist Zeit zum Nachspüren.
- Die Teilnehmerinnen werden animiert, ihre persönliche Empfindung während und nach der Übung in Worte zu fassen. Die Aussagen werden nicht positiv oder negativ kommentiert. Dies dient nicht nur den Übenden zu einer besseren Körperwahrnehmung, sondern gibt auch Ihnen eine Rückmeldung über das subjektive Erleben der Dehnübung.
- Atem wahrnehmen in der Dehnposition. Die Atmung wird nicht gelenkt, sondern vielmehr als Anhaltspunkt für eine richtig dosierte Dehnung genutzt. Der Atem sollte auch in der Endposition ungehindert fließen können. Die Aufmerksamkeit wird zu den Orten gelenkt, an denen der Dehnungsreiz oder die Atembewegung spürbar ist.
- Mit Fragen, die jede Teilnehmerin für sich beantwortet, wird die Aufmerksamkeit auf bestimmte Bereiche und Wahrnehmungen gelenkt: »Wo spüren Sie Dehnung? Wie fühlen sich die gedehnten Körperpartien an? Wie ist deren Ausdehnung, Form, Auflagefläche, Temperatur? Mit welchen Worten lässt sich der Dehnungsreiz beschreiben? Können Sie sich vorstellen, wie der Muskel langsam lang wird?«

Neben dem Aspekt der Körperwahrnehmung fördert die langsame und ruhige Bewegungsausführung der Dehnübungen das Gefühl der Entspannung und des Wohlfühlens. Unterstützt werden kann dieser Effekt durch nicht zu häufigen Wechsel der Ausgangspositionen. Zuerst werden zum Beispiel alle Übungen in Rückenlage durchgeführt, dann die in Seitenlage usw. Außerdem ist es sinnvoll, in Socken zu üben.

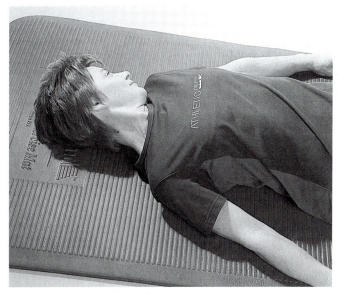

Atmen und den Nacken dehnen

Dehnen – Atmen

Der Atem wird bei den Dehnübungen nicht willkürlich gelenkt. Die Teilnehmerinnen werden ermutigt, ihren Atem so zu lassen, wie er gerade sein will und den frei fließenden Atem als Körpersignal für eine richtig dosierte Dehnung zu werten. Das Zusammenspiel von Atmung und Dehnbewegung kann bei zahlreichen Übungen erlebt werden. Einige Anwendungsbeispiele machen dies deutlich:

- In der großen Drehdehnlage (Mobilisationsübung in Seitenlage mit angewinkelten Beinen und nach rückwärts gedrehtem Oberkörper, *siehe S. 94*) wird die Endposition einige Atemzüge gehalten und der Arm, der vorher den Boden noch nicht berührt, sinkt mit jedem Atemzug ein wenig tiefer.

- Während die rechte Schulter nach unten geschoben wird, neigt sich der Kopf mit dem linken Ohr zur linken Schulter. Beim Einatmen verstärkt sich diese Dehnung durch Weitwerden des oberen Brustraumes. Nach einigen Atemzügen wird gegengleich geübt.

- Bei einer aktiv und rhythmisch durchgeführten Dehnung der Brustmuskulatur folgt die Dehnbewegung der Einatmung.
  Dazu werden im Stand oder Sitz die Hände am Hinterhaupt verschränkt. Die Ellbogen werden in einer kleinen, langsamen rhythmischen Bewegung wenige Zentimeter nach hinten und wieder nach vorne geführt. Dann erst wird die Aufmerksamkeit auf den Atem gelenkt. Beim Nach-hinten-Führen erfolgt gewiss das Einatmen, beim Zurückgehen das Ausatmen. Die Bewegung wird anschließend dem Atemrhythmus folgend bis zum Dehnreiz vergrößert.

Beweglicher werden

Die Bewegung folgt der Atmung

Variationen:
- in Seitenlage,
- im Stand.

Beim Recken und Strecken in Rückenlage, im Stand oder Sitz werden die meisten Teilnehmerinnen spüren, dass sie beim Strecken ein- und beim Lösen ausatmen. Das Strecken löst auch häufig das Bedürfnis zu gähnen aus.

Mobilisation: Basisübungen und Variationen zur Verbesserung der Beweglichkeit

Der Übergang zwischen Dehnung und Mobilisation ist fließend. Während Dehnung eher die Dehnfähigkeit der Muskulatur betrifft, zielt Mobilisation auf eine Erhöhung der Gelenkbeweglichkeit ab. In der Übungspraxis wird bei den meisten Mobilisierungsübungen auch gedehnt. Schwerpunkte, die den Rücken betreffen, sind dabei die Mobilisierung der kleinen Wirbelgelenke und des Kreuz-Darmbein-Gelenks. Bei der Durchführung ist zu beachten, dass niemals gegen den Schmerz geübt werden darf, kein Schwung und keine Kraftanstrengung eingesetzt wird und mobilisierende Übungen immer mit stabilisierenden Übungen verknüpft werden sollten.

Die Auswahl der Basisübungen orientiert sich an der Systematik der zur Verkürzung bzw. Abschwächung neigenden Muskulatur, abgestimmt mit Übungen, die die Beweglichkeit der Wirbelsäule verbessern.
Variiert werden kann die Ausgangs- bzw. Endposition, der Hebelarm, die Dehnungsrichtung (Wechsel von Ansatz und Ursprung der zu dehnenden Muskulatur) sowie die Dehnungsmethode (statisch oder dynamisch, aktiv oder passiv).

Dehnung Beinrückseite

In Rückenlage zeigt das Kinn in Richtung Brustbein, so dass sich der Nacken dehnen kann. Ein Bein wird mit beiden Händen in der Kniebeuge gefasst und an den Körper herangezogen. Das andere Bein bleibt am Boden liegen. Diese Position wird einige Atemzüge gehalten. Bei verkürzten Hüftbeugern wird hierbei der Hüftbeuger des gestreckten Beines gedehnt. Anschließend wird das Bein zur Decke hin gestreckt, bis Dehnspannung in der Beinrückseite zu spüren ist (*siehe auch Seite 45*).

Dehnung der Beinrückseite im Stand, an die Wand gelehnt

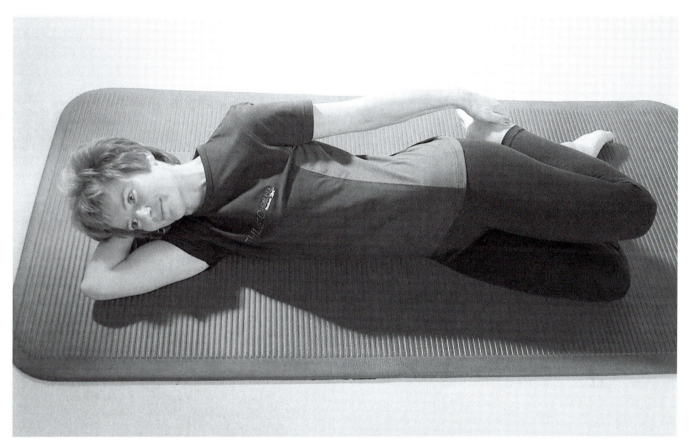

Dehnung Hüftbeuger und Kniestrecker in Seitenlage

Dehnung Hüftbeuger und Kniestrecker
In Seitenlage sind beide Beine in Hüft- und Kniegelenk rechtwinklig gebeugt. Die obere Hand fasst das Fußgelenk des oberen Beines und zieht die Ferse in Richtung Gesäß, so dass sich das Hüftgelenk streckt. Weicht das Becken aus, d.h. wird die Lendenlordose größer, so ist die Dehnwirkung auf die Hüftbeuger (Lendendarmbeinmuskel und gerader Oberschenkelmuskel) geringer. Das Anspannen der Gesäßmuskulatur verhindert ein Ausweichen des Beckens in Richtung Hohlkreuz.

Dehnung Wade
In hüftbreiter Schrittstellung wird das Gewicht auf das vordere gebeugte Bein verlagert, die Ferse des hinteren Beines bleibt am Boden, bis Dehnspannung in der Wade zu spüren ist. Die Arme sind in Hochhalte, so dass hinteres Bein, Rumpf und Arme in einer Linie sind. Gedehnt wird der Zwillingswadenmuskel.

Dehnung Schollenmuskel
In einer kleineren Schrittstellung bleibt ebenfalls das Knie des hinteren Beines leicht gebeugt.

Dehnung Zwillingswadenmuskel

Beweglicher werden

Dehnung Oberschenkelanzieher im Sitzen

Gezielte Nackendehnung

Dehnung Oberschenkelanzieher
Aus der Rückenlage mit aufgestellten Füßen werden die Knie geöffnet und sinken zu beiden Seiten in Richtung Boden. Die Fußsohlen haben jetzt Kontakt zueinander, nur die Schwerkraft zieht die entspannten Beine nach unten.

Variation im Sitzen:
Im Sitz auf dem Boden werden beide Beine angezogen, die Knie sind geöffnet, die Fußsohlen haben Kontakt zueinander. Aufrechtes Sitzen, d.h. das Sitzen auf oder vor den Sitzbeinhöckern bewirkt häufig bereits eine Dehnung der Oberschenkelanzieher. Dies kann unterstützt werden, indem beide Hände die Knöchel fassen und der Oberkörper aktiv aufgerichtet wird, oder durch Abstützen mit beiden Händen am Boden hinter dem Körper. Gleichzeitig werden beide Knie in Richtung Boden gedrückt. Eine dehnende Wirkung wird auch erreicht, wenn die Knie ausatmend zu Boden sinken können.

Dehnung Nacken
Im aufrechten Stand wird der eine Arm ein wenig nach unten gestreckt. Der Kopf wird zur anderen Seite geneigt, bis die Dehnung des Nackenmuskels zu spüren ist. Durch feine Bewegungen des Kinns kann eine angenehme Position gefunden werden, die dann gehalten wird. Gedehnt wird der obere Trapezmuskel, der Schulterblattheber.

Dehnung Rückenstrecker
In Rückenlage werden beide Beine in den Kniebeugen oder auf den Knien gefasst und an den Oberkörper herangezogen. Die Knie beschreiben behutsame Kreise, die Aufmerksamkeit liegt auf den Bewegungen des unteren Rückens. Die Knie können dabei geöffnet oder geschlossen gehalten werden, betont wird die mühelose Ausführung.

Kleine Drehdehnlage
Die kleine Drehdehnlage beginnt in der Rückenlage mit angestellten Beinen, die Hände liegen im Nacken, die Ellbogen am Boden. Knie und Füße sind jeweils dicht beieinander und werden geschlossen zu einer Seite hin abgesenkt. Das Absenken erfolgt nur so weit, dass die Beine wieder mühelos in die Ausgangsposition zurückbewegt werden können und der entgegengesetzte Ellbogen am Boden bleibt *(siehe auch Seite 46)*.

Dehnung Rückenstrecker: Das Kreisen soll mühelos sein können

Große Drehdehnlage

Die Teilnehmerinnen liegen auf der Seite und winkeln beide Beine an. Mit dem oberen, gestreckten Arm wird nun, die Hand immer am Boden lassend, ein weiter Bogen über den Kopf zur anderen Seite beschrieben. Der Kopf dreht mit. Die Drehung erfolgt nur soweit, wie dies individuell noch gut möglich ist, ohne den Atem anzuhalten. In der Endposition wird ruhig ein- und ausgeatmet. Die Atmung verstärkt die Dehnung.

Die Position muss unbedingt auf dem umgekehrten Weg genauso langsam und behutsam durchgeführt werden. Wiederholungen sind möglich. Auch mental die Bewegung nachzuvollziehen ist möglich und sinnvoll.

Die zweite Seite wird mit der gleichen Aufmerksamkeit geübt. Meist geht eine Seite deutlich besser als die andere.

Zwischen und nach dem Seitenwechsel wird in der Ausgangsposition geübt. Nach Abschluß der Übung drehen sich die Teilnehmerinnen in die Rückenlage. Sinnvoll kann es sein, beide Beine angewinkelt an den Oberkörper zu ziehen, um nochmals kurz die Rückseite zu dehnen.

Mobilisation Kreuz-Darmbein-Gelenk

Ausgiebiges Räkeln und Strecken beinhaltet meist intuitiv auch Bewegungen zur Mobilisation des Kreuz-Darmbein-Gelenkes (Iliosakral-Gelenk). Intensiviert wird diese Mobilisation durch folgende sehr kleinen Bewegungen:

- In Rückenlage wird ein Bein auf seiner gedachten Verlängerung weiter nach unten verschoben. Korrekt ausgeführt ist die Bewegung nur ganz minimal, kaum zu bemerken. Tastbare Veränderungen wären durch den Oberkörper verursacht und das ist nicht gewünscht.
- In Rückenlage mit aufgestellten Füßen wird ein Knie, ohne dass die Füße sich verschieben und ohne dass die Knie nach rechts oder links sinken, fußwärts geschoben. Die Gewichtsverlagerung von einer Beckenseite auf die andere ist deutlich zu spüren, das Becken schaukelt ohne Anstrengung von einer auf die andere Seite. Das Becken soll nicht vom Boden abheben.
- In Seitenlage sind die Beine in Hüfte und Knie rechtwinklig gebeugt. Die Knie werden auf einer gedachten Achse längs der Oberschenkel nach oben und unten gegeneinander verschoben.

Große Drehdehnlage: Endposition, der Oberkörper dreht mit dem Arm

Stabiler werden

Auf einen Blick

Ziele:
- Training der Stabilisierungsfähigkeit
- Erlernen und Erleben von Stabilisierungsübungen

Thema	Ziel	Methode	Medien	Zeit
Gehen	Aktivieren, Reflexion	Körperwahrnehmung, Gesprächsrunde	Musik	10 Min.
Stabilität und muskuläre Balance	Wissen über Kraft und Koordination vermitteln	Kurzinformation	Plakat	5 Min.
»Metronom«	muskuläre Spannung erleben	Körperwahrnehmung		10 Min.
Funktionelle Gymnastik – Schwerpunkt Kräftigung	Training der Stabilisierungsfähigkeit	Gymnastik	Matten	20 Min.
Heben	Alltagsbewegung erleben und reflektieren	Körperwahrnehmung		10 Min.
Stabilisation gegen Widerstand	Training der Stabilisierungsfähigkeit	Gymnastik	Matten	20 Min.
Arme ausschütteln und ausstreichen	Entspannung, Lockerung	Partnerinnenmassage		10 Min.
Zum Schluss ...	Abschluss, Vorbereitung auf die nächste Einheit	Gesprächsrunde		5 Min.

Beschreibung der Kurseinheit

Der Schwerpunkt Kräftigen und Stabilisieren soll die Teilnehmerinnen in besonderem Maße für die eigene Muskelspannung sensibilisieren. Sie können lernen, Muskelspannung bewusst zu dosieren und im Alltag einzusetzen. Sie sollen die Wirkung von Stabilisierungsübungen am eigenen Leib erfahren und angeregt werden, regelmäßig zu trainieren. Über den gesamten Kursverlauf zielen die Kräftigungsübungen auf eine Verbesserung der Stabilisierung und der Koordination.

Gehen

Die Stunde beginnt erneut mit Gehen auf freien Raumwegen. Wenn Sie Musik einsetzen, wählen Sie einen Rhythmus, der zu zügigem, fließendem Gehen einlädt.

Variation:

Sie können den Raum nach und nach immer mehr einengen, bis alle sich auf engem Raum aneinander vorbei schlängeln müssen. Zuletzt machen Sie den Raum wieder weit.

Sie können die Teilnehmerinnen mit dem Satz »Es geht meinem Rücken gut, wenn ich …« zur Reflexion anregen. Lassen Sie noch einen Moment Zeit, damit alle während des Gehens ausreichend Ruhe haben, diesen Satz für sich zu beantworten.

In einer kurzen Gesprächsrunde werden dann die bisherigen Erfahrungen über positive Einflüsse auf die eigene Rückengesundheit gesammelt.

Stabilität und muskuläre Balance

Anhand von Plakaten oder Folien können Sie zur Einstimmung auf das Thema kurze Informationen zur Stabilisierungsfunktion der Wirbelsäule und der Rumpfmuskulatur geben. Zentrale Stichworte sind: oberflächliche Muskulatur, wirbelsäulennahe Muskelgruppen, Muskeltonus *(siehe Seite 20 ff.)*.

Die Teilnehmerinnen können dabei ihre eigene oder die beschriebene Rückenmuskulatur einer Partnerin ertasten.

»Metronom«

In mehreren Übungen kann die Wirkung einer hohen Ganzkörperspannung erlebt werden. Gestützt durch andere überschreiten die Teilnehmerinnen die Gleichgewichtsgrenze. Die Stützenden werden angeregt, verschiedene Stützhaltungen auszuprobieren und den Krafteinsatz zu dosieren. Die Übungen sind zugleich Vertrauensübungen. Nach den einzelnen Übungen ist das Bedürfnis nach Mitteilung besonders groß. Planen Sie entsprechenden Raum ein.

Zu dritt

Eine Person steht mit relativ hoher Körperspannung. Die beiden anderen stehen in Schrittstellung und mit den Händen an deren Schultern vor bzw. hinter ihr. Die mittlere Person verlagert das Gewicht langsam auf die Ballen und auf die Fersen und schwankt zwischen den sicher stützenden Händen der beiden Partnerinnen wie ein Metronom. Die »Pendelweite« sollte nur so groß sein, dass die mittlere Partnerin sicher gehalten werden kann. Das Vertrauen erhöht sich, wenn die Hände immer Kontakt zur Schulter halten.

Zu zweit

Die beiden Personen stehen hintereinander, die vordere beginnt durch seitliche Gewichtsverlagerung sanft hin und her zu schwanken. Die hintere Person stützt sie rechts und links an den Schultern ab. Achtung: Die stützende Person soll sehr dicht stehen und sollte keine großen Schwankungen zulassen.

In der Gruppe

Alle Teilnehmerinnen stehen im engen Innenstirnkreis. Eine Person stellt sich mit verschränkten Armen in die Mitte. Sie fängt an zu schwanken und wird von allen gestützt. Der Kontakt mit den Händen zur schwankenden Person soll immer aufrechterhalten werden. Insbesondere diese letzte Variante erfordert großes Vertrauen in die Stützenden. Nicht alle trauen sich diese Übung zu und niemand darf genötigt werden, sich in die Mitte zu stellen.

Funktionelle Gymnastik – Schwerpunkt Kräftigung

In verschiedenen Ausgangspositionen werden Übungen mit einem erhöhten koordinativen Anspruch, mit zahlreichen Wiederholungen und gesteigertem Krafteinsatz durchgeführt. Der Schwerpunkt liegt auf Basisübungen mit Variationen *(siehe Seite 45ff.)* mit mittlerer Intensität und mittlerem Umfang.

Dabei werden dosiert Informationen über die beanspruchten Muskelgruppen und die möglichen »Nebeneffekte« Dehnung und Mobilisation vermittelt. Die Aufmerksamkeit der Teilnehmerinnen wird auf die Körperwahrnehmung während der Übung gelenkt.

Die Geschwindigkeit orientiert sich in der Regel an der Atmung. Ein Maßstab im Zusammenspiel zwischen Atembewegung und gymnastischer Bewegung ist das eigene Empfinden, in welcher Phase der Bewegung das Ein- bzw. Ausatmen angenehm ist.

Exakte Wiederholungszahlen in den einzelnen Serien werden nicht vorgegeben, die Übenden können so den Beanspruchungsgrad selbst dosieren und Steigerungen selbst bestimmen.

Ausgleichend werden einzelne Dehn- und Mobilisierungsübungen durchgeführt *(Basisübungen siehe Seiten 88 bis 95)*.

Heben

Integriert in die Übungen der funktionellen Gymnastik können Sie einige Tipps zu rückengerechter Haltung geben. Die Ausgangsposition der Ganzkörperstabilisation *(siehe Seite 103)* ist gleichzeitig eine geeignete Haltung für schweres Heben. Imaginäre Kästen können gehoben werden. Die Teilnehmerinnen werden angeregt, Alternativen vorzuschlagen.

Häufig kommt an dieser Stelle die scherzhaft gemeinte Bemerkung: »Wenn ich einen schweren Kasten heben muss, rufe ich meinen Mann.« Sie können dies zum Anlass nehmen, um im Kurs zu thematisieren, ob Getränkekästen für Frauen tatsächlich zu schwer sind, oder ob es Dinge gibt, bei denen es wichtiger ist, sich Hilfe oder Unterstützung zu holen.

Stabilisation gegen Widerstand

Alle Übungen erfolgen jetzt paarweise. In verschiedenen Ausgangspositionen leistet eine Person Widerstand gegen Druck an bestimmten Partien. Der Druck wird immer nur eine Atemphase lang ausgeübt. Die Übung wird schwieriger, je schneller die Druckpunkte gewechselt und je schneller der Druck auf- und abgebaut wird. Die Aufmerksamkeit wird auf die Muskelspannung und den Körperschwerpunkt gelenkt (zentrieren!).

- »Bis in welche Körperregion spüren Sie die Spannung?
- Wann und wo fällt es Ihnen besonders schwer, die Spannung zu halten?
- Was macht der Atem?
- Wie hoch darf der Druck sein, dass Ihre Partnerin nicht nachgibt?
- In welchen Partien des Rückens sehen Sie, dass sie ausweicht, sich dreht bzw. sich bewegt?«

Vierfüßerstand

Eine Person stützt im Vierfüßerstand. Die Partnerin drückt mit langsam zunehmender Kraft seitlich an eine Schulter oder an eine Hüfte. Die Person im Vierfüßerstand leistet zunehmend Widerstand, ohne sich zu bewegen oder bewegen zu lassen. Anschließend wird Druck an der rechten Schulter und gleichzeitig Zug an der linken Hüfte ausgeübt und umgekehrt.

Aufrecht stehend

Eine Person steht aufrecht, die Hände können zur besseren Sammlung im Körperschwerpunkt auf dem Bauch ruhen. Die Druckpunkte sind an einer Schulter oder einer Hüfte, von vorne, seitlich oder hinten. Eine statische Rotationswirkung ergibt sich, wenn Druck bzw. Zug an einer Schulter und gleichzeitig Zug bzw. Druck an der gegenüberliegenden Hüfte gegeben wird.

Durchlässig

In der letzten Variation leistet die stehende Person keinen Widerstand mehr, sondern wird »durchlässig« für den Druck bzw. Zug an den einzelnen Partien. Sie gibt dem Druck nach, weicht ihm durch weiche Bewegungen aus, macht vielleicht einen Schritt nach hinten oder nach vorne. Der Druck geht ins Leere, sie kommt immer wieder in den aufrechten Stand zurück.

- »Wie empfinden Sie diese Variation?
- Welche Bewegungsmöglichkeiten haben Sie, um dem Druck bzw. Zug auszuweichen?«

Arme ausschütteln und ausstreichen

Bei dieser Partnerinnenmassage steht eine Person aufrecht und lässt die Arme entspannt hängen. Ihre Partnerin

- lässt deren Arm durch Antippen sanft pendeln,
- fasst den Arm an der Hand oder am Ellbogen, hebt ihn ein wenig an und lässt ihn wieder fallen,

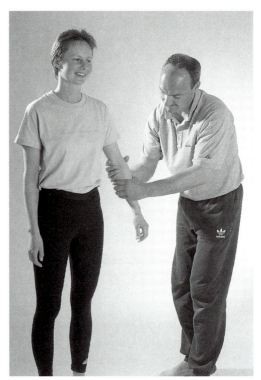

Mit beiden Händen ausstreichen

- hebt den Arm am Ellbogen und lässt den nach unten hängenden Unterarm hin und her pendeln,
- fasst ihn am Handgelenk und zieht ihn sanft in verschiedenen Richtungen und
- fasst die Hand am Übergang zum Handgelenk und schüttelt den hängenden Arm.

Wichtig ist, dass mit kleinen Bewegungen begonnen wird, um Vertrauen in das »Tragenlassen« aufzubauen.

Variation:

Diese Übung ist auch in Rückenlage möglich.

Anschließend streicht die Partnerin den Arm mit weicher Hand und vollem Handkontakt aus. Vom Nacken beginnend, über die Schulter, den Arm entlang, mit einem zarten Schwung bis über die Fingerspitzen hinaus. Dabei trägt sie den Arm so, dass der Fluss des Ausstreichens auch über die Hand hinaus nicht behindert wird.

Insgesamt orientiert sich die Art des Ausstreichens an den Wünschen der stehenden Person. Diese werden in dieser Phase aber meist auch ohne Aufforderung geäußert.

Erst wenn der gesamte Ablauf – zur Zufriedenheit der Nehmenden – an einem Arm beendet ist, folgt der zweite Arm, anschließend der Rollentausch. Das Streichen hat entspannende, aber auch belebende Wirkung.

Zum Schluss …

… weisen Sie darauf hin, dass Sie in der nächsten Kurseinheit eine längere Entspannungsübung durchführen werden. Je nach Jahreszeit, Raumtemperatur und individuellen Bedürfnissen sollen die Teilnehmerinnen zusätzlich warme Kleidung und dicke Socken mitbringen.

Gut zu wissen: Zusatzinformationen

Systematik der Muskulatur mit verminderter Kraft

Bestimmte Muskeln neigen im Durchschnitt eher zur Abschwächung als andere. In der folgenden Systematik nach Reichardt sind diese Muskeln zusammengefasst. Da in einer Gruppe keine individuellen Muskelfunktionstests durchgeführt werden, ist eine solche Systematik ein hilfreiches Kriterium bei der Übungsauswahl.

Neuromuskuläre Dysbalancen

Die Messung von Kraft- und Beweglichkeitswerten wie Abschwächung oder Verkürzung allein ist nicht ausreichend zur Erklärung und Therapie neuromuskulärer Dysbalancen. Die Sportmediziner J. Freiwald, M. Engelhardt und I. Reuter kommen vielmehr zu dem Schluss, dass die Ursachen von Dysbalancen in Prozessen zu suchen sind, die in Folge von individueller Anlage, Lebenssituation, Bewegungsmustern, alltäglichen Anforderungen und Beschwerden die Funktion des Muskelorgans beeinflussen.
Alle Einflussfaktoren, die für neuromuskuläre Anpassungen verantwortlich sind, müssen einbezogen werden: biologische (z. B. Aufbau, Reaktionsmuster), psychische und soziale Faktoren (z. B. Umweltbedingungen, Alltagsanforderungen).
Gewohnheitshaltungen und -bewegungen, einseitige Anforderungen, aber auch kleine und große Verletzungen sind ursächlich an der Entstehung von Dysbalancen beteiligt.

Die Bedeutung von Dysbalancen darf nicht überbewertet werden. Aus der Tatsache, dass verkürzte oder abgeschwächte Muskeln eine aufrechte Haltung unmöglich machen, wird häufig der Trugschluss gezogen, man müsse nur diese Dysbalancen beseitigen, dann werde sich die aufrechte Haltung von selbst einstellen. Beweglichkeit und Stabilität sind zwar notwendige, aber keineswegs ausreichende Bedingungen des Aufrechtseins. Eher noch ist die Folgerung erlaubt, dass über eine aufrechte Haltung und Bewegung eine muskuläre Balance möglich ist.

Stabilisierung

Auswahl und Methodik
Unter funktionellem Aspekt ergeben sich eindeutige Forderungen für das Training der rückenstabilisierenden Muskeln.
- Es sind insbesondere die Muskelgruppen zu trainieren, die in der Regel zur Abschwächung neigen.
- Stabilisationsübungen sind nicht gleichbedeutend mit statischen Übungen. Um die Kraft und die Koordination rückengerecht zu trainieren, sind Bewegungen notwendig, die den Anforderungen von Alltagsbewegungen entsprechen. Ein wichtiger Inhalt eines rückengerechten, funktionellen Stabilisierungstrainings sind dynamische Übungen mit segmentalen Beuge,- Streck- und Rotationsbewegungen der Wirbelsäule. Segmentale Wirbelsäulenbewegungen, insbesondere Rotationen, sind typisch für Alltagsbewegungen. Wird in Übungen der Rumpf nur als Block bewegt – ohne segmentale Extension, Flexion oder Rotation –, so bleiben Trainingsreize für die kurzen, wirbelsäulenstabilisierenden Muskelgruppen aus. Die Durchführung von statischen Rumpfmuskelübungen sollte auf die Anfangsphase und auf bestimmte Indikationen begrenzt bleiben.
- In einem dynamischen Muskeltraining werden die intra- und intermuskuläre Koordination verbessert, d. h., das neuromuskuläre Zusammenspiel innerhalb eines Muskels und zwischen allen an einer Bewegung beteiligten Muskeln. Zahlreiche Variationen und das Üben eines fließenden, harmonischen Bewegungsablaufes unterstützen dieses Ziel.

Kräftigung und Geschicklichkeit
Übungen zur Kräftigung bieten häufig die Gelegenheit, die Geschicklichkeit insbesondere über das Gleichgewicht zu trainieren. Bei dynamischen Stabilisationsübungen wird dazu die Unterstützungsfläche dosiert verkleinert. Die reaktive Muskelspannung und die Ausgleichsbewegungen entsprechen in hohem Maße den Anforderungen im Alltag. Insbesondere für Fortgeschrittene können Basisübungen so interessant und vielfältig variiert werden. Verbesserungen sind hier leicht zu erzielen und somit sehr motivationsfördernd.

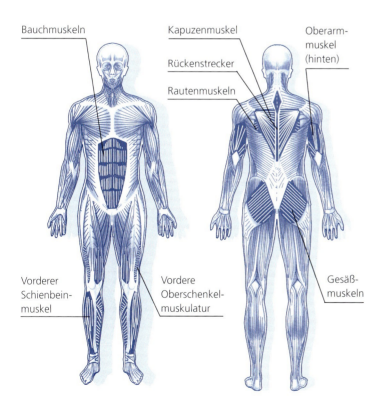

Muskeln, die gekräftigt werden wollen (Quelle: Reichardt 1993)

Stabilisieren und Wahrnehmen

Im Gegensatz zu Alltagsbewegungen sind die Bewegungen in der funktionellen Gymnastik deutlich weniger durch komplexe Bewegungsmuster geprägt. Die ungewohnte Bewegung ermöglicht eine Bewegungserfahrung, die frei von Gewohnheiten ist. Eine erstmalig durchgeführte Übung ist daher sicherlich unvoreingenommener wahrnehmbar als z. B. das Gehen.

Insbesondere Stabilisierungsübungen bieten in ihrer Dynamik eine unerschöpfliche Quelle für neue Körpererfahrungen. Zahlreiche Variationen von Basisübungen ermöglichen es, eine Bewegung, die keinem unmittelbaren Zweck dient, auszuprobieren und sich so – fast spielerisch – ganz auf die Bewegung selbst und das »Wie« ihrer Ausführung einzulassen.

Die Aufmerksamkeit wird auf die Bewegungsqualität, auf die Intensität, auf das Spannungsempfinden, auf die Bewegungen der Wirbelsäule, auf die Bewegungen der Extremitäten, auf die Atmung und auf das Wahrnehmen von Differenzen gelenkt.

- »Ist die Bewegung fließend oder noch ungelenk, stockend?
- Wo spüren Sie Muskelspannung?
- Wo spüren Sie das Nachlassen der Spannung während der Pause?
- Wie bewegen sich die Wirbelsäule bzw. Teile der Wirbelsäule?
- Was machen der Fuß, die Hand, der Kopf?
- Sind Bewegung und Atmung in einem harmonischen Zusammenspiel?
- Spüren Sie einen Unterschied zwischen rechter und linker Seite?«

Die Übenden nehmen Unterschiede zwischen rechter und linker Körperhälfte, Differenzen in der Wiederholungsanzahl, im Bewegungsradius, im Grad der Muskelspannung, im Schmerzempfinden wahr. Diese Aufmerksamkeit hilft, individuelle Ungleichgewichte und Bewegungseinschränkungen zu spüren und – über den Prozess des Bewusstmachens und Veränderns – zu überwinden.

Auf Schmerzen und Bewegungseinschränkungen bei einer Übung kann vielfältig reagiert werden:

- »Mechanik« der Übung verändern, Hebel verkürzen, Unterstützungsfläche erhöhen, Widerstand verringern.
- Nur mit der schmerzfreien Seite üben, die schmerzhafte Seite mental üben.
- Bewegungsfluss verändern, Bewegungsrichtung umdrehen, passiv bewegen lassen, nur im schmerzfreien Bewegungsradius üben, Stellung und Bewegung der Gelenke untereinander verändern.

Stabilisieren und Atmen

Auch bei den funktionellen Kräftigungsübungen gilt der Grundsatz, den Atem so sein zu lassen, wie er gerade sein will und die Atembewegung des Rumpfes nicht zu blockieren. Die Atembewegung folgt automatisch der gymnastischen Bewegung. Wird in der Bewegung der Rumpf weit, streckt bzw. öffnet er sich, so erleichtert dies das Weitwerden und Einatmen, beugt sich der Rumpf bzw. wird er eng, folgt das Ausatmen. Die Übenden sollen selbst ausprobieren, welchen Atemrhythmus sie als angenehm empfinden und orientieren ihre Übungsgeschwindigkeit und ihren Übungsrhythmus daran.

Eine Dauerspannung der Rumpfmuskulatur lässt keinen ungehindert fließenden Atem zu. Insbesondere bei Bauchmuskelübungen und statischen Rumpfmuskelübungen ist daher der Wechsel zwischen An- und Entspannung im Rhythmus der Atmung zu beachten.

Einen Sonderfall bilden ungewöhnlich hohe Kraftanstrengungen, z.B. schweres Heben. Dabei kommt es oft unwillkürlich zu einem Stöhnen oder Ächzen unter der Last. Diese Reaktion ist auch von Sportlern bekannt, die im Moment höchster Kraftanstrengung mit einem Schrei ausatmen. Dieses natürliche Zusammenwirken von Ausatmung und Anspannung der Rumpfmuskulatur, insbesondere der Bauchmuskulatur, ist günstig im Sinne einer muskulären Wirbelsäulenstabilisierung ohne Erhöhung des Druckes im Brust- bzw. Bauchraum. Diese Erfahrung kann man sich auch im Alltag zunutze machen.

Basisübungen Stabilisation

Die folgenden Basisübungen bilden zentrale und häufig wiederholte Inhalte der wahrnehmungsorientierten Funktionsgymnastik mit dem Schwerpunkt Kräftigung. Die Basisübungen sind durch verschiedene Variationsmöglichkeiten ergänzt. Bei der Durchführung sind die methodischen Aspekte zur funktionellen Gymnastik *(siehe Seite 39 ff. und Seite 80)* zu beachten.

Kniewaage

Im Vierfüßerstand ist das Körpergewicht gleichmäßig auf die Hände und Knie verteilt. Ein Arm wird nach vorne oben angehoben. Gleichzeitig wird das gegenüberliegende Bein angehoben und mit der Ferse voraus nach hinten gestreckt. Insgesamt geht die Bewegungsrichtung »in die Länge«, nicht in die Höhe.

»Kniewaage«

Variationen:

- Hand und Knie werden nicht mehr abgesetzt, sondern in einer fließenden Bewegung unter dem Körper eng zusammengeführt. Dabei wird der Rücken rund, der Kopf folgt der Bewegung.
- Hand und Knie werden nach dem Strecken wieder abgesetzt. Dabei wird die Hand an einer anderen Stelle, die in Reichweite ist, abgestützt und das Körpergewicht in der neuen Ausgangsposition wieder gleichmäßig verteilt. Aus dieser neuen Ausgangsposition werden jetzt der andere Arm und das gegenüberliegende Bein gestreckt und die Hand ebenfalls wieder in einer neuen Position abgestützt. Eine mögliche Anleitung lautet: »Sie knien in der Mitte eines großen, imaginären Zifferblattes, Ihre Hände stützen auf den Ziffern. Nach jeder Streckung wird die freie Hand auf die nächste Ziffer abgesetzt und Sie drehen sich Schritt für Schritt.«
- Gestützt wird jetzt auf den Knien und den Unterarmen (Unterarm-Knie-Stütz). Aus dieser Ausgangsposition wird ein Bein angehoben und mit der Ferse voraus in Verlängerung zum Oberkörper gebracht.
- Aus dem Unterarm-Knie-Stütz wird ein Bein im Kniegelenk gebeugt angehoben, so dass der Oberschenkel in einer Linie mit dem Oberkörper ist und der Unterschenkel senkrecht. Das Bein kann nun in dieser Position gehoben und gesenkt und zur Seite geführt werden *(vgl. auch Seite 47 f.)*.

Brücke

Aus der Rückenlage mit angestellten Beinen wird das Becken so weit angehoben, bis Oberkörper und Oberschenkel eine Linie bilden. *Siehe auch Seite 45 f.: »Wirbel für Wirbel heben bzw. abrollen«.*

Variationen:

Aus der Position »Brücke« sind zahlreiche Varianten möglich.

- In der Brücke werden die Füße im Wechsel vom Boden gelöst, als wollte man auf der Stelle gehen.
- Ein Fuß wird vom Boden gelöst und das Bein in die Streckung in Verlängerung des Oberkörpers gebracht. Dabei ist darauf zu achten, dass die Hüfte des gestreckten Beines nicht absinkt.
- Die Arme sind in unterschiedlichen Positionen: Beide Hände liegen mit den Handflächen nach oben oder nach unten neben dem Gesäß. Beide Arme liegen über Kopf. Beide Arme sind so auf der Brust verschränkt, dass die Oberarme nicht mehr den Boden berühren. Die Unterstützungsfläche wird dadurch noch kleiner, die notwendige Stabilisierung durch die Rumpfmuskulatur wird intensiver.

Rutschhalte

Aus dem Vierfüßerstand wird das Gewicht nach hinten verlagert, ohne dass sich die Lendenwirbelsäule rückwärts wölbt. Die Hände stützen eine Handbreit weiter vorne, der Brustkorb und der Kopf sinken zwischen den gestreckten Armen zum Boden. Es kommt zu einer Dehnung der Brustmuskulatur.

Variation: eine Hand vom Boden abheben

Variationen:

Aus der Position »Rutschhalte« sind zahlreiche Variationen zur Kräftigung der oberen Rücken- und Schultergürtelmuskulatur möglich.

- Aus der Rutschhalte wird eine Hand vom Boden abgehoben. Dabei zeigt der Handrücken nach oben.
- Eine Hand wird vom Boden gelöst und der Arm wird im weiten Bogen zur Seite nach oben geführt. Der Blick folgt der Hand, der Oberkörper dreht sich. Das Brustbein bleibt tief am Boden, so dass die Brustwirbelsäule in die Streckung und in die Rotation mobilisiert wird.

Variation: Arme im Wechsel heben

Stabiler werden

Bauchmuskelübung: Heben und Senken

Bauchmuskelübung 1

In der Rückenlage haben die Teilnehmerinnen die Hände im Nacken verschränkt. Die Lendenwirbelsäule ist rückwärts gekrümmt. Die Beine werden gebeugt gehoben, am wirkungsvollsten, aber auch am schwierigsten ist es, wenn Oberkörper und Oberschenkel, Oberschenkel und Unterschenkel jeweils einen rechten Winkel bilden. Aus der Kraft der Bauchmuskeln heraus wird jetzt das Becken etwas angehoben.

Bauchmuskulatur

In der Rückenlage werden beide Füße aufgestellt. Die Fersen drücken in den Boden. Kopf, Schultergürtel und Arme werden vom Boden gelöst. Dabei bleibt die Halswirbelsäule in ihrer natürlichen Schwingung und wird nicht »eingerollt«.
Das Anheben von Kopf und Schultergürtel erfolgt vielmehr durch eine Verkürzung der Bauchmuskulatur. Es hilft die Vorstellung, dass sich zwei Punkte an Brustbeinspitze und Schambein einander annähern. Die Anspannung wird jeweils nur eine Ausatmungsphase lang gehalten.

Variationen:

- Die Arme werden in unterschiedlichen Positionen mit angehoben: Die Hände liegen mit den Handflächen nach oben neben dem Gesäß, die Arme werden parallel zum Boden angehoben. Die Hände liegen im Nacken und tragen den Kopf beim Anheben.
- Das Anheben erfolgt mit einer Drehbewegung. Die Hände liegen im Nacken, ein Ellbogen bleibt am Boden, während der andere zum gegenüberliegenden Knie zielt.
- In Rückenlage werden beide Beine so weit angehoben und gebeugt, dass Hüft- und Kniegelenke jeweils einen rechten Winkel bilden. Das Anheben von Kopf und Schultergürtel erfolgt mit einer Drehbewegung. Eine Hand drückt gegen das gegenseitige Knie, ohne dass die Beine ihre Position verändern.
- Die erste Bauchmuskelübung wird mit der Variation der Drehbewegung kombiniert.

Fersen drücken in den Boden, jetzt werden Kopf, Schultergürtel und Arme vom Boden gehoben

Hüftmuskulatur
In Seitenlage liegt der ganze Körper in einer Linie. Das obere Bein wird leicht angehoben, ohne dass das Becken nach hinten kippt, und wieder gesenkt.

Ganzkörperstabilisation – Übung 1
Beide Beine und beide Arme werden in gestreckter Seitenlage etwas vom Boden abgehoben. Die Übenden versuchen, sich ein wenig vor und zurück zu wälzen, ohne dabei ganz auf den Bauch oder den Rücken zu rollen.

Ganzkörperstabilisation – Übung 2
In gestreckter Seitenlage ist der Oberkörper auf den Unterarm gestützt. Nun wird das Becken angehoben, bis Oberkörper und Beine in einer Linie sind. Diese Position wird nur eine Ausatmung lang gehalten (Seitstütz).

Variation:
In Seitenlage mit auf dem Unterarm gestütztem Oberkörper werden die Kniegelenke rechtwinklig gebeugt, die Hüfte bleibt gestreckt. Aus dieser Position wird das Becken angehoben, bis in den Seitstütz auf Unterarm und Unterschenkel (kleiner Seitstütz).

Ganzkörperstabilisation – Übung 3
In der Bauchlage werden zuerst die Zehen aufgestellt und dann das Gesäß angespannt. Der Kopf liegt gerade, mit der Stirn auf dem Boden, das Kinn ein Stück Richtung Brustbein gezogen, so dass der Nacken möglichst gerade ist. Die Arme liegen neben dem Körper. Aus dieser Position heraus wird die Stirn einen halben Zentimeter angehoben. Um die Wirkung der Übung zu verstärken, sind verschiedene Bewegungen der Arme möglich:

- Dicht über dem Boden werden Kraulübungen durchgeführt.
- Die Arme sind rechtwinklig vom Oberkörper abgewinkelt, Unterarm und Oberarm bilden ebenfalls einen rechten Winkel. Jetzt werden abwechselnd die Arme gehoben.
- Beide Arme können nach vorne gestreckt werden.

Wichtig ist, die Haltung in der umgekehrten Reihenfolge aufzulösen, wie sie eingenommen wurde: Erst die Arme zurücklegen, dann die Stirn zum Boden führen, jetzt die Spannung im Gesäß lösen und zuletzt die Zehen ausstrecken.

Die Übung wird jeweils einige Atemzüge lang gehalten und dann drei- oder viermal wiederholt.

Seitstütz: eine Übung zur Ganzkörperstabilisation

Ausgleichsdehnen

Die Beine werden überkreuz gestellt. Der Oberkörper wird gerade im rechten Winkel nach vorne gebeugt. Die Hände können auf dem Hinterkopf liegen. Einige Atemzüge lang die Position halten und den Rücken strecken.

Basisübungen als Übungsprogramm für zu Hause

Einzelne Basisübungen können die Teilnehmerinnen sich als Übungsprogramm auswählen. Das häufige Wiederholen von wenigen Übungen in gleicher Folge sorgt für eine leichte Erlernbarkeit des Programms bzw. der einzelnen Übungen. Das Übungsprogramm wird keineswegs zur Pflicht im Sinne von Hausaufgaben, sondern zum Angebot, das die Einzelnen durchführen können, wenn sie möchten. Pflichtbewusstes Üben, das weder Sinn noch Spaß macht, ist lästig und wird bald aufgegeben.

Die Motivation zum eigenständigen Üben erfolgt vielmehr über
- die Erfahrung von Wohlbefinden,
- das Wecken von Neugier statt Leistungsdruck,
- das Wissen über Wirkungszusammenhänge,
- das Angebot von leicht erlernbaren Übungen und kurzen Übungsreihen,
- das bewusste Erleben einer Steigerung der Leistungsfähigkeit.

Insbesondere bei Stabilisierungsübungen sind Verbesserungen bereits nach kurzer Zeit spürbar *(siehe auch Seite 100)*. Das Kursbuch ermöglicht das Nachlesen der Übungen.

Die Beinposition verhindert ein Hohlkreuz und verursacht Dehnung

Den Atem zu Hilfe nehmen

Auf einen Blick

Ziele:
- Die Wirkung der Atmung auf den Rücken erfahren
- Entspannungsfähigkeit fördern
- Imagination als Mittel zur Selbsthilfe kennen lernen

Thema	Ziel	Methode	Medien	Zeit
»Imaginäre Bälle«	Ankommen, Aktivieren	Spiel	keine	10 Min.
Dem Atem Raum geben	Körperwahrnehmung, Erfahrung der Atmung als Hilfsmittel	Atemübungen	Matten, evtl. Kissen oder zusammengerollte Decken	15 Min.
Atemmuskeln	Den Zusammenhang von Atmung und Muskelbewegung im Rücken verdeutlichen	Kurzreferat	Folien oder Wandbilder	10 Min.
Bewegungsübungen	Training von Stabilisierungsfähigkeit und Beweglichkeit	Funktionelle Gymnastik im Atemrhythmus	Matten	40 Min.
Atementspannung	Erfahren einer weiteren Entspannungsmöglichkeit, Kennenlernen der Imagination	Atemübung mit Imagination	Matten	10 Min.
Abschluss	Reflexion	Gesprächsrunde		5 Min.

Beschreibung der Kurseinheit

Der Atem ermöglicht ein Muskeltraining von innen, je nach Art der Atemlenkung vor allem in der oberen Rückenhälfte, aber auch rund um die Lendenwirbelsäule. Die Erweiterung von Atemräumen kann zu einer Prävention von Befindlichkeitsstörungen im Bereich der Brustwirbelsäule erheblich beitragen. Diese Zusammenhänge können erfahren werden. Der Schwerpunkt des Treffens liegt insgesamt in der Beweglichkeit des oberen Rückens und in der Verbindung von Atem und Bewegung, Atem und Entspannung. Um in einem Kurs mehrere Wege zur Entspannung aufzuzeigen, wird neben der bereits durchgeführten Progressiven Muskelentspannung ein Zugang über die Atmung ermöglicht. In der intensiven Entspannungsphase sollen die Teilnehmerinnen die auf körperlicher und geistiger Ebene erholsame Wirkung von Entspannungsübungen erfahren. Sie werden angeregt, sensibel auf ihr Bedürfnis nach Entspannung zu reagieren und Entspannung in den Alltag zu integrieren. Im Zusammenwirken von körperlicher Anstrengung und mentaler Entspannung in einer Kurseinheit kann die Polarität von An- und Entspannung erlebt werden.

»Imaginäre Bälle«

Die Teilnehmerinnen stehen sich in einer hallenbreiten Gasse gegenüber und spielen dem jeweiligen Gegenüber einen imaginären Ball zu.
Zu Beginn wird eine Reihe aufgefordert, hinter sich zu greifen und die am Boden liegenden, imaginären Softbälle zu nehmen und dem Gegenüber zuzuspielen. Nach einer Weile legen sie diesen Ball weg und nehmen sich nunmehr den Medizinball, danach einen Tennisball. Nun können sie es auch wagen, rohe Eier zu werfen und zu fangen. Mit Hilfe eines fiktiven Tennisschlägers, Tischtennisschlägers oder Federballschlägers lässt sich das imaginäre Ballspiel noch erweitern.

Dieses Spiel eignet sich immer dann, wenn keinerlei Geräte vorhanden sind oder das Ballspielen im Raum nicht möglich ist. Die Teilnehmerinnen entwickeln eine erstaunliche Kreativität in der Art, die Bälle zu werfen und zu fangen. Das fiktive Spiel wirkt von außen betrachtet sehr realitätsnah und macht viel Spaß. Es ist im Zusammenhang dieses Treffens ein bewegter Einstieg in die nachfolgend ruhigere Wahrnehmungssequenz und ein spielerischer Beginn der Erweiterung von Atemräumen durch die Armbewegung.

Variation: Ballnetz

Als Alternative oder wenn Sie mit der Gruppe noch mehr spielen möchten, bietet sich ein »echtes« Ballspiel an. Sie benötigen dazu mehrere Bälle, ideal sind Softbälle. Alle Mitspielerinnen stehen im Innenstirnkreis und Sie werfen einer Mitspielerin den Ball zu. Diese wirft ihn ebenfalls einer ihr Gegenüberstehenden zu und so fort. Der Ball kreuzt auf diese Weise den Kreis, bis alle den Ball einmal hatten und er wieder bei Ihnen landet. Könnte man die Ballwege sichtbar machen, so würde sich jetzt ein Netz zwischen allen spannen. Wichtig ist, dass sich alle merken, von wem sie den Ball jeweils erhalten haben und an wen sie ihn weitergeben. In einer zweiten Runde nimmt der Ball wieder den gleichen Weg.

Wenn dies gut klappt, können Sie nach und nach mehr Bälle ins Spiel geben. Verloren gegangene Bälle werden nicht aufgehoben, um den Spielfluss nicht zu unterbrechen.

Dem Atem Raum geben

Beabsichtigt ist eine Wahrnehmung minimaler Bewegungen, die durch den Atem ausgelöst werden und eine Erweiterung von Atemräumen. Die folgenden Übungen leben deshalb davon, dass Zeit zur Wahrnehmung gegeben wird. Wenn Sie aus Zeitgründen die eine oder die andere Übung entfallen lassen müssen, so verzichten Sie in keinem Fall auf die Wahrnehmung in der »Erdhaltung«.

Atem wahrnehmen in der Rückenlage

Im ersten Schritt geht es um die Wahrnehmung der Atmung in Brust und Bauchraum, verbunden mit einer Erweiterung des Atemraumes. In einer bequemen und rückengerechten Rückenlage mit aufgestellten Beinen haben die Teilnehmerinnen die Aufgabe, ihre Atmung in Brust- und Bauchraum wahrzunehmen:

- »Ist es möglich, das Heben und Senken des Brustkorbes zu spüren?
- Kann die Atmung bis in die Lungenspitzen unter dem Schlüsselbein in ihrem Rhythmus wahrgenommen werden?
- Hebt sich der Bauch bei der Einatmung und sinkt er bei der Ausatmung?
- Ist es möglich, die Atmung noch in den Flanken zu fühlen?«

Die Hocke: eine Position, den Atem zu fühlen

Atem wahrnehmen in der Hocke

Die Teilnehmerinnen kauern sich in die Hocke, die Hände stützen den Oberkörper am Boden ab. Wer Schwierigkeiten hat, die Fersen so auf der Erde zu lassen oder wem die Haltung sehr unbequem ist, kann sich mit Kissen oder zusammengerollten Decken abstützen.

- Wo kann der Atem jetzt gefühlt werden?
- Ist es möglich, eine Bewegung des Beckens zu spüren?
- Ist es möglich, die Atembewegung im Rücken zu spüren? Im oberen oder im unteren Rücken?

Atem wahrnehmen in der »Erdhaltung«

Diese Übung wird zu zweit durchgeführt. Die Partnerinnen sollten Vertrauen zueinander haben können. Ausgangsposition ist die so genannte Erdhaltung *(auf Seite 22 unter dem Titel »Den Rücken atmen« beschrieben)*. In der Bauchlage sind die Beine unter den Bauch gezogen. Die Hände sind nach vorne ausgestreckt. Weisen Sie auf die vielen Möglichkeiten hin, sich diese Position durch Abstützen mit Kissen und Decken bequemer zu machen. Aufgabe der Partnerin ist es, zunächst dafür zu sorgen, dass die Übende eine gute Position findet und sie ihr mit Decken oder Kissen zu erleichtern.

Die Übende konzentriert sich jetzt wieder auf die Atmung, die vor allem im Rücken wahrzunehmen ist. Die Partnerin legt die gut angewärmten Hände jeweils seitengleich auf unterschiedliche Positionen des Rückens und gibt der Übenden so die Möglichkeit, gezielt an dieser Stelle des Rückens auf die Atmung zu achten. Diese Erfahrung braucht jeweils etwas Zeit. Es ist möglich, der Intuition zu folgen und die Stellen auszusuchen, an denen der Rücken der Übenden besonderer Aufmerksamkeit bedarf. Keinesfalls soll mit den Händen aber unsystematisch hin und her gesprungen werden. Es bietet sich zum Beispiel folgende Reihenfolge an:

- neben der Lendenwirbelsäule kurz über dem Kreuzbein,
- etwas höher stärker seitlich in den Flanken der Lende,
- unterhalb der Schulterblätter neben der Brustwirbelsäule,
- auf und teils seitlich neben den Schulterblättern,
- auf den Schultern, nackennah.

Nach einer kurzen Rückmeldung werden die Rollen getauscht.

Atemraum erweitern im Stand

Es tut gut, sich jetzt im Stehen zu räkeln, sich zu strecken und zu gähnen, eventuell auch die Beine auszuschütteln. Machen Sie aus dem Strecken der Arme eine Übung zur Erweiterung des Atemraumes:

- Die Arme werden zu beiden Seiten ausgestreckt, die Fingerspitzen zeigen himmelwärts.
- Die Arme werden nach oben gestreckt, die Fäuste sind geballt.
- Die Arme greifen weit nach vorne.
- Die Arme greifen so weit wie möglich nach hinten.
- Die Arme werden diagonal gestreckt, ein Arm nach vorne oben, der andere nach hinten unten und umgekehrt.

Im Ausstrecken wird jeweils tief eingeatmet, im Halten der Position lange ausgeatmet.

Atemball

Aus dem Strecken der Arme kann eine neue Übung entstehen, die eine kreisförmige Bewegung beschreibt. Der Rücken wird gerade aufgerichtet, der Brustkorb nach oben gestreckt, als ob man eine Perlenkette auf dem Dekolletee vorführen wollte. Die Schultern sind nach hinten genommen. Die Arme sinken locker nach unten, die Hände werden etwa auf Nabelhöhe voreinander gehalten. Mit dem Einatmen werden die Hände in der Mitte vor dem Brustkorb gehoben, bis die Arme über dem Kopf aus-

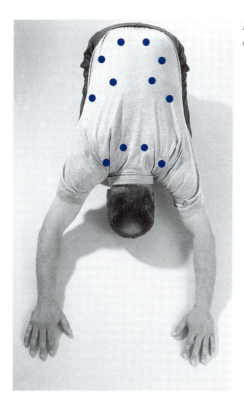

Mögliche Position der Hände

gestreckt sind. Mit dem Ausatmen beschreiben die Arme seitlich einen weiten Bogen nach unten, bis zurück zur Ausgangsposition. In der Atempause werden die Hände auf Nabelhöhe gehalten, bis der Atemzyklus erneut beginnt.

Der Effekt dieser Übung für den oberen Rücken ist für viele Teilnehmerinnen verblüffend. Ausweichbewegungen der Schultern von vorne verkleinern den Effekt der Übung.

Atemmuskeln

Vermitteln Sie anschaulich, wie viele Muskeln bei der Atmung beteiligt sind und wie der Atem eine Bewegung der Wirbelgelenke auslöst *(siehe Seiten 22 - 23 und Seite 109)*. Es soll deutlich werden, wie Atemraum und Rückengesundheit vor allem des oberen Rückens miteinander verbunden sind. Nutzen Sie alle Möglichkeiten der Visualisierung mit Hilfe von Folien oder Wandbildern, die Ihnen zur Verfügung stehen. Die Erfahrungen der vorangegangenen Übungen lassen sich in diese Erklärung gut einbeziehen.

Bewegungsübungen

Es werden Basisübungen zum Dehnen, Mobilisieren und Kräftigen mit mittlerer Intensität durchgeführt. Eine Steigerung der Intensität im Vergleich zu den vorhergehenden Kurseinheiten entsteht über eine Erhöhung der Dauer, über wenige bzw. keine Pausen und eine höhere Anzahl von Ganzkörperübungen. Zum Thema des Treffens passen besonders gut Übungen, die im Atemrhythmus durchgeführt werden können. Wo immer sinnvoll möglich, sollten Sie Variationen anbieten, die eine Bewegung im Fluss des Atems ermöglichen, oder das Halten einer Endposition einige Atemzüge lang ansagen.

Ein Vorschlag für die Kombination eines etwa 40-minütigen Programms:

- Recken, Strecken und ausgiebiges Gähnen in Rückenlage.
- Dehnung der Beinrückseite in Rückenlage *(siehe Seiten 45 und 92)*. Es werden beide Beine gleichzeitig gefasst. In der Ausatmung werden die Beine an den Körper gezogen, in der Einatmung gelockert. Wenn die Beine anschließend zur Decke gestreckt werden, wird die Position einige Atemzüge lang gehalten. Manchmal hilft die Vorstellung, in die Dehnung hinein zu atmen.
- Kräftigung unterer Rücken und Gesäß in der Brücke *(siehe Seiten 54 f. und 101)*. Probieren Sie diese Bewegung im Atemrhythmus: Im Einatmen wird das Becken ein klein wenig gehoben, in der Ausatmung wieder gesenkt. Die Bewegung ist anfangs sehr klein, fast nur ein Rollen des Beckens, und wird mit jedem Atemzug ein kleines Stück gesteigert, bis die Maximalposition erreicht ist. Jetzt wird die Bewegung allmählich wieder kleiner, bis sie zuletzt fast unmerklich erfolgt. Planen Sie hierfür ausreichend Zeit ein.
- Kleine Drehdehnlage *(siehe Seiten 46 und 94)*. In der Ausatmung die Beine senken, in der Einatmung heben.
- Kräftigung Bauchmuskulatur, Beine wegstrecken *(siehe Seite 102)*. Das Ausstrecken erfolgt in der Ausatmung, das Anziehen des Beines in der Einatmung.
- Kräftigung des Hüftmuskels in Seitenlage *(siehe Seite 103)*. Das Anheben erfolgt in der Ausatmung, das Senken in der Einatmung.
- Dehnung Beinstrecker und Hüftbeuger in Seitenlage *(siehe Seite 92)*. Einige Atemzüge lang halten.
- Variation der großen Drehdehnlage *(siehe Seite 95)*. In der Ausatmung wird der Arm im Bogen bodennah in die Endposition gezogen. In der Einatmung in der Position verbleiben. In der Ausatmung wieder in die Anfangsposition auf dem umgekehrten Weg zurückziehen. Mehrfach wiederholen, dann die Seite wechseln.
- Kniewaage *(siehe Seite 100 f.)*. Die Bewegung erfolgt im Ausatmen, im Einatmen wird die Position gehalten, im Ausatmen wieder zur Ausgangsposition zurück.
- Kräftigung oberer Rücken und Schultergürtel in der Rutschhalte *(siehe Seite 101)*. Einige Atemzüge lang die Position halten und dem Fluss des Atems im Rücken nachspüren.
- Ganzkörperstabilisation – Übung 3 mit Variationen *(siehe Seite 103 f.)*. Die Armbewegungen mit der Atmung verbinden.
- Dehnen der Nackenmuskulatur im Stand *(siehe Seite 93)*. Die Dehnung wird einige Atemzüge lang gehalten.
- Zum Abschluss Recken, Strecken und ausgiebiges Gähnen im Stand.

Atementspannung

Für diese Entspannungsübung ist eine rückengerechte Rückenlage mit aufgestellten Beinen ein guter Ausgangspunkt. Wenn dies organisatorisch möglich ist, eignet sich die Stufenlagerung. Grundsätzlich wäre die Übung aber auch im Sitzen oder Stehen durchführbar.
Die Teilnehmerinnen schließen die Augen. Lassen Sie die Teilnehmerinnen wahrnehmen, wo genau der Rücken auf der Matte aufliegt. Eine Hand liegt bequem auf dem Bauch, die andere auf dem Brustbein. Die Konzentration auf das Heben und Senken der Hände im Atemrhythmus ermöglicht Entspannung. Zu Beginn wird die Atmung nur wahrgenommen, nicht verändert. Fordern Sie die Teilnehmerinnen auf, wahrzunehmen, wie der Atem durch die Nase ein- und wieder ausströmt. Zur Vertiefung der Atmung ist es auch möglich, durch die Nase ein- und durch den Mund auszuatmen, aber bitte nicht umgekehrt.

In der nächsten Phase der Übung ist die Vorstellungskraft gefragt. Die Teilnehmerinnen sollen sich vorstellen, wie der Atem durch die Nase einströmt und, von oben angefangen, über den Rücken die Wirbelsäule entlang bis tief in das Becken hinunter einströmt und über den umgekehrten Weg wieder ausströmt. Mit jedem Atemzug wird der Fluss über den Rücken breiter und reicht tiefer hinunter, bis es gelingt, den gesamten Rücken in die Vorstellung einzubeziehen. Dabei kann man sich durchaus vorstellen, dass schmerzende oder sehr steife Stellen besonders intensiv vom Atemfluss umspült werden.

Mit der Vorstellung des Atemflusses kann das imaginäre Bild hellen, sonnigen Lichts gegeben werden. Wichtig ist, dass sich die Teilnehmerinnen die Vorstellung schaffen, die ihnen angenehm ist.

Dieses Bild lässt sich als Selbsthilfeprogramm wieder aufgreifen, wenn Befindlichkeitsstörungen am Rücken auftreten. Manchen Menschen tut es gut, sich schmerzende Stellen am Rücken in einer Farbe vorzustellen und das einströmende Atemlicht in einer anderen. Beispielsweise könnte eine Person, die ihrer steifen und schmerzenden Stelle am Rücken die Farbe Blau gibt, sich vorstellen, orangegelbes, goldenes Licht einzuatmen und blaues Licht auszuatmen, bis das Blau aus ihrem Rücken nahezu verschwunden ist. Geben Sie die Farbe aber nicht vor, da eine andere Person ihre schmerzende Stelle eher mit Rot assoziiert und womöglich eher gelbgrünes Licht oder blaues Atemwasser einatmen möchte.

Um sich von der Vorstellung wieder zu lösen und erfrischt mit der Aufmerksamkeit in den Raum zurückzukommen, ist es hilfreich, die Augen zu öffnen, sich ausgiebig zu räkeln, sich zu strecken und zu gähnen und sich aufzusetzen. Haben manche Teilnehmerinnen Schwierigkeiten, sich von ihren Bildern zu lösen, bieten Sie kleine Bewegungen an, wie mit den Füßen strampeln und stampfen, Fäuste ballen und schütteln oder tanzen.

Abschluss

Dieses Treffen war insgesamt reich an Erfahrungen. Besonders die Atementspannung drängt dazu, Erfahrungen mitzuteilen. Geben Sie die Möglichkeit zur Reflexion in einer Gesprächsrunde. Alle, die etwas sagen möchten, sollten zu Wort kommen. Dies ist zum Beispiel möglich, indem sie einen der fiktiven Softbälle des Eingangsspiels im Kreis herumreichen. Wer den imaginären Ball in der Hand hält, hat Rederecht und gibt den Ball an die Nachbarin weiter, wenn sie alles gesagt hat, was ihr wichtig war. Die Äußerungen werden nicht kommentiert.

Gut zu wissen: Zusatzinformationen

Atem

*Wir lassen unseren Atem kommen,
wir lassen ihn gehen
und warten, bis er von selbst wiederkommt.*
Ilse Middendorf, 1995

Der Atem als Leben spendendes, zentrales Geschehen ist besonders geeignet, der Einheit des Menschen näher zu kommen. Atemumfang und Atemrhythmus beruhen auf den physiologisch-biochemischen Bedürfnissen des Körpers und hängen gleichzeitig direkt von der seelisch-geistigen Situation ab. Die Atmung spiegelt unmittelbar jede Anstrengung des Körpers oder des Gefühls. Gleich einem feinen Instrument reagiert der Atem auf jede Veränderung: Es bleibt einem vor Verblüffung die Luft weg, man wird atemlos vor Aufregung, die Atmung geht vor Freude schneller, mancher Mensch scheint einem die Luft zum Atmen zu rauben. Aktuelle Stimmungen beeinflussen die augenblickliche Atmung. Lebensgeschichtlich erworbene Verhaltensstrukturen stehen in enger Verbindung zu Atemmustern. Dabei ist es ein durchaus häufiges Muster, in unangenehmen, anstrengenden oder schmerzenden Situationen den Atem anzuhalten, um die unangenehmen Empfindungen nicht zu bemerken. Leichter oder hilfreicher wäre es aber oft, sich den Atem zunutze zu machen, um die Situation zu bewältigen. Erstmal ausatmen, dann sieht manches schon anders aus als vorher.

Der erfahrbare Atem

Die Wahrnehmung des Atems, wie sie in diesem Kurskonzept vorkommt, bezieht sich in ihren Grundlagen im Wesentlichen auf die Elemente der Atemlehre von Ilse Middendorf, allerdings in Abwandlungen. Middendorf spricht von »erfahrbarem Atem«. In der Polarität zwischen unbewusstem und willkürlichem Atmen ist der Atem erfahrbar. Die unbewusste Atemfunktion wird in ihrem Ablauf nicht gestört, sondern nur durch Sammlung wahrgenommen. Ähnlich dem »es atmet mich« wird der Atem nicht willentlich geführt. Die Teilnehmerinnen werden ermutigt, den Atem so sein zu lassen, wie er gerade sein will und sich auf den ureigenen Atemrhythmus einzulassen. Voraussetzung sind Achtsamkeit, Hingabe und Gelassenheit. Die unbewusste Atemfunktion wird ins Bewusstsein gerufen und hilft auf diese Weise, die Bedürfnisse des Körpers zu spüren.

Bestandteil der Atemlehre von Ilse Middendorf ist das Wahrnehmen der Atembewegung. Idealerweise findet Atembewegung im gesamten Körper statt. Die Bewegung beim Ein- und Ausatmen, die ihren Ausgangspunkt im Weitwerden und Zurückschwingen des Lungenraumes hat, pflanzt sich auch auf die angrenzenden Partien fort.

Ilse Middendorf unterscheidet drei verschiedene Atemräume:
- den unteren Atemraum, der Becken und Beine umfasst,
- den mittleren Atemraum, der vom Nabel bis zur sechsten Rippe reicht und
- den oberen Atemraum, der Schultergürtel, Arme und Kopf einbezieht.

Alle Körperpartien schwingen, soweit sie nicht durch Verspannungen daran gehindert werden, im Atemrhythmus. In welchen Partien und in welcher Ausprägung Atembewegung stattfindet, ist individuell sehr unterschiedlich. Alle Strukturen unterliegen gleichsam einer sanften Massage durch die ständige Atembewegung.

In schmerzenden Regionen ist diese Atembewegung reduziert, oft nicht mehr vorhanden. Der Rücken ist oft so verspannt, dass sich die Atembewegung nicht mehr durchsetzen kann. Die Muskulatur ist daran gehindert, die rhythmische Schwingung mitzugehen und zu unterstützen.

Atmen, Sammeln und Empfinden stehen in einem direkten Bezug. Wenn man die Hände auf eine Körperpartie legt und die Atembewegung empfindet, sammelt man sich an dieser Stelle. Sammelt man sich auf einen Punkt unter den Händen, empfindet man die Atembewegung, die dort ist. Durch die Aufmerksamkeit, die der Atmung an dieser Stelle gilt, lenkt man unwillkürlich Atmung auch dorthin. Ähnliches lässt sich durch die Vorstellung von Atemfluss an der entsprechenden Körperstelle erreichen. Die Wahrnehmung und die Vorstellung sind insofern eine indirekte Atemlenkung, die zur Selbsthilfe genutzt werden kann.

Die Ziele der Atemübungen begrenzen sich hier zunächst auf eine Verbesserung der Körperwahrnehmung und eine Sensibilisierung für den »Leibaspekt«. Die Teilnehmerinnen lernen ihren eigenen Atem und damit sich selbst besser kennen. Die Teilnehmerinnen sollen erfahren, was Sammeln, was Empfinden bedeutet. Es soll weiterhin deutlich werden, dass es nicht um eine vorgegebene, zu erlernende Atemtechnik geht, sondern »nur« um die Wahrnehmung des eigenen Atems und damit des eigenen Leibes. Wünschenswert ist, den Rücken für die Atembewegung dadurch wieder durchlässiger zu machen.

Der Atem wird genutzt, um
- Aufmerksamkeit zu lenken,
- eigene Belastungsgrenzen zu spüren,
- Entspannung zu erreichen,
- angemessene Übungsausführung zu erreichen,
- leibgerechte Haltung und Bewegung zu erzielen und
- sich selbst wahrzunehmen.

Die Atembewegung lässt sich in den verschiedensten Ruhepositionen wahrnehmen: in Rückenlage, im Sitz, in der Hocke, im Stand, im Gehen, in der »Erdhaltung«. Es ist hilfreich, die Hände auf unterschiedliche Körperpartien zu legen. Die Teilnehmerinnen sollen sich unter ihren Händen sammeln, d.h. die Aufmerksamkeit auf den Bereich lenken, auf dem die Hände liegen und die Atembewegung, die unter ihren Händen oder den ihrer Partnerin entsteht, empfinden. Später wird die Atembewegung auch nach körperlicher Belastung, bei Bewegung und ohne Handkontakt erspürt.

Den Atem zu Hilfe nehmen

Atem und Rücken

Im Alltag wird die Atmung meist mit dem Heben und Senken des vorderen Brustkorbes und des Bauches in Verbindung ge-bracht. Tatsächlich aber füllen die Lungen den gesamten Brustkorb gerade auch im oberen Rücken aus. Tatsächlich auch werden durch die Bewegung des Hauptatemmuskels, des Zwerchfells, alle Organe des Rumpfes rhythmisch bewegt. Die Muskelbewegung in der ungebremsten Vollatmung ist von den Schulterspitzen bis zum Beckenboden am Rücken, an der Seite, im Bauch und im vorderen Brustraum zu spüren.

In Bezug auf die Rückengesundheit sind es die äußere und die innere Zwischenrippenmuskulatur und von den Atemhilfsmuskeln unter anderem der breite Rückenmuskel, die besondere Bedeutung haben. Eine tiefe Atmung kann also als eine Art innerer, aktiver Massage eines Teils der Rückenmuskulatur verstanden werden. Eine tiefe und vollständige Atmung trägt mit zur Festigung der Vielzahl kleiner Muskeln bei und damit auch zur Durchblutung und Kräftigung der Knochen, vor allem der Rippenbögen. Die Aktivierung der Muskeln verbessert ihre Durchblutung, wärmt und entspannt die Atemmuskeln und ihre Hilfsmuskeln – vorausgesetzt, die Atmung wird genau an diesen Stellen nicht durch muskuläre oder mentale Barrieren daran gehindert.

Damit nicht genug, verändert jeder Atemzug die Position der Wirbelsäule zwar nur minimal, aber durchaus maßgeblich. In der Vollatmung werden die einzelnen Wirbel und Bandscheiben gegeneinander bewegt. Die natürliche Krümmung der Wirbelsäule wird im Atemfluss verstärkt und wieder gestreckt. Die Aufrichtung der Wirbelsäule ist so gesehen kein statisches, sondern ein dynamisches Gleichgewicht. Die rhythmischen Bewegungen erlauben die Korrektur ungünstiger Positionen der Wirbel zueinander in Selbstheilung, solange die Muskulatur entspannt genug ist, um dies zu ermöglichen.

Die unterschiedlichen Druckverhältnisse auf die Bandscheiben in der Einatmung und der Ausatmung ermöglichen minimal, aber kontinuierlich eine Anregung des Diffusionsprozesses, der die Bandscheibe ernährt. Dies kann allerdings in der Rückenlage ungehemmter erfolgen als in sitzender oder gar gebückter Position.

Bei jedem Atemzug werden zugleich die gelenkigen Verbindungen zwischen Wirbelkörpern und Rippenbögen aktiviert. Ihre sanfte Bewegung erhält die Funktionsfähigkeit der kleinen Gelenke.

Noch einen Vorteil hat die Atemgymnastik: Sie kann von jedem, immer und überall durchgeführt werden und erfordert keine besondere Anstrengung, allenfalls Aufmerksamkeit.

Im Grunde würde der Rücken auch durch die Atmung die Fähigkeit besitzen, selbst mit den Belastungen fertig zu werden, denen er im Alltag ausgesetzt ist. Chronisch schmerzende Rücken sind so gesehen Rücken, die aktiv an einer Heilung gehindert werden. Was sie behindert, sind neben psychischen Belastungen, regelmäßigen Zwangshaltungen und einem Mangel an Regenerationszeit vor allem erlernte Bewegungs- oder Haltungsmuster, die den freien Bewegungsfluss stark einschränken.

Ein Beispiel: In einer Kultur, in der die weibliche Brust sexualisiert wird, Sexualität aber mit zahlreichen Tabus belegt ist und auch mit Gewalt vermischt wird, ist es verständlich, wenn manche Mädchen in der Pubertät ihre gerade wachsende Brust nicht stolz empor recken, sondern versuchen, durch ein Nach-vorne-Ziehen der Schultern zu verbergen. Als Verhaltensmuster einmal erlernt, ist es später sehr schwer, eine gerade Haltung wieder aufzubauen. Durch die Verstärkungen der natürlichen Krümmung der Brustwirbelsäule, begleitet von Tätigkeiten, die Schultern und Nacken stark beanspruchen und die nach vorne gebeugte Position befördern, wird der Atemraum eingeschränkt und die Muskulatur verkürzt und verspannt. Die Einschränkung des Atemraums behindert die Regenerationskraft der Rückenmuskulatur zusätzlich. Umgekehrt erlernen Frauen in der Sozialisation meist, eher leise zu sein und dem Atem nur oberflächlich und kurz Raum zu geben. Die Vollatmung wird wenig entwickelt. Die Verbindung solcher Einschränkungen wäre eine mögliche Erklärung dafür, warum Beschwerden der Brustwirbelsäule und des oberen Rückens bei Frauen relativ häufig sind. Allerdings kennen auch einige männliche Jugendliche das Phänomen, auf Wachstumsschübe in der Pubertät mit einem Kleinermachen der Haltung zu reagieren. Auch hier wird der obere Rücken nach vorne gebeugt und der Atemraum eingeschränkt. Eine von mehreren Möglichkeiten, gegen diese Beschwerden anzugehen, ist, die Brustatmung auch im Rückenbereich zu entwickeln.

Ein anderes Beispiel: In einer Kultur, in der Beckenbewegungen von Männern sexualisiert und tabuisiert sind, in der Bauch und Becken eher als weiblich besetzt sind, wäre es nicht weiter verwunderlich, wenn Männer in der Sozialisation erlernen, die Beweglichkeit des unteren Rückens einzuschränken. Der männlich stolz erhobene Brustraum wirkt imponierender, wenn die Atmung fast ausschließlich auf den Brustraum beschränkt wird und der Bauch in der traditionellen Turnerhaltung soldatisch eingezogen bleibt. Eine Entlastung der Lendenwirbelsäule und ihrer Bandscheiben wird eingeschränkt. Das wäre eine mögliche Erklärung dafür, warum Beschwerden des unteren Rückens bei Männern häufiger sind. Allerdings haben auch Frauen in der Sozialisation gelernt, mit Korsetts und Miedern ihre Bauchatmung einzuschränken. Das frauentypisch starke Hohlkreuz kann nach dem bisherigen Erkenntnisstand nicht zu einer Entlastung der Lendenwirbel beitragen.

In beiden Fällen ist es durch eine mit Bewegung oder bestimmten Haltungen verbundene Lenkung der Atmung möglich, die Wahrnehmung zu sensibilisieren und Entspannungspausen für Bandscheiben, Knochen und Muskeln durch die innere Atmung zu erreichen.

Weitere Hinweise zur Bedeutung der Atmung finden Sie auf den Seiten 22 und 23.

Zustände der Entspannung

Je nach der Tiefe der Entspannung, die mit Hirnstrommessungen an der Frequenz der Gehirnwellen gemessen werden kann, können mehrere Stufen unterschieden werden. Vom Wachzustand unterscheidet sich ein »einfacher« Entspannungszustand (Alpha-Entspannung) durch eine Verringerung der Hirnstromaktivität um etwa die Hälfte. Noch geringer wird diese Aktivität in der Tiefenentspannung und am niedrigsten in Schlafphasen ohne Traum.

Bei einem leicht zu erreichenden »einfachen« Entspannungszustand (Alpha-Entspannung) wird die Umgebung noch deutlich wahrgenommen, das Zeitgefühl ist noch vorhanden, ein angenehmes Gefühl der Entspannung ist spürbar, das häufig mit »Schwere«, aber auch mit »Leichtigkeit« beschrieben wird.

Der Zustand der Tiefenentspannung ist dadurch charakterisiert, dass das bewusste Erleben eingeschränkt ist. Reize von außen werden kaum noch wahrgenommen, das Zeitgefühl und eine bewusste Erinnerung, z. B. an die angeleiteten Anspannungsübungen, fehlen. Das innere Erleben ist sehr ausgeprägt und bringt eine intensive Erholung mit sich. Häufig wird der Zustand der Tiefenentspannung kurz vor dem Einschlafen erreicht.

Aufgrund des intensiven, inneren Erlebens und dem damit verbundenen Kontakt mit Verdrängtem, arbeiten verschiedene Formen der Psychotherapie mit Tiefenentspannung. Auf diesem Weg sollen verdrängte Emotionen ins Bewusstsein gelangen und so der Therapie zugänglich werden. Der Einsatz von Methoden zur Tiefenentspannung ist in der Gesundheitsbildung eher die Ausnahme. Umfangreiche Vorkenntnisse über Tiefenentspannung sind unerlässlich, wenn häufiger längere Entspannungsphasen angeleitet werden und der Zustand der tiefen Entspannung bewusst herbeigeführt wird.

Aber auch wenn dies nicht bewusst herbeigeführt wird, kommt es in längeren Entspannungsphasen mit angenehmen Rahmenbedingungen regelmäßig vor, dass Teilnehmerinnen für kurze Zeit den Zustand der Tiefenentspannung erreichen. Äußerungen wie »Ich weiß überhaupt nicht, wie lange ich gelegen habe« oder »Ich habe Ihre Stimme erst wieder gehört, als Sie vom Atmen sprachen« weisen auf eine tiefe Entspannung hin.

Der Schlaf ist zwar nicht Ziel der Entspannung, aber da Schlaf und Tiefenentspannung sehr dicht beieinander liegen, kommt es insbesondere in Abendkursen häufig vor, dass Teilnehmerinnen einschlafen. Sie brauchen dies nicht zu verhindern. In der Regel bemerken Sie es erst, wenn jemand schnarcht, oder sich während der Rückführung nicht rührt. Meist genügt es dann, in der Nähe der Schlafenden etwas lauter zu sprechen.

Imagination

Aufgrund ihrer therapeutischen Wirksamkeit einerseits und dem fahrlässigen Umgang mancher Menschen mit ihr andererseits ist die Imagination in der Gesundheitsbildung etwas in Verruf gekommen. Dies ist bedauerlich, weil ihre Möglichkeiten im Rahmen von Selbsthilfe gut geeignet sind, die Regeln eines nicht therapeutischen, sorgfältigen Umgangs in der Gesundheitsbildung damit einfach sind und Imagination als Tagträumen ein alltägliches Mittel der psychischen Hygiene sein kann, das fast allen Menschen geläufig ist.

Innere Bilder werden in der Tiefenpsychologie genutzt, um unerschlossene Schichten des Bewusstseins zu erforschen. Sie werden zum Beispiel im Rahmen der Stressbewältigung auch genutzt, um einen entspannteren Zustand zu erreichen, in dem man sich einen imaginären »Ort der Ruhe« schafft oder mit imaginären Beratern spricht, um seiner inneren Stimme zu lauschen oder um erwünschte Persönlichkeitseigenschaften wie Selbstvertrauen aufzubauen. Imaginationen werden neuerdings auch in der Medizin genutzt, um Heilungsprozesse, zum Beispiel bei Krebs, von innen heraus begleitend zu unterstützen.

In der Gesundheitsbildung – die keine Heilung von körperlich oder psychisch Kranken versucht – werden keine so tief greifenden Veränderungen angestrebt. Imaginationen, *wie in der Übung »Atementspannung« S. 108,* sind hier einfache Mittel zu mehr Wohlbefinden, die meist als sehr wohltuend und angenehm erlebt werden, wenn einige wenige Regeln beachtet werden:

- Mit der Tiefe der Entspannung steigt die Tiefe der Bewusstseinsschichten, die angesprochen werden. Entspannungstiefe wiederum lässt sich unter anderem mit der Dauer der Entspannung beeinflussen. In Gruppen, die keinerlei Erfahrung damit haben, bietet es sich meist an, nur die Augen schließen zu lassen, und eine Weile ruhig zu atmen, bevor die Bilder entstehen.
- Konkrete Anregungen zu Bildern haben den Vorteil, dass die Imagination ein Stück gelenkt werden kann. Dabei gilt, dass archaische Bilder meist auch tiefe Gefühle berühren, alltagsnähere Vorstellung meist auch näher an den Oberflächen der Gefühle bleiben. Der Nachteil von Vorgaben ist, dass jedes Bild von verschiedenen Teilnehmerinnen unterschiedlich interpretiert werden kann. Was für die einen angenehm ist, muss es für die anderen noch lange nicht sein. Was hilft, ist die Ansage, sich immer dann, wenn einem ein Bild nicht angenehm ist, einfach ein anderes, angenehmeres zu suchen.
- Wichtig ist die Rückführung zum Abschluss der Übung. Alles, was die Teilnehmerinnen mit ihrer konkreten Körperlichkeit konfrontiert, ist dafür hilfreich, also strecken, räkeln, Fäuste schließen, mit den Füßen trampeln oder tanzen, springen, in die Hände klatschen, die Füße massieren oder was immer Ihnen einfällt. Ganz wichtig: die Augen öffnen und Augenkontakt herstellen.
- Eine anschließende Reflexionsrunde ist kein Ort für Interpretationen aller Art, aber für Sie eine gute Möglichkeit, sich zu vergewissern, dass alle mit gutem Gefühl nach Hause gehen können.

Den Atem zu Hilfe nehmen

Den Rücken in Balance halten

Auf einen Blick

Ziel:
Sensibilisieren für die Balance von Anforderungen und Bewältigungsstrategien

Thema	Ziel	Methode	Medien	Zeit
Gehen	Ankommen, Aktivieren	Körperwahrnehmung		5 Min.
Bewegungsform für einen gesunden Rücken	Erlernen einer Übungsfolge	Funktionelle Gymnastik	Musik	10 Min.
»Gordischer Knoten«	Gemeinsam Lösungen entwickeln	Spiel		10 Min.
Ausgleich schaffen	Sensibilisieren für die Balance von Belastung und Erholung	Gesprächsrunde	Plakat oder Moderationsmaterial	10 Min.
Bewegungsübungen	Training von Stabilisierungsfähigkeit und Beweglichkeit	Funktionelle Gymnastik	Matten, Musik	30 Min.
»Schattenlauf«	Selbst- und Fremdwahrnehmung vergleichen	Körperwahrnehmung		10 Min.
Entspannung	Training der Entspannungsfähigkeit	Progressive Muskelentspannung	Musik	15 Min.

Beschreibung der Kurseinheit

Der Begriff »Balance« weckt Assoziationen auf verschiedenen Ebenen. Balance steht zum einen für das Gleichgewicht der äußeren Haltung und der Bewegung. Balance betrifft aber auch das innere Gleichgewicht von Belastung und Belastbarkeit und den Ausgleich zwischen Belastung und Erholung, zwischen Ruhe und Bewegung. Um diese Balance geht es in dieser Kurseinheit.

Die Teilnehmerinnen sollen für ihre eigene Balance sensibilisiert werden. Es soll deutlich werden, dass eine ausgewogene Balance kein statischer Zustand ist, sondern ein dynamisches stetiges Pendeln zwischen zwei entgegengesetzten Polen, die sich im richtigen Verhältnis gegenüberstehen.

Gehen

Das Gehen auf freien Raumwegen wird als bewegter Einstieg in die Stunde genutzt. Die Teilnehmerinnen achten darauf, wie sie gehen. Sie können das Gehen mit Worten begleiten:

- »Sie gehen auf freien Raumwegen kreuz und quer. Spüren Sie dabei der Qualität Ihres Ganges nach.
- Wie sind das gewählte Tempo, die Schrittgröße, der Kontakt zum Boden, wie die Bewegungen des Beckens, wie die Bewegungen der Arme, wie ist die Dynamik Ihres Ganges?
- Sie gehen zügig, ohne es eilig zu haben. Sie sind auf einem Spaziergang. Sie genießen das Gehen ohne bestimmtes Ziel und lassen dabei alles, was Sie heute belastet hat, hinter sich.
- Mit jedem Schritt lösen Sie sich und sind, wenn Sie jetzt langsam zum Stehen kommen, ganz hier, im Kurs, bei sich selbst.«

Bewegungsform für einen gesunden Rücken

Das besondere an dieser komplexen Folge von Übungen, die Sie mit der Gruppe auch im Freien ausüben können: Im Rhythmus Ihrer Atmung sind Momente der Dehnung, Kräftigung und Entspannung zu einer fließenden Bewegungsfolge zusammengestellt, die im Stehen durchgeführt wird. Diese Übungssequenz aus fünf Übungszyklen müssen Sie selbst zunächst zu Hause mehrfach üben, um im Vorführen nicht nachdenken zu müssen. Lassen Sie die Gruppe die einzelnen Übungen ausprobieren, bevor Sie sie im Atemrhythmus zusammenführen. Mit dem Einatmen wird grundsätzlich in die Bewegung gegangen, in der Position angekommen wird langsam und vollständig ausgeatmet. Nur der mittlere Teil, das Malen der liegenden Acht mit dem Becken, ist davon eine Ausnahme. Hier fließt die Bewegung ohne Stocken, der Atemrhythmus kann entsprechend frei gewählt werden.

Der Übungszyklus für Brustwirbelsäule und Schultern

- »Sie stehen mit gegrätschten Beinen, die Knie bleiben leicht gebeugt, die Füße zeigen nach vorne. Sie stehen mit geradem Rücken und konzentrieren sich auf Ihre Atmung. Wenn Sie möchten, können Sie die Hände dazu auf Ihrem Bauch ruhen lassen.

Übungszyklus für Brustwirbelsäule und Schultern

- Mit dem nächsten Einatmen führen Sie die Hände etwa auf der Höhe Ihres Bauchnabels so zusammen, dass sich die Fingerspitzen gegenüberstehen. Die Handflächen zeigen nach unten. Die Arme sind in den Ellbogen angewinkelt. Die Schulterblätter sind weit nach hinten zusammengezogen und die Schultern gesenkt. Atmen Sie aus. Mit dem Einatmen führen Sie die Schulterblätter noch ein wenig enger zusammen, mit dem Ausatmen halten Sie die Position. Achten Sie darauf, nicht ins Hohlkreuz zu gehen. Vielleicht hilft Ihnen die Vorstellung, ein Schmuckstück auf Ihrem Brustbein stolz zu zeigen.
- Mit dem nächsten Einatmen heben Sie die Hände die Körpermitte entlang bis hoch über Ihren Kopf und weiten die Arme. In dieser Position atmen Sie aus. Vielleicht hilft Ihnen die Vorstellung, die Krone eines prächtigen Baumes darzustellen.
- Mit dem nächsten Einatmen lassen Sie die Arme weich und weit ausgestreckt zur Seite sinken und führen sie vor der Körpermitte zusammen, zur Ausgangsposition. Atmen Sie aus. Vielleicht hilft Ihnen die Vorstellung, die Arme wie auf einen Wattebausch sinken zu lassen.«

Diesen Übungszyklus können Sie dreimal wiederholen.

Der Übungszyklus für die Wadendehnung

- »Mit dem nächsten Einatmen setzen Sie ein Bein nach vorne, das hintere Bein ist gestreckt, die Ferse bleibt am Boden. Das Gewicht wird nach vorne verlagert. In dieser Wadendehnhaltung strecken Sie die Arme gerade nach oben, quasi in Verlängerung der Körperlinie, hinteres Bein – Oberkörper – Arme, und atmen aus. Vielleicht mögen Sie die Vorstellung, als Heldin mit hoch erhobenem Schwert ganz in Spannung zu stehen.
- Mit dem Einatmen senken Sie die Arme auf die Oberschenkel und verlagern das Gewicht auf das hintere, nun gebeugte Bein. Das vordere Bein ist gestreckt. Atmen Sie in der Position aus.
- Mit einem Schritt nach vorne kommen Sie im nächsten Einatmen in die Ausgangsposition zurück und atmen aus. Wiederholen Sie den gesamten Übungszyklus für die Wadendehnung mit der anderen Seite.«

Sie können den gesamten Ablauf mit beiden Beinen ebenfalls dreimal wiederholen.

Der Übungszyklus für die obere Rückenmuskulatur

- »Zurück in der Ausgangsposition, die Beine dieses Mal aber nur hüftbreit, lassen Sie die Arme locker zur Seite sinken. Beim nächsten Einatmen ziehen Sie die Arme mit den Schultern nach hinten und atmen aus.
- Beim nächsten Einatmen heben Sie über die Seite die Arme hoch, verschränken die Hände über den Kopf, die Handinnenflächen zeigen zum Himmel und atmen aus. Der Rücken ist gestreckt, in den Knien bleiben Sie locker, die Bein leicht gebeugt. Vielleicht gefällt Ihnen die Vorstellung, den Himmel zu tragen.
- Beim nächsten Einatmen schieben Sie einen Arm nach unten, der andere bleibt oben. Spannen Sie eine Diagonale von Arm zu Arm und atmen aus. Die Knie bleiben leicht gebeugt. Die Handinnenfläche der oberen Hand zeigt himmelwärts, die der unteren Hand erdwärts. Vielleicht hilft Ihnen die Vorstellung, Himmel und Erde mit der Kraft Ihrer Arme auseinander zu halten.
- Beim nächsten Einatmen ziehen Sie die Diagonale zur anderen Seite und atmen aus«.

Wiederholen Sie auch diesen Übungsteil dreimal.

Übungszyklus für die Wadendehnung

Übungszyklus für die obere Rückenmuskulatur

Der Übungszyklus für das Becken

- »Die Beine stehen noch immer hüftbreit, die Knie sind gebeugt. In diesem Übungszyklus fließt der Atem zunächst frei im Fluß Ihrer Bewegung. Kreisen Sie Ihr Becken ganz langsam in Form einer liegenden Acht. Die Acht bleibt immer auf einer Ebene. Der Oberkörper bleibt aufgerichtet. Die Hände liegen locker auf den Hüftknochen. Sie können kleinere oder größere Achten beschreiben. Wichtig ist, dass Sie nach und nach ein Gefühl für die weiche und gleichmäßig fließende Bewegung entwickeln. Lassen Sie sich Zeit für das Achten-kreisen. Seien Sie nicht ungeduldig mit sich selbst, wenn Ihnen die Bewegung anfangs ein wenig schwer fällt.
- Nehmen Sie jetzt die Arme in der Bewegung hinzu. Malen Sie den rechten Kreis der Acht, so beschreibt der rechte Arm einen sanften seitlichen Bogen von der Hüfte nach oben und wieder zurück, auf dem Hinweg nach vorne, auf dem Rückweg nach hinten, Ellbeuge und Handgelenk bleiben immer locker gebeugt. Malen Sie den linken Kreis der Acht, so beschreibt der linke Arm einen spiegelgleichen Bogen. Lassen Sie sich auch hier Zeit, in der Bewegung einen für Sie stimmigen Rhythmus zu finden. Wie mögen Sie Atmung und Bewegung miteinander kombinieren?«

Zurück zum Anfang

- »Finden Sie jetzt zurück zum Atemrhythmus – Einatmen mit der Bewegung, Ausatmen in der Position. Wiederholen Sie den Übungszyklus für die obere Rückenmuskulatur dreimal.
- Wiederholen Sie den Übungszyklus für die Wadendehnung auf beiden Seiten dreimal.
- Kommen Sie zurück in die gegrätschte Haltung und wiederholen Sie den Übungszyklus für die Brustwirbelsäule dreimal.
- Zuletzt kommen Sie in die Ausgangsposition zurück, die Hände ruhen auf Ihrem Bauch.«

»Gordischer Knoten«

Der »Gordische Knoten« ist nicht nur ein freudvolles Spiel, sondern kann auch Lust auf das Finden von neuen Bewegungsmöglichkeiten machen und zeigen, wie ein Problem gemeinsam gelöst werden kann.

Vier bis sechs Personen stehen im engen Kreis und strecken ihre Hände in die Kreismitte. Dort fassen sie eine freie Hand, bis alle untereinander durch Handfassung verbunden sind. Dieser entstandene Knoten soll durch geschicktes Drehen, Übersteigen und Durchklettern gelöst werden, ohne dass dabei die Handfassung gelöst wird.

Für die Gruppenmitglieder ist es häufig erstaunlich, dass sie sich zum Schluss im Kreis wiederfinden. Es klappt nahezu immer! Manchmal stehen Personen im Kreis mit Blick nach außen, manchmal bilden sich zwei Kreise.

Ausgleich schaffen

In einer Gesprächsrunde wird die Balance thematisiert. Gemeinsam werden auf einem vorbereiteten Plakat auf der einen Seite Belastungsfaktoren gesammelt, auf der anderen Seite Erholungs- und Entlastungsmöglichkeiten und Bewältigungsstrategien. Auf Zuruf schreiben Sie dies in die entsprechende Spalte. Sie können darauf aufmerksam machen, dass eine Verbesserung auf beiden Seiten möglich ist: durch Senkung der Belastung einerseits und durch Erhöhung des Ausgleichs andererseits.
Die Gruppenmitglieder werden angeregt, Maßnahmen zur Verbesserung der Balance zu sammeln.
Wenn noch etwas Zeit ist, können Sie das Thema »Genuss« ansprechen.

Variation:
Wenn Sie mit dieser Methode vertraut sind, dann bietet es sich an, die Moderationsmethode für diese Einheit zu nutzen. Die Erfassung auf Karten ergibt mehrere Möglichkeiten der Zuordnung, die von der Gruppe vorgeschlagen werden können. Zum Beispiel: körperliche, psychische, soziale und umweltbedingte Belastungen und Ressourcen.

Bewegungsübungen

In verschiedenen Ausgangspositionen werden Dehn-, Mobilisierungs- und Kräftigungsübungen durchgeführt. Der Schwerpunkt liegt auf Basisübungen mit Variationen mit mittlerer Intensität und mittlerem Umfang.

Eine funktionelle Übung wird hier ausführlich dargestellt. Aufgrund des erhöhten koordinativen Anspruches sollte sie Inhalt einer der letzten Kurseinheiten sein. Diese Übung macht deutlich, wie hilfreich eine möglichst vielfältige Sinneswahrnehmung für das Lernen ist. Neben dem kinästhetischen Sinn wird hier auch der taktile Sinn angesprochen.

Kräftigung Trapezius (unterer Anteil)

In mehreren Schritten und mit der Hilfe einer Partnerin werden die Übenden an die bewusste Anspannung der Muskulatur des oberen Rückens herangeführt.

- Die Übende sitzt und bewegt ihre Arme langsam, einzeln oder zugleich, in alle möglichen Richtungen. Die Partnerin tastet währenddessen den oberen Rücken der Übenden ab. Insbesondere die Position und die Bewegungen der Schulterblätter sollen ertastet werden.
- Die Übende zieht ihre Schulterblätter aufeinander zu. Die Hände ruhen auf den Oberschenkeln. Die Partnerin erfühlt die Bewegungen der Schulterblätter, indem sie die Handflächen flach auf den oberen Rücken auflegt.
- Die sitzende Person zieht die Schulterblätter nach hinten unten. Ihre Hände ruhen weiter auf den Oberschenkeln. Die Partnerin ertastet die unteren Enden der Schulterblätter (Schulterblattwinkel) und lässt ihre Finger darauf liegen. Der Kontakt der Finger hilft den Übenden, die Schulterblattspitzen zur Wirbelsäule hin zu ziehen.
- Die Übende hebt ihre Arme über Kopf, als würde sie einen großen Ballon über dem Kopf tragen und lässt sie in dieser Position. Sie versucht nun, die Schulterblätter – ebenso wie im dritten Schritt – nach hinten unten zu bewegen. Der Kontakt durch die Partnerin hilft dabei. Die Bewegung erfolgt nicht aus den Armen, sondern allein durch die Fixierung der Schulterblätter in Richtung Wirbelsäule. Die Schultern bewegen sich dabei deutlich nach unten.

Die Übenden können die Bewegung nun zum Abschluss alleine, ohne taktile Hilfe, ausprobieren. Mit etwas Übung kann diese Position als entlastend für die Nackenmuskulatur empfunden werden. Wiederholen Sie diesen Schritt in der nächsten Kurseinheit.

»Schattenlauf«

Mit Hilfe dieser Wahrnehmungsübung können Sie die Vielfalt und Eigenart des Ganges hervorheben, sowie den Unterschied zwischen Fremd- und Selbstwahrnehmung.
Die Teilnehmerinnen suchen sich ein Gegenüber für diese Übung. Eine Person geht wie gewohnt durch den Raum. Die zweite beobachtet erst und versucht dann, diesen Gang so genau wie möglich nachzuahmen. Mit einzelnen Fragen lenken Sie die Aufmerksamkeit beider auf den eigenen Rücken: »Was macht der Schultergürtel, … der Rücken?«, »Wie fühlt es sich im Rücken an, so zu gehen?«
Im anschließenden Gespräch tauschen sich die Paare über ihre Wahrnehmung aus.

Es finden sich viele Verbindungen zum Kursbaustein Haltung *(ab Seite 59)*. Auch wenn sich innere Haltung durch äußere ausdrückt und dieser Zusammenhang in zahlreichen Veröffentlichungen zur Körpersprache beschrieben ist, sollten Sie die Teilnehmerinnen vor eindimensionalen Zuweisungen von Haltungs- und Bewegungsmerkmalen zu persönlichen Eigenschaften bewahren. So weit verbreitet und einleuchtend bildhafte Erklärungen auch sein mögen, für voreilige Deutungen sind sie ungeeignet.

Entspannung

Für eine Entspannungsphase, die inklusive Hinführung und Nachbesprechung nur eine Viertelstunde dauern soll, müssen Sie sich in der Progressiven Muskelentspannung auf einige Körperteile beschränken. In dieser Einheit werden An- und Entspannungsübungen für Füße, Beine und Po angeleitet *(siehe Kursbaustein Progressive Muskelentspannung, Seite 80 f.)*.
Die Nachbesprechung der Entspannung ist zugleich Abschlussbesprechung für diese Kurseinheit. Viele, vielleicht auch persönliche Themen sind in dieser Einheit angesprochen worden. Achten Sie darauf, die Stunde in Ruhe abzuschließen und Zeit für noch offene Fragen oder zur Rücksprache zu lassen. Wenn die Örtlichkeiten, die Jahreszeit und das Wetter es zulassen, kann die nächste Kurseinheit teilweise im Freien stattfinden. Sprechen Sie diese Möglichkeit mit den Teilnehmerinnen ab.

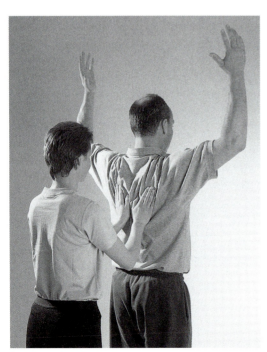

Der Handkontakt hilft

Gut zu wissen: Zusatzinformationen

Der Rücken in Balance

Der Rücken lebt von einem Wechsel von An- und Entspannung, von Bewegung und Ruhe und von Belastung und Erholung. Dieses Wechselspiel findet sich in der Aktivität aller Muskeln und Organe, in der menschlichen Bewegung und in der Atmung. Rückenschmerzen können ein Zeichen dafür sein, dass man aus der Balance zu geraten droht.

Im Oszillationsmodell (Quelle: Janalik/Treutlein 1989 in: Knörzer 1994) wird das Pendeln zwischen den jeweils aufeinander bezogenen Polaritäten wie Bewegung und Ruhe, Anspannung und Entspannung deutlich.

Nach diesem Modell ist Gesundheit dann wahrscheinlich, wenn ein Schwingen zwischen den beiden Polen in der Gesundheitszone möglich ist. Voraussetzung dafür ist es, die Signale des Körpers zu beachten und seinem Entspannungs- oder Bewegungsbedürfnis nachzukommen. Krankheit bedeutet den Verlust dieser Balance.

Diese Ausgeglichenheit bezieht sich nicht nur auf den Körper, sondern im gleichen Maße auf den psychischen und sozialen Bereich, so dass von einem Prozess der leiblichen Ausgeglichenheit gesprochen werden kann.

Anforderungs-Ressourcen-Modell

Der Gesundheitspsychologe Peter Becker (Becker in: Zeitschrift für Gesundheitspsychologie 2, 25-48, 1994) beschreibt ein Anforderungs-Ressourcen-Modell, das auf einer gesundheitszentrierten Fragestellung aufbaut und die Bedingungen für Gesundheit und Krankheit umfassender darstellt.

Für die Rückengesundheit gilt, was für den Erhalt der Gesundheit des ganzen Menschen bedeutsam ist: Die Gesundheit ist davon anhängig, welche und wie viele Ressourcen zur Verfügung stehen, um die biologischen, psychischen, sozialen und umweltbedingten Anforderungen zu bewältigen.

Anforderungen, die die Rückengesundheit beeinflussen, sind dabei keineswegs begrenzt auf beispielsweise langes Sitzen, schweres Heben oder ein muskuläres Ungleichgewicht. Gleichermaßen können psychische und soziale Faktoren wie zum Beispiel Schichtarbeit, ein finanzieller Engpass oder das Gefühl von Hilflosigkeit zu Belastungen werden.

Welche Ressourcen zur Verfügung stehen, d.h. auch wirklich genutzt werden können und in welchem Umfang dies geschieht, ist individuell sehr unterschiedlich. Sicher scheint aber zu sein: Wer über angemessene leibliche Ressourcen zur Bewältigung der Anforderungen verfügt, leidet nicht, seltener oder kürzer unter Rückenschmerzen.

Angemessene Bewältigungsstrategien ermöglichen es, belastende Bedingungen zu verringern, ein positives Selbstbild aufrechtzuerhalten, das seelische Gleichgewicht zu sichern und hinlängliche Beziehungen aufzubauen. Sie beeinflussen Wohlbefinden und Gesundheitszustand.

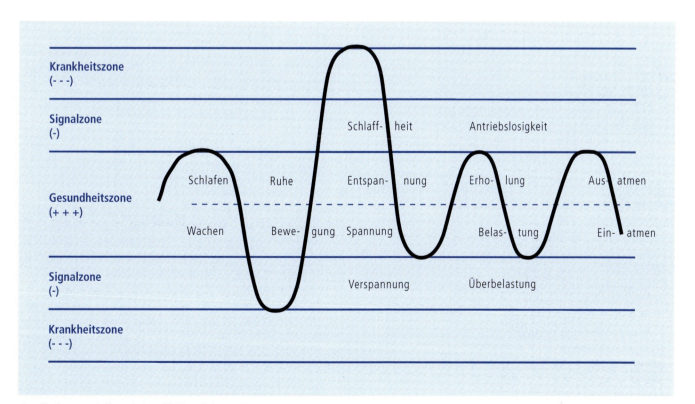

Oszillationsmodell nach Janalik/Treutlein 1989

Anforderungen	Ressourcen
Schweres Heben	»Rückhalt« haben
Finanzielle Sorgen	Lebensfreude
Muskuläres Ungleichgewicht	Aufrechte Haltung
Gefühl von Hilflosigkeit	Zuversicht
Langes Sitzen	Ergonomischer Arbeitsplatz
Schichtarbeit	Regelmäßige Entspannung

Rückenbelastung durch Stress

Mit »Stress« wird zumeist alles bezeichnet, was als belastend empfunden wird. Stress ist der Prozess, der beim Menschen von bestimmten Reizen ausgelöst wird, die als Stressoren bezeichnet werden. Ob ein Reiz ein Stressor ist, lässt sich also immer erst im Nachhinein an seiner Wirkung erkennen.

Um Stress erfolgreich bewältigen bzw. besser mit Stress leben zu können, ist es hilfreich, den körperlichen Ablauf bei Stress zu kennen. Auf drohende Gefahr reagiert der Organismus wie in Urzeiten mit einer biomechanischen Alarmreaktion, die alle Energien für den notwendigen Angriff oder die Flucht blitzschnell bereitstellt. Über das Zwischenhirn und das vegetative Nervensystem kommt es zur Ausschüttung von Hormonen, die zahlreiche Mechanismen zur schnellen Energiebereitstellung auslösen. Unter anderem steigen Blutdruck und Herzfrequenz, die Nerventätigkeit erhöht sich, die Atmung ist flach und beschleunigt, die Muskelspannung steigt, Schmerzen werden weniger wahrgenommen und können ihre »Frühwarnfunktion« nicht mehr erfüllen. Gleichzeitig werden Vorgänge gebremst, die bei Angriff oder Flucht nicht benötigt werden. Zum Beispiel werden die Verdauungsprozesse vermindert, die Immunabwehr und die Sexualfunktion sinken.

Für die Entstehung von Rückenerkrankungen ist in diesem Zusammenhang insbesondere die Erhöhung des Muskeltonus und das verminderte Schmerzempfinden von Bedeutung.

Flucht oder Angriff, die beiden körperlichen Handlungsmöglichkeiten, die den Urahnen das Überleben sicherten, sind heute kaum mehr möglich. Wer kann schon dem Lärm am Arbeitsplatz davonlaufen oder angreifen, wenn der Zeitdruck als bedrohlich empfunden wird. Geändert haben sich auch die Auslöser. In der heutigen Gesellschaft rückt die Bedeutung von psychosozialen Stressoren in den Vordergrund. Die notwendige adäquate körperliche Reaktion bleibt daher häufig aus. Die zur Verfügung gestellte Energie wird nicht genutzt, die Stressreaktion findet keinen »natürlichen« Abschluss und ohne körperliche Aktivität mit nachfolgender Erschöpfung kommt es zu keiner Phase der Entspannung. Der Alarmzustand bleibt, Wut und Ärger müssen unterdrückt werden, die innerliche Anspannung kann sich nicht entladen, der »Druck lastet auf den Schultern«.

Biologisch gesehen gibt es einen zweiten Stresskreislauf, die »Unterlegenheitsreaktion«, die sich grundsätzlich von der Stressreaktion des »Gewinners« unterscheidet. Hierbei spielen andere Hormone, die Kortikoide, die wichtigste Rolle. Gefühle von Hilflosigkeit gehen mit dieser Stressreaktion einher. In Bezug auf den Rücken ist interessant, dass Kortikoide die Eiweißsynthese hemmen und so langfristig zum Muskelabbau beitragen, außerdem die Einlagerung von Kalzium in den Knochen behindern, also die Knochenfestigkeit destabilisieren. Zusätzlich werden diese Menschen hormonell bedingt im wahrsten Sinne des Wortes »dünnhäutiger«. Dies erklärt möglicherweise biologisch, warum zum Beispiel gestörte Kommunikationsstrukturen oder unsinnige Hierarchien besonders häufig mit Rückenschmerzen einhergehen.

Stress und Gefahren sind nicht auszuschließen, es kommt vielmehr darauf an, sie zu bewältigen und das innere Gleichgewicht wiederherzustellen. Für eine Stressbewältigung ergeben sich aus diesem Modell drei Ansatzpunkte: die Stress auslösenden Reize zu vermindern, die Möglichkeiten für eine adäquate körperliche Aktivität und für Entspannung zu schaffen.

Verminderung von Stressreizen

Neben Belastungen wie Leistungs- und Zeitdruck gelten auch Lärm, aber auch Sorgen, Monotonie und soziale Isolation als Stressreize. Ob ein Faktor tatsächlich ein Stress auslösender Reiz ist, hängt entscheidend von der Belastbarkeit des Einzelnen ab. Von seinen verfügbaren Ressourcen, von seiner körperlichen Konstitution, von seinem Selbstbild und ob er den Faktor als Stress auslösend einschätzt. Stressreize können durch Veränderung von äußeren Bedingungen Prioritäten setzen, durch Zeitmanagement u. ä., aber auch durch die »innere Herangehensweise« vermindert werden, z. B. durch Selbstwahrnehmung, Stärkung des Selbstbewusstseins, realistische Bewertung von Situationen.

Dabei ist nicht jeder Stress sogleich gesundheitsgefährdend. Im Gegenteil: Stress gehört zum Leben wie das Salz zur Suppe. Erst ein zu großes Maß an anhaltendem oder sich ständig wiederholendem Stress kann krank machen. Häufig wird in »Eustress« und »Distress« unterschieden. Eustress steht für die Anforderungen, die bewältigt werden können. Herausforderungen, die bewusst wahrgenommen werden, der Wettkampf, auf den man sich vorbereitet, oder Abenteuer, die man einschätzen kann, aktivieren den Körper im positiven Sinn. Bei Distress wird die Anforderung als Belastung, als Bedrohung empfunden. Es gelingt nicht, diese angemessen zu bewältigen.

Körperliche Aktivität

Aus dem Modell der Stressreaktion ergibt sich, dass nach einem Stressreiz eine zu Angriff oder Flucht adäquate körperliche Aktivität stattfinden muss. Dies kann durch Sporttreiben erfolgen, aber auch durch kurze Bewegungspausen, z. B. die Treppe hoch rennen. Erst nach dieser körperlichen Aktivität sind die bereitgestellten Energien adäquat verbraucht, ist Entspannung möglich. Auch aus diesem Grund geht in der Kurseinheit »Zunehmend entspannen« *ab Seite 78* der umfangreichen Entspannungsphase eine sehr aktive Phase voraus.

Erholung

Anschließend kann mit Hilfe von Entspannungsmethoden die Phase der Erholung optimiert werden. Aus physiologischer Sicht ist hier immer wieder zu betonen, dass vor allem die Rückenlage nicht nur psychisch gut tut, sondern auch die Bandscheiben ernährt.

Genuss

Das Thema Genuss ist ein Beispiel für eine gesundheitsstärkende, aufbauende Kraft. Zu Unrecht wird der Genuss, das lustvolle Erleben, häufig aus dem Alltag verbannt. Gesundes Leben wird gleichgesetzt mit Genussverzicht, Verboten und Enthaltsamkeit. Dass Genuss ein wertvoller Aufbaufaktor für die Gesundheit ist, wird dabei häufig übersehen.

Die Basis für lustvolle Erlebnisse bilden die sinnlichen Wahrnehmungen. Je feiner die Sinne reagieren, je aufmerksamer angenehme Reize beachtet werden, um so mehr entdeckt man die kleinen Genüsse des Alltags. Ein warmes Bad, schöne Musik, ein behagliches Gespräch unter Freunden, ein Saunagang, eine künstlerische oder handwerkliche Aktivität, ein gemeinsames Essen, eine Massage.

Körperliche Bewegung birgt eine Fülle von genussvollen Erlebnissen: ein Spaziergang quer über eine Frühlingswiese, eine gelungene körperliche Aktion, der Genuss der körperlichen Funktionstüchtigkeit.

Der Psychologe Heiko Ernst sieht im Genuss den Ausdruck von Lebensfreude, von Lust am Dasein:
Jeder sinnliche Genuss bestätigt die Lebendigkeit und Funktionstüchtigkeit des Organismus und hält ihm Krankheiten buchstäblich vom Leibe, weil sein Immunsystem gestärkt ist …
Positives Körperempfinden und angenehme Sinnesreize hemmen den körperlichen Stressmechanismus, wirken günstig auf die Psyche und sorgen dafür, dass man sich »rundum« wohl fühlt.

Die Autoren Robert Ornstein und David Sobel haben eine Sammlung der »gesunden Genüsse« erstellt und fassen die »Psychologie des Glücks« so zusammen:
Viele von uns müssen das zurückgewinnen, was sie im Laufe des Lebens und auf dem Weg vom Kind zum Erwachsenen verloren haben – die Fähigkeit, einfache Freuden des Lebens zu würdigen und zu genießen. Wir müssen persönlich und kulturell unser natürliches Recht wieder zurückverlangen: das Recht, unser Leben durch Spaß, Genuss und Lust anzureichern. Denn Lust erzeugt Lust und die verbessert unser Gefühlsleben und unsere Stimmung, was wiederum gut für die Gesundheit ist. Das Feedbacksystem in uns vervielfältigt Vitalität und Lebensfreude. Die gesunden Genüsse kann man daran erkennen, was sie mit uns machen: Sie heben die Stimmung, absorbieren uns ganz, lassen uns die Welt um uns herum vergessen. Schaffen wir die puritanische Ethik ab, entspannen uns endlich und genießen das Leben wieder in vollen Zügen.
Quelle: Ernst 1993, S. 182

Bewegungsfluss

Der Sonnengruß im Yoga, die Übungsfolgen im Taijiquan oder im Yoga, die Choreographie einer Aerobicstunde: Gemeinsam ist ihnen, dass sie Übungen in einer festgelegten Reihenfolge miteinander verbinden und meist durch die Atmung rhythmisieren. Die Vorteile davon liegen auf sehr unterschiedlichen Ebenen.

Ein Vorteil liegt darin, dass die einzelnen Übungen besser im Gedächtnis verankert werden können. Es ist wie das Auswendiglernen eines Gedichtes: Die einzelnen Wörter können nur deshalb behalten werden, weil sie einerseits Sinn ergeben, andererseits in einer festgelegten Reihenfolge so lange wiederholt werden, bis das gesamte Gedicht im Gedächtnis gespeichert ist. Wiederholungen von Stilelementen, Strophen und Refrains, vor allem aber Reime und feste Versmaße erleichtern das Lernen. Es ungleich schwieriger, einen Prosatext Wort für Wort wiederzugeben als eine Ballade. Der Atemrhythmus der Bewegungsfolge ist gewissermaßen das Versmaß, Ähnlichkeiten im Bewegungsablauf sind die Reime. Bis die Übungssequenz als ganze behalten werden kann, sind allerdings vielfältige Wiederholungen notwendig.

Ähnliche Prinzipien wenden Sie in der Durchführung der Kurse auch dann an, wenn der Stundenablauf bestimmte immer wiederkehrende Sequenzen aufweist, die Variationen enthalten können: die Basisübungen der funktionellen Gymnastik zum Beispiel, das Gehen oder die Körperwahrnehmung. Auch ganze Kurse lassen sich wie die Strophen einer Ballade komponieren.

Körperlich gesehen ist es sinnvoll, Bewegungen harmonisch ineinander übergehen zu lassen. Abrupte Wechsel sind oft eher eine physiologische Belastung. Es macht weder körperlich noch mental Sinn, ständig zwischen der Rückenlage und dem Sitzen, dem Stehen und der Seitlage hin und her zu springen. Ideal ist es, wenn Verbindungen so geschaffen werden können, dass die Endposition einer Übung gleichzeitig die Ausgangspunkt der nächsten Übung ist. So entwickelt sich eines aus dem anderen, harmonisch und rhythmisch.

Dieses Prinzip lässt sich auch außerhalb von Übungsfolgen anwenden. Die funktionelle Gymnastik kann entsprechend sinnvoll kombiniert werden. Die einzelnen Wahrnehmungsübungen zum Beispiel lassen sich so miteinander verbinden, dass sie fast nahtlos ineinander übergehen. Nur gelegentlich ist es sinnvoll, gezielt eine Pause zu inszenieren, um die gewonnenen Eindrücke verarbeiten zu können.

Bewegungsabfolgen im Atemrhythmus sind allerdings immer erst dann auch Teilnehmerinnen zumutbar, wenn die einzelnen Zwischenschritte wirklich verstanden wurden.

Aufrecht weitergehen

Auf einen Blick

Ziele:
- Das Gehen als wohltuende Aktivität erfahren
- Resümee

Thema	Ziel	Methode	Medien	Zeit
Gehen I	Den eigenen Gang bewusst wahrnehmen	Alltagsbewegung		10 Min.
»Mauer« durchschreiten	Wahrnehmungsschulung	Spiele		5 Min.
Bewegungsübungen	Training von Stabilisierungsfähigkeit und Beweglichkeit	Funktionelle Gymnastik		25 Min.
Gehen II	Wahrnehmungsschulung	Körperwahrnehmung	unterschiedlicher Untergrund, verschiedene Materialien	10 Min.
Bücken, Heben, Tragen	Sensibilisieren für rückengerechte Bewegungen	Alltagsbewegungen	Getränkekasten (evtl. Auto)	10 Min.
Entspannung	Training der Entspannungsfähigkeit	Progressive Muskelentspannung im Stehen oder Sitzen		10 Min.
Resümee	Gelerntes zusammenfassen und bewerten	Gesprächskreis	Plakat	15 Min.
Wetterspiel	Abschluss finden	Spiel		5 Min.

Beschreibung der Kurseinheit

Falls die Möglichkeit besteht, können Teile dieser Kurseinheit im Freien stattfinden. Dies wird bereits in der vorherigen Stunde angekündigt. Geeignet ist die benachbarte Grünfläche eines Sportplatzes, ein Wald mit breiten Wegen, ein weitläufiges Parkgelände. Eine Kurseinheit im Freien bietet neue Gelegenheiten, die Wahrnehmung und verschiedene Bewegungsformen des Alltags auszuprobieren und schafft darüber hinaus einen deutlichen Transfer »nach draußen«. Falls Ort und Jahreszeit es ermöglichen, sollten Sie auf die Elemente in Freien nicht verzichten, denn sie kommen bei den Teilnehmerinnen in der Regel sehr gut an. Sie können die Teilnehmerinnen natürlich auch anregen, dies beim nächsten Spaziergang, im eigenen Garten oder im Freibad selbst nachzuholen bzw. auszuprobieren.

Die Integration des Gelernten in den Alltag, die Zielstellung des gesamten Kurses ist, wird in dieser Kurseinheit erneut und über den Kurs hinausweisend thematisiert. Die Teilnehmerinnen sollen das Gehen nicht als »langsames Mittel der Fortbewegung« empfinden, sondern den belebenden und wohltuenden Einfluss des aufrechten Ganges erleben. Sie sollen angeregt werden, das aufrechte Gehen vermehrt in den Alltag zu integrieren.

Gehen I

In der Halle oder im Freien gehen die Teilnehmerinnen eine bestimmte Wegstrecke. Die Aufmerksamkeit wird dabei auf die Qualität des Ganges gelenkt und auf das Zusammenspiel einzelner Körperteile.

- »Gehen Sie zügig, ohne sich zu beeilen. Achten Sie darauf, wie Ihr Gang heute ist, wie es sich anfühlt, hier zu gehen.
- Gehen Sie mit verschränkten Armen. Wie wirkt sich das auf die Bewegung Ihres Oberkörpers aus? Was macht Ihr Atem?
- Im Passgang gehen, rechtes Bein und rechter Arm schwingen gleichzeitig nach vorne: Wie verändert sich dabei die Bewegung Ihres Rumpfes?
- Gehen Sie möglichst schnell. Was machen Ihre Schultern, Ihr Atem? Beißen Sie die Zähne aufeinander? Lassen Sie die Schultern wieder gelassen sinken, den Atem ruhig fließen.
- Gehen Sie sehr langsam. Beobachten Sie insbesondere die Bewegung Ihres Beckens im Zusammenspiel mit den Beinen.
- Rückwärts gehen.
- Gehen Sie, als ob Sie von einer imaginären Schnur leicht gezogen würden. Die Schnur ist zuerst am Brustbein befestigt, dann an der Hüfte. Wie verändert sich der Gang? Welche Alternative entspricht eher Ihrem alltäglichen Gang?
- Gehen Sie ein Stück zu zweit und versuchen Sie, einen gemeinsamen Rhythmus zu finden. Für die nächste Übung bleiben Sie bitte zu zweit zusammen.«

Variation:
Findet die ganze Kurseinheit in der Halle statt, kann der zeitliche Umfang zugunsten des Elementes »Funktionelle Gymnastik« verkürzt werden.

»Mauer« durchschreiten

Diese Körperwahrnehmung sensibilisiert die Sinne und die Orientierung im Raum.

Die Gruppe steht auf einer Linie Schulter an Schulter und bildet die »Mauer«. Eine Person geht aus einer selbst gewählten Entfernung mit geschlossenen Augen auf die »Mauer« zu. Rechtzeitig bevor sie gegen die »Mauer« stoßen würden, öffnen die Gruppenmitglieder die »Mauer« möglichst geräuschlos und unbemerkt. Die Person soll dann stehen bleiben, wenn sie meint, dass Sie dicht vor der »Mauer« steht.

Probieren Sie die Übung nur mit einigen Freiwilligen aus. Meist gelingt es zwar, die Entfernung bis zur Mauer richtig einzuschätzen, jedoch zeigen sich die meisten Personen erstaunt über die eingeschlagene Richtung und den Grad ihrer Unsicherheit.

Bewegungsübungen

Falls Sie im Freien trainieren, werden Übungen der funktionellen Gymnastik im Stehen durchgeführt.

Beispiel für eine Übungsfolge mit einer Dauer von etwa 20 bis 25 Minuten.

- Recken und Strecken.
- Bewegungsform für einen gesunden Rücken (siehe Seite 113 bis 115).
- Arm- und Beinschwünge, einarmig; beidarmig zeitversetzt oder entgegengesetzt kreisen oder schwingen; einbeinig schwingen oder mit dem Bein kleine Kreise und Achten am Boden beschreiben. Bei allen Schwüngen ist auf eine weiche, fließende Bewegung zu achten. Der durch die Armschwünge ausgelöste Impuls wird nicht im Rumpf gebremst, sondern fließt durch den ganzen Körper, die Füße müssen nicht fest am Boden stehen bleiben. Die Beinschwünge werden vorsichtig dosiert.
- »Liegende Acht« (siehe Seite 88).
- Dehnen der Beinrückseite im Stand (siehe Seite 92).
- Dehnen der Waden (siehe Seite 93)
- Partnerinnenübung: Kräftigung (siehe Seite 98)
- Kräftigung Trapezius (siehe Seite 116),
- Ausgleichsdehnen (siehe Seite 104)
- Dehnübung Nacken (siehe Seite 94).

Gehen II

Die Übung wird idealerweise barfuß oder in Socken durchgeführt, egal ob Sie im Freien oder in der Halle sind. Im Freien gehen die Teilnehmerinnen zuerst auf weichem Untergrund, zum Beispiel Rasen oder Waldweg. Nach einiger Zeit wird die Aufmerksamkeit auf den Atem, auf den Fußaufsatz und auf die gesamte Qualität des Ganges gelenkt. Anschließend gehen sie auf hartem Untergrund und vergleichen.

Das Gehen auf Gras wird oft als belebend, das Gehen auf Teer als ermüdend empfunden. Häufig führt das Gehen auf einem harten Untergrund zu einer vermehrten Brustatmung, der Gang wird insgesamt angespannter, der harte Fußaufsatz setzt sich in einer strammen Bewegung fort.

In der Halle gehen die Teilnehmerinnen auf unterschiedlichem Untergrund und balancieren über verschiedene Geräte. Mit allen verfügbaren geeigneten Materialien werden unterschiedliche Untergründe zum Tasten und Balancieren geschaffen und als Stationen in einem Parcours aufgebaut. Auch diese Stationen sollten barfuß oder mit dünnen Socken erlebt werden.

Beispiele für Stationen:
- Unter Handtüchern werden Springseile, Kastanien, Gummireifen, Keulen, Massagebälle, Therabänder etc. gelegt, die beim Darüberlaufen ertastet werden können.
- Eine stabile Turnmatte wird auf Holzstäbe gelegt und kann jetzt etwas vor- und rückwärts rollen. Mit weiteren Matten davor und dahinter wird sie vor dem Wegrollen gesichert.
- Eine stabile Turnmatte wird auf 30 bis 50 Tennisbälle gelegt. Diese muss mit vier Matten vor dem Wegrollen gesichert werden.
- Balancieren über eine umgedrehte Langbank, vorwärts, seitwärts, mit geschlossenen Augen.
- Stehend balancieren auf vier Tennisbällen.
- Auch bekannte Geräte wie Kastendeckel, Gymnastikmatte, Teppichfliesen werden barfuß neu erlebt.
- Ideal, aber selten verfügbar sind ein Balancierkreisel oder ein »Sitzball-Kissen«.

Variation:
Falls noch Zeit ist, bietet sich als Ergänzung eine Fußmassage mit den Tennisbällen an. Die Teilnehmerinnen massieren sich die Füße selbst, indem sie im Stehen die Fußsohle mit leichtem Druck über den Tennisball rollen. Ist ein Fuß massiert, kann die Aufmerksamkeit im Stand oder im Gehen auf die jetzt unterschiedliche Wahrnehmung rechts und links gelenkt werden.

Bücken, Heben, Tragen

Die Kurseinheit im Freien ist eine gute Gelegenheit, um auszuprobieren, wie Alltagsbewegungen variantenreich, rückengerecht und mühelos durchgeführt werden können.

Um das Beispiel: »Getränkekasten aus einem Kofferraum mit hoher Ladekante heben« auszuprobieren, müssen Sie allerdings auch noch ein Auto mit hoher Ladekante und Getränkekasten im Kofferraum in der Nähe parken können. Gemeinsam können Variationen zum schweren Heben ausprobiert werden.
- Beim Heben mit den Oberschenkeln an die Stoßstange lehnen. Eine Decke o.ä. über der Ladekante schützt die Kleidung vor Schmutz.
- Die Hälfte der Flaschen aus dem Kasten räumen, dann heben.
- Mit einem Bein in den Kofferraum stellen und den Kasten bis auf die Ladekante heben.

Die Teilnehmerinnen probieren die Vorschläge selbst aus. Der Kasten, der gehoben wird, soll gefüllt sein.

Alltagsnah

Durch das Erleben der verschiedenen Ausführungen am eigenen Körper werden die Teilnehmerinnen motiviert, im Alltag kreativ nach unterschiedlichen Bewegungsmöglichkeiten zu suchen und die für sie geeigneten zu übernehmen.

Variationen:
- Statt des genannten Beispiels können Sie auch Ideen bzw. Fragen der Teilnehmerinnen zu bestimmten Alltagstätigkeiten aufgreifen.
- Findet die Kurseinheit in der Halle statt, kann die Alltagssituation mit Geräten nachgestellt werden. Es kann auch nur zu dieser Übung hinausgegangen werden, falls die Möglichkeit besteht.

Entspannung

Die Teilnehmerinnen lernen eine entspannende Haltung im Stand oder Sitz kennen.
Falls sich ein paar Bäume finden, an deren Stamm sich die Teilnehmerinnen anlehnen können, kann auch dieses Element im Freien durchgeführt werden.

Die Füße stehen etwa zwei bis drei Fußlängen vom Baum entfernt, schulterbreit auseinander, die Knie Ihrem Wohlbefinden entsprechend gebeugt, der Rücken an den Stamm angelehnt. Der Kopf kann zur Brust sinken oder ebenfalls angelehnt werden.

- »Wenn Sie einen sicheren Stand gefunden haben, können Sie die Augen schließen. Lehnen Sie sich vertrauensvoll und gelassen an. Wenden Sie sich dann Ihrem Atem zu. Vielleicht spüren Sie die Atembewegung auch an Ihrem Rücken.«
- Wenden Sie dann Ihre Aufmerksamkeit auf Ihre Arme. Sie ballen beide Hände zur Faust. Spannung halten und völlig lösen. Wiederholen Sie dies noch einmal. Hände zur Faust, Spannung halten und wieder lösen, bis zur völligen Entspannung.«
- Es folgt »Fäuste ballen und Arme beugen« und »Schulterblätter zusammenziehen« in der gleichen Art und Weise.
- Anschließend können Sie die Übung beenden: »Vielleicht gelingt es Ihnen, noch etwas Gewicht an den Boden, an die Wand abzugeben. Lassen Sie Ihren Rücken von der Wand tragen. Mit dem nächsten Einatmen wächst Ihr Rücken ein Stück die Wand empor. Sie recken und strecken sich langsam. Bewegung kommt in den ganzen Körper.«

Entspannung ist fast immer möglich

Variation:
In der Halle wird vorzugsweise eine Entspannungsübung im Sitzen vorgestellt. Voraussetzung sind Stühle mit Lehnen oder Hocker, die allerdings so aufgestellt werden müssen, dass man sich bequem an der Wand anlehnen kann.

Resümee

Auf einem Plakat stehen zwei Fragen, anhand derer die Teilnehmerinnen rückblickend den Kurs und ihren persönlichen Nutzen beurteilen können. Das Plakat, das in der ersten Stunde einen Überblick über die Elemente des Kurses gab, kann als Zusammenfassung dienen.

- »Was fällt mit als Erstes ein, wenn ich an die vergangenen zehn Kurseinheiten denke?«
- »Was nehme ich mit, was war hilfreich für mich?«
- Mögliche Fragen sind auch: »Was hat sich verändert? Wer oder was hat das bewirkt?«

Sammeln Sie die Antworten als Stichpunkte auf dem Plakat.

Falls die Teilnehmerinnen in der ersten Kurseinheit ein Bild von ihrem Rücken gemalt haben, sollen sie es zu dieser Kurseinheit wieder mitbringen. Anhand dieser Zeichnung bzw. der Notizen können die Teilnehmerinnen reflektieren, was sich für sie verändert hat und ob sie heute ein anderes Bild zeichnen würden.

Im Anschluss kann auf die Umsetzung von Maßnahmen eingegangen werden.

Vielleicht können Sie Ort und Zeit eines Fortsetzungskurses nennen, Interessierte auf weitere gesundheitsorientierte Kurse aufmerksam machen oder die Arbeit mit dem Kursbuch »Rückhalt – Die Wirbelsäule trainieren, den Rücken stärken« anregen.

Erst wenn alle Fragen beantwortet sind, leiten Sie das Abschlussspiel ein.

Wetterspiel

Für einen gemeinsamen Abschied stehen oder sitzen alle Gruppenmitglieder im Kreis und lassen es »regnen«. Alle können dabei ihre Augen schließen und »ganz Ohr« sein. Erklären Sie den kompletten Spielablauf vorher. Da das Hören der Übergänge oft sehr schwer ist, darf natürlich gespickt werden. Das Schließen der Augen soll die Lust am Hören erhöhen.

Der Regen beginnt, indem Sie mit den Fingern schnipsen. Eine nach der anderen zu Ihrer Linken tut das gleiche. Wenn Sie merken, dass jetzt auch Ihre rechte Nachbarin mit den Fingern schnipst, beginnen Sie, die Hände aneinander zu reiben. Auch dieses Geräusch setzt sich im Kreis fort, bis alle die Hände reiben.
Jetzt beginnen Sie auf die Oberschenkel zu schlagen. Dieses Geräusch löst nun nach und nach das Reiben ab, bis alle auf die Oberschenkel schlagen.
Dann klatschen Sie in die Hände und alle der Reihe nach mit Ihnen, bis ein richtiger Platzregen da ist.
Dann lässt der Regen langsam wieder nach, wie er gekommen ist, mit Oberschenkel schlagen, Reiben und Schnipsen. In der letzten Runde ruhen – reihum – die Hände.

Wenn die letzte Spielerin aufgehört hat zu schnipsen, öffnen alle die Augen und lassen durch gleichzeitiges Heben der Hände die Sonne aufgehen.

Gut zu wissen: Zusatzinformationen

Der Spaziergang als Rückentraining

Gehen, Stehen und Sitzen sind die häufigsten Alltagsbewegungen und müssen daher Elemente einer Arbeit für den Rücken sein. Gleichzeitig sind es die Bewegungen, die jeder bereits mitbringt und die mit festgefahrenen Automatismen und ohne innere Beteiligung gewohnheitsmäßig ablaufen. Körperwahrnehmung und Arbeit an diesen Bewegungen ist schwerer als z.B. an einer vergleichsweise neuen, funktionsgymnastischen Übung. Die Veränderung für das alltägliche Leben, die aufrechtes Gehen, Stehen und Sitzen mit sich bringt, ist aber auch ungleich höher und bedeutungsvoller.

Das Grundelement »Gehen« ist Schwerpunktthema dieser Kurseinheit. Mit Hilfe dieses Elementes wird in vielen Kurseinheiten die Verbindung zwischen Kurs- und Alltagsgeschehen geschaffen. Über das bewusste Gehen können Routinetätigkeiten abwechslungsreicher und lebendiger gestaltet werden. Darüber hinaus schafft die bewusste Wahrnehmung des eigenen Ganges einen Zugang zur Ganzheitlichkeit des Menschen *(Seite 35)*.

Wie alles Gewohnte und Selbstverständliche, unterliegt auch der eigene Gang selten bewusster Aufmerksamkeit. Beim Gehen auf freien Raumwegen wird das Gehen von dem Zweck befreit, an ein bestimmtes Ziel zu kommen. Das Gehen geschieht vielmehr um seiner selbst willen – spielerisch – und ganz auf sich selbst gerichtet. Der Mensch weiß, dass er geht und kann auf dem Weg der Körperwahrnehmung erfahren, wie das geschieht. Mit dem Bewusstwerden des eigenen Ganges wird auch die eigene Leiblichkeit bewusst.

Das Gehen als menschliche Bewegung birgt ein großes Potenzial in sich. Der Gang ist nicht nur ein rhythmisches Bewegen der Beine, sondern eine komplexe Bewegungsgestalt, die nicht auf einzelne Körperteile lokalisiert werden kann. Die Aufspaltung in funktionelle Einzelleistungen lässt den Blick für die tiefen Zusammenhänge verloren gehen.

Vielmehr ist der aufrechte Gang des Menschen abhängig vom biologischen, psychologischen und sozialen Bedingungsgefüge. Er ist eine lebendige Bewegungsgestalt, die die Ganzheitlichkeit des Menschen zum Ausdruck bringt.

Das Gehen birgt vielfältige Möglichkeiten zur Wahrnehmung in sich: zum einen natürlich die Sinneswahrnehmung über die Umgebung mit Augen, Ohren, Nase, Haut und den vorwärts tastenden Schritt; die kinästhetische Wahrnehmung über das lebendige Zusammenspiel der Bewegungsorgane, die Gleichgewichtsleistung und die aufrichtende Kraft; zum anderen die Wahrnehmung des Befindens während des Gehens.

Kaum eine andere Bewegung ist so selbstverständlich und spiegelt gleichzeitig so deutlich die persönliche Verfassung. Der Gang ist individuell sehr unterschiedlich. Einen vertrauten Menschen kann man schon am Klang seiner Schritte erkennen. Von weitem schon ist sein Gangbild wiederzuerkennen.

Der hohe Schwerpunkt des Körpers im aufrechten Gang bedeutet zwar eine komplizierte Gleichgewichtssituation, ermöglicht aber auch eine hohe Bewegungsfreiheit.

Die rhythmische, ausbalancierte, aufrechte Gangbewegung beinhaltet eine ausgewogene Trainingsbelastung. Einzelne Muskelgruppen werden im gleichmäßigen Wechsel angespannt und gedehnt. Die Bewegungsgestalt des Ganges ist geprägt von Be- und Entlastung, von An- und Entspannung der Muskulatur im ganzen Körper. Das Gehen im Kurs soll dazu beitragen, das alltägliche Gehen wieder zu einer entspannenden und stabilisierenden Aktivität werden zu lassen.

Beim Gehen vollführt das Becken vielfältige Bewegungen, denen die Wirbelsäule ausgleichend folgt. Schwingt das Spielbein nach vorne, so kommt auch diese Beckenseite ein wenig vor. Das Becken dreht sich um eine senkrechte Achse. Der Rumpf, und damit die Wirbelsäule, antwortet auf diese Drehung mit einer ausgleichenden Gegendrehung, die von den Armen unterstützt wird. Es kommt zu einer Verwringung der Brust- und Lendenwirbelsäule.

Von außen sichtbar wird dies an der entgegengesetzten Bewegung von Arm und Bein. Deutlich spürbar wird die Gegendrehung des Rumpfes z.B. beim Gehen mit verschränkten Armen. Dass diese Verwringung mit dem Einsatz der Arme mehr Ruhe in den Rumpf bringt, merkt man deutlich, wenn man diese ausgleichende Drehung in die entgegengesetzte Richtung nicht ausführt, z.B. im Passgang. Das Mitdrehen des Rumpfes hemmt den Gang.

Eine deutlichere Bewegung geschieht in der seitlichen Richtung. Das Becken weicht zur Standbeinseite hin aus und stellt sich schief. Die Spielbeinseite des Beckens kippt nach unten, es entsteht eine seitliche Neigung vor allem des Kreuzbeines. Diese Seitneigung wird im Bereich der Lenden- und Brustwirbelsäule durch eine entgegengesetzte Biegung ausgeglichen. Diese Beckenbewegung wird besonders deutlich, wenn man mit betontem Hüftschwung geht.

Zusätzlich zur Verwringung und Seitneigung kommt beim Gehen noch eine dritte – kaum spürbare – Bewegung des Beckens hinzu. Beim Anheben des Spielbeines kippt das Becken nach hinten. Die Lendenwirbelsäule folgt dieser Bewegung und streckt sich, die Lendenlordose wird flacher. Im Moment der Schrittstellung kippt das Becken wieder nach vorne, die Lendenwirbelsäule krümmt sich wieder bauchwärts. Wie eine Wellenbewegung läuft dieser Wechsel von Streckung und Schwingung der Wirbelsäule durch den ganzen Rumpf.

All diese Beckenbewegungen lösen feine Bewegungen der gesamten Wirbelsäule aus. Alle Bewegungsebenen der Wirbelsäule werden beim Gehen angesprochen. Mit jedem Schritt erfährt die Wirbelsäule eine Verwringung, eine Seitneigung und einen Wechsel von Beugung und Streckung. Die Bandscheiben werden gleichsam einer ständigen, sanften Massage in allen Richtungen ausgesetzt. Die kleinen Wirbelgelenke vollführen fortwährend kleine Bewegungen in alle Richtungen.

Aus dieser Analyse der Wirbelsäulenbewegung beim Gehen ergeben sich auch deutliche Forderungen an eine funktionsorientierte Gymnastik. Will sich die funktionelle Gymnastik an den Alltagsbewegungen, also z.B. am Gang, ausrichten, so müssen Rotation, Seitneigung, Beugung und Streckung der Wirbelsäule in den Übungen enthalten sein.

Es ist das Zusammenspiel der geschilderten Bewegungen, die dem Gang den fließenden, welligen, spiralförmigen Eindruck verleihen. Was hier analytisch getrennt wurde, verläuft in Wirklichkeit »gleichzeitig, als einheitliches Ganzes« (Dore Jacobs 1962). In diesem Wechsel von Bewegung und Gegenbewegung, Kraft und Gegenkraft ist auch die Polarität enthalten, die die Gestalt des aufrechten Ganges ausmacht: In seiner Vorwärtsbewegung ist gleichzeitig ein Zurück, z.B. des Armes, enthalten, der Gang ist gelöst und spannkräftig zugleich, er ist bodenverbunden und in der Aufrichtung nach oben strebend.

Es gibt keineswegs nur eine richtige Form des Gehens, sondern unbegrenzt viele. Aufrechter Gang meint im gleichen Sinne wie aufrechte Haltung das bewusste Gehen mit angemessener Spannung und dem angemessenen Zusammenspiel von Bewegung und Gegenbewegung, von Schwerkraft und Aufrichtekraft.
Der aufrechte Gang drückt sinnbildlich und in seiner konkreten Bewegungsgestalt zahlreiche Grundsätze des Kurses »Rückhalt« aus: Vielfalt der Bewegung, Individualität, Selbstverantwortung, Selbstbewusstsein, Selbstorganisation des menschlichen Organismus, Lebendigkeit und Ganzheitlichkeit.
Es macht allerdings auch wenig Sinn, diese Bewegungen direkt einzuüben. Um zu einem aufrechten Gang zu gelangen, bedarf es vielmehr einer Durchlässigkeit für die dem Körper innewohnenden Kräfte zur Aufrichtung. Eine wertvolle Hilfestellung geben dabei der in der Aufrichtung frei fließende Atem und alle Übungen zur aufrechten Haltung.

Darüber hinaus kann beim Gehen selbst der aufrechte Gang geschult werden:
- Jede Chance zum Balancieren nutzen. Das Balancieren auf wackligem oder schmalem Untergrund trainiert das schnelle Reagieren auf Gleichgewichtsveränderungen und das Zusammenspiel der aufrichtenden Kräfte.
- Mit wachen Sinnen gehen. Der Tastsinn und die Tastfunktion der Füße werden z.B. beim Barfußgehen wiederbelebt. Mit nackten Füßen über weichen, unebenen Untergrund zu laufen, macht die belebende Wirkung des Ganges deutlich. Der Fuß wird wieder zum Vorwärtstasten genutzt, der enge Kontakt zum Boden bewusst. Die kinästhetische Wahrnehmung wird z.B. beim bewussten Wahrnehmen der Muskelspannung genutzt.
Die Bedeutung des Gleichgewichtssinnes wird deutlich beim Gehen mit geschlossenen Augen. Schließlich lässt das Gehen mit offenen Augen, Ohren und Nase jeden Weg zu einem – anregenden, vielleicht sogar genussvollen – Erlebnis werden.
- Experimentieren mit Teilbewegungen und Bewegungsqualitäten. Über das Lenken der Aufmerksamkeit auf bestimmte Teilbewegungen und deren Veränderung kann Bewusstheit für den eigenen Gang geschaffen werden und daraus die Möglichkeit zur Veränderung erwachsen. Mehr Bewusstheit im alltäglichen Gehen ermöglicht das Loslösen von automatisierten Gewohnheiten. Die Möglichkeiten zur Variation sind unendlich: Man kann laut und leise gehen, mit größeren oder kleineren Schritten, mit verändertem Armeinsatz, unterschiedlicher Kopfhaltung, stramm oder schlaff, weich oder hart – man kann marschieren, tippeln, schlurfen, schleichen, trampeln, hasten, trödeln, …

Das Gehen als Training, als »Übung für die Wirbelsäule«, hat nichts mit dem bekannten, sportlichen »Walking« gemeinsam. Beim klassischen Walking wird eher auf eine festgelegte, normierte Gehtechnik und das Einhalten von physiologischen Parametern, z.B. Herzfrequenz, Wert gelegt als auf Selbstwahrnehmung und aufrechte Haltung.

Das Gehen als wohltuende Bewegungsgestalt und als individuellen Ausdruck zu erfahren, braucht immer Geduld. Oft ist es notwendig, Erwartungen, Ziele und Anforderungen zurückzustellen. Aber die Erfahrungen und spontanen Überraschungen auf dem Weg zum aufrechten Gang machen neugierig auf weiteres Erleben. Sie wecken die Lust, sich weiter intensiv mit der eigenen Bewegung, mit dem eigenen Körper, mit sich selbst auseinanderzusetzen. Bei diesem Experimentieren und dem bewussten Erweitern der eigenen Körpererfahrung ist der aufrechte Gang ein wertvoller Begleiter.

Wie aus guten Vorsätzen konkrete Maßnahmen werden

Entscheidend für die Umsetzung von Maßnahmen ist, dass möglichst viele Rahmenbedingungen passend festgelegt sind:
- Was mache ich? (regelmäßig Gymnastik und Entspannung, zu Fuß zur Arbeit gehen, VHS-Kurs besuchen, …)
- Wann? (Wochentag, Uhrzeit, Häufigkeit)
- Wo? (zu Hause, VHS, …)
- Mit wem? (alleine, mit der Freundin, …)
- Wie lange? (das nächste halbe Jahr, …)

Das »Warum« muss dabei schon lange klar sein: »Weil ich erlebt habe, dass es mir gut tut!«

Auch die Dinge, die hinderlich sein können, sollten eingeplant werden. »Was kann mich davon abhalten und wie ändere ich das?« (schlechtes Wetter, keine Lust, keine Zeit? Trainingspartnerin kann nicht? …) Je besser es gelingt, Barrieren bereits vorher abzubauen bzw. einzuplanen, um so realistischer und erfolgreicher wird das Vorhaben. Daher empfiehlt es sich, Maßnahmen nur über einen überschaubaren Zeitrahmen zu planen. Es sind die kleinen Schritte, die zum Erfolg führen und es gibt viele verschiedene Wege, auf denen das Erreichen der Ziele möglich ist.

Aufrecht weitergehen

Service

Übungsregister

Atmung

Adler 23
Atem wahrnehmen in der Erdhaltung 107
Atem wahrnehmen in der Hocke 106 f.
Atem wahrnehmen in der Rückenlage 106
Atemball 107
Atementspannung 108
Atemraum erweitern im Stand 107
Bewegungsübungen im Atemrhythmus 107 f.

Entspannung

Arme ausschütteln und ausstreichen 98
Atementspannung 108
Passives Dehnen 89
Progressive Muskelentspannung 78 f., 116, 122 f.
Reise durch den Körper 63
Selbstmassage 53
Tennisball-Massage zu zweit 48, 74

Gymnastik

Aufrecht stehend 98
Bauchmuskelübungen 46, 102
Bewegungsform für einen gesunden Rücken 112 ff.
Bewegungsübungen im Atemrhythmus 107 f.
Brücke 45 f., 101
Dehnung Beinrückseite 45, 92
Dehnung Hüftbeuger und Kniestrecker 63, 92
Dehnung Nacken 47, 94
Dehnung Oberschenkelanzieher 62, 93
Dehnung Rückenlage 46
Dehnung Rückenstrecker 94
Dehnung Wade 93
»Durchlässig« 98
Ganzkörperstabilisation 103
Gehen in der Brücke 73
Große Drehdehnlage 46 f., 95
Hüftmuskulatur 102
Kleine Drehdehnlage 46, 95
Kniewaage 100
Kräftigung Trapezius 116
Liegende Acht 88
Mobilisation Kreuz-Darmbein-Gelenk 95
Rückenmuskulatur anspannen 45
Rutschhalte 101
Unterarm-Knie-Stütz 47
Vierfüßerstand 22, 73, 98

Spiel

Datenverarbeitung 44
Führen lassen 89
Gordischer Knoten 115
Imaginäre Bälle 106
Kreistanz 79
Luftballontanz 60
»Mauer« durchschreiten 121
Roboterspiel 79
Wetterspiel 123

Wahrnehmung

Aufrichtekraft 70
Aufrichtung der Halswirbelsäule 61
Aufrichtung im Stand 62
Aus der Rückenlage in die Seitenlage und zurück 74
Ballgefühl 58
Bauchmuskeltraining 21
Becken kippen 51 f., 60 f.
Blindenspiele 58
Brustkorbposition 61
Dem Rücken eine Pause gönnen 19
Den Rücken atmen 22
Den Rücken erfühlen 24
Die Partnerin zeichnen 58
Dynamisches Sitzen 61 f.
Einbeinstand, Zweibeinstand 53
Faktoren der Haltung 62
Fingerpunkte spüren 51
Gehen 44, 51, 72, 87, 97, 113, 121 f.
Im Liegen 79 f.
Im Stand 80
Im Stand schwanken 57
In den Stand und zurück 74
Krokodil 23
Lage im Raum 57
Linkes Bein, rechtes Bein 53
Mentale Dehnübung 87
Metronom 97
Mit dem Rücken ertasten 24
Passives Dehnen 89
Puppenspiel 58
Schattenlauf 116
Schulterposition 61
Von der Seitenlage auf Händen und Knie und zurück 74
Waden dehnen im Stand 87 f.
Wirbelsäule spüren 17 f.
Zeitlupe 58
Zifferblatt 52 f.

Sachregister

Antriebsaktionen **77**
Anforderungs-Ressourcen-Modell **117**
Alltagsbewegungen **38 f.**
Atmung **22 f., 84, 91, 109 f.**

Balance **117**
Bandscheiben **18 ff.**
Betriebliche Gesundheitsförderung **32 f.**
Bewegungsfluss **119**

Energetische Sicht **24**
Entspannung **41, 82 ff., 111**
Ergonomie **64 ff.**
Eutonie **76**

Feldenkrais **75**
Funktionsgymnastik **39 ff.**

Ganzheit **31**
Gehen **124 f.**
Genuss **119**
Gesprächsrunde **36**
Gesundheit und Krankheit **25 f.**
Gesundheitspsychologie **32, 117**

Haltung **68 f.**

Imagination **111**

Körperkenntnis **36**

Massage **41**
Methodische Leitideen **34 f.**
Mobilisation / Dehnen **90 f., 92 ff.**
Musik **41, 127**
Muskeln **20 ff., 90, 99**
Muskeltonus **85**

Planung **10 f., 35**
Progressive Muskelentspannung **80 f.**

Rückenbeschwerden **27 ff.**
Rückengesundheit **29 ff., 75 ff.**
Rückenmark und Nervenbündel **14 ff.**

Spiel und Spaß **36 f.**
Stabilisierung **99 ff.**
Stress **118**

Unterschiede **58**

Wahrnehmung **23 f., 37 f., 55 ff., 91**
Wirbelsäule und knöcherne Strukturen **16 ff., 49, 70**

Bestellmöglichkeit für
anatomische Lehrtafeln und Modelle:
rüdiger anatomie GmbH
Päwesiner Weg 19
13581 Berlin
Telefon: 030 / 3 51 97 00
E-Mail: mail@berlin-anatomie.de
www.berlin-anatomie.de

Musiktipps

- *Keine rhythmische Anpassung*
  Kitaro: Oasis
  Vollenweider: Indian Summer
  George Winston: Autumn, piano solos
  George Winston: December, piano solos

- *Rhythmische Musik*
  Friedemann: Legends of Light
  Gipsy Kings: Este mundo
  Ottmar Liebert: Nouveau Flamenco
  Ottmar Liebert: The Hours between Night and Day
  Oliver Shanti & Friends: Circles of Life
  Rondo Veneziano: Poesia di Venezia

- *Entspannungsmusik*
  Deuter: Land of Enchantment
  Deuter: Silence is the Answer
  Vivaldi: Adagios

Literaturtipps

Alexander, Gerda: Eutonie. Ein Weg der körperlichen Selbsterfahrung. Kösel Verlag, München 1976

Berger, Ulrich: Übungseinheiten Bandscheiben. Das krankengymnastische Übungsprogramm gegen Rückenschmerzen und Bandscheibenschäden. Südwest Verlag, München 1999

Bielefeld, Jürgen (Hrsg.): Körpererfahrung. Grundlagen menschlichen Bewegungsverhaltens. Hogrefe Verlag, Göttingen 1991

Dürckheim, Graf Karlfried: Übungen des Leibes – auf dem inneren Weg. München 1981

Ernst, Heiko: Die Weisheit des Körpers. Piper Verlag, München 1993

Feldenkrais, Moshe: Bewusstheit durch Bewegung. Insel Verlag, Frankfurt 1968

Francia, Luisa: Das Rückenbuch. Sanfte Wirbelstürme, vergessene Flügel. Frauenoffensive Verlag, München 1998

Greissing H.; Zillo A.: Zilgrei gegen Rückenschmerzen. Mosaik Verlag, München 1991

Grove, Claudia: Wie geht's? Wie steht's? – Körpererfahrung im Alltag. VHS-Handbuch und VHS-Kursbuch, Ernst Klett Verlag, Stuttgart 1999

Hüter-Becker, A.; Schwewe, H.; Heipertz, W. (Hrsg.): Physiotherapie. Biomechanik, Arbeitsmedizin, Ergonomie. Thieme, Stuttgart 1999

Jacobs, Dore: Die menschliche Bewegung. Kallmeyersche, Wolfenbüttel 1990

Kahle, W.; Leonhardt, H.; Platzer, W.: Taschenatlas der Anatomie. Thieme, Stuttgart 1984

Kapandji, I.A.: Funktionelle Anatomie der Gelenke. Schematisierte und kommentierte Zeichnungen zur menschlichen Biomechanik. Band 3 Rumpf und Wirbelsäule. Enke Verlag, Stuttgart 1992

Kempf, Hans-Dieter: Die Rückenschule. Das ganzheitliche Programm für einen gesunden Rücken. Rowohlt Taschenbuch Verlag, Reinbek 1990

Knörzer, Wolfgang (Hrsg.): Ganzheitliche Gesundheitsbildung in Theorie und Praxis. Haug Verlag, Heidelberg 1994

Kükelhaus, H.; zur Lippe, R.: Entfaltung der Sinne. Ein Erfahrungsfeld zur Bewegung und Besinnung. Fischer Taschenbuch Verlag, Frankfurt 1988

Laban, Rudolf von: Der moderne Ausdruckstanz. Heinrichshofen's Verlag, Wilhelmshaven 1981

Lenhardt, U.; Elkeles, T.; Rosenbrock, R.: Betriebsproblem Rückenschmerz. Eine gesundheitswissenschaftliche Bestandsaufnahme zur Verursachung, Verbreitung und Verhütung. Juventa Verlag, Weinheim 1997

Middendorf, Ilse: Der erfahrbare Atem. Eine Atemlehre. Junfermannsche Verlagsbuchhandlung, Paderborn 1995

Milz, Helmut: Der wiederentdeckte Körper. Vom schöpferischen Umgang mit sich selbst. Artemis Winkler, München 1994

Ohm, Dietmar: Stressfrei durch Progressive Relaxation. Tiefenmuskelentspannung nach Jacobson. Einführung und Übungen. Trias Verlag, Stuttgart 1992

Petzold, Hilarion (Hrsg.): Leiblichkeit – philosophische, gesellschaftliche und therapeutische Perspektiven. Paderborn 1985

Reichardt, Helmut: Das ist Schongymnastik. Der gesunde Weg zu Beweglichkeit und Wohlbefinden. BLV Verlagsgesellschaft, München 1993

Schneider-Wohlfahrt, U.; Wack, O. G. (Hrsg.): Entspannt sein, Energie haben. Achtzehn Methoden der Körpererfahrung. Becksche Reihe, München 1994

Schüler, Uwe: Lehren – Lieben – Lernen. Übungen und Übungssequenzen für Trainer, Dozenten und Lehrer. Junfermannsche Verlagsbuchhandlung, Hamburg 1994

Stiftung Warentest: Gesunder Rücken. Schmerzen vorbeugen, behandeln und überwinden. Eigendruck, Berlin 1996

Thomann, Klaus-Dieter: Wirksame Hilfe bei Rückenschmerzen. Trias, Stuttgart 1998

Triebel-Thome, Anna: Feldenkrais. Bewegung – ein Weg zum Selbst. Einführung in die Methode. München 1989

Wrasse, Renate; Blättner, Beate: Hautnah – Massage und Körperpflege. VHS-Handbuch und VHS-Kursbuch, Ernst Klett Verlag, Stuttgart 1999

Zichner, L.; Engelhardt, M.; Freiwald, J.: Neuromuskuläre Dysbalancen. Norartis Pharma Verlag, Nürnberg 1998

Die im Buch abgebildeten Thera-Band® Trainingsbänder, Gymnastibälle und -matten können Sie direkt bestellen:
Thera-Band®
Mainzer Landstraße 19
65589 Hadamar
Telefax: 0 64 33-91 64 64
E-Mail: info@thera-band.de

Bestellmöglichkeiten für anatomische Lehrtafeln und Modelle:
rüdiger anatomie GmbH
Päwesiner Weg 19
13581 Berlin
Telefon: 030-3 51 97 00
E-Mail: mail@berlin-anatomie.de
www.berlin-anatomie.de